"十三五"职业教育系列教材

电磁兼容设计与电磁干扰抑制技术

（第二版）

瞿　敏　曹丰文　编

中国电力出版社
CHINA ELECTRIC POWER PRESS

内 容 提 要

本书为“十三五”职业教育系列教材。

本书共7章，主要包含概述、电磁噪声耦合途径、电磁干扰抑制与电磁兼容设计技术、瞬态噪声的抑制、电力电子装置的谐波干扰与抑制、印制电路板的电磁兼容性和电磁兼容测量方法等。通过丰富的图表说明技术原理，使用工程案例阐述相关应用，内容深入浅出、注重应用。

本书可作为高等职业院校、成人高校及本科院校的二级职业技术学院电类各专业教材，也可作为相关工程技术人员的参考书。

图书在版编目（CIP）数据

电磁兼容设计与电磁干扰抑制技术/瞿敏，曹丰文编．—2版．—北京：中国电力出版社，2021.8（2024.7重印）

“十三五”职业教育系列教材

ISBN 978-7-5198-5465-2

Ⅰ.①电… Ⅱ.①瞿… ②曹… Ⅲ.①电磁兼容性－设计－职业教育－教材 ②电磁干扰－抑制－职业教育－教材 Ⅳ.①TN03

中国版本图书馆CIP数据核字（2021）第046788号

出版发行：中国电力出版社
地　　址：北京市东城区北京站西街19号（邮政编码100005）
网　　址：http://www.cepp.sgcc.com.cn
责任编辑：张　旻（010-63412536）
责任校对：黄　蓓　王海南
装帧设计：王红柳
责任印制：吴　迪

印　　刷：北京锦鸿盛世印刷科技有限公司
版　　次：2019年9月第一版　2021年8月第二版
印　　次：2024年7月北京第五次印刷
开　　本：787毫米×1092毫米　16开本
印　　张：11.75
字　　数：283千字
定　　价：36.00元

前　言

随着电子、电气设备数量的急剧增加和家用电器的日益普及，用电设备的密集程度越来越大。设备自身又朝着高频、高速、多功能、小型化的方向发展，其功率能量和功率密度也不断增加，在有限的时间、空间和频谱资源下，电磁干扰越来越严重。电磁干扰往往会使电子、电气设备不能正常工作，引起设备性能下降，甚至损坏，同时在电网中产生大量谐波。因此要求产品具有良好的电磁兼容性。

电子电气类企业的设计开发人员、质检人员和生产人员都应该了解或掌握电磁兼容设计与电磁干扰抑制技术的相关知识，因此编者在多年前就将一般在本科高年级甚至研究生开设的课程引入高职高专，以适应经济社会发展和科技进步的需要，使毕业生受到企业欢迎。

本书由编者使用多年的讲义改编而成，深入浅出，注重应用，并在第一版的基础上对内容进行适当地调整、补充与删减，增加了案例分析与思考练习。本书主要内容包括电磁干扰源、电磁噪声耦合途径、电磁干扰抑制与电磁兼容设计技术、瞬态噪声的抑制、电力电子装置的谐波干扰与抑制、印制电路板的电磁兼容性、电磁兼容测量方法等。

本书第1～3章由曹丰文编写，第4～7章由瞿敏编写。全书由曹丰文教授统稿。浙江大学何湘宁教授认真审阅了全书，提出了许多宝贵意见，在此表示诚挚的感谢。

限于编者学识水平，书中疏漏之处在所难免，敬请读者批评指正。

编　者

2020年12月

目　录

第1章 概 述

1.1 电磁干扰与电磁兼容

随着科学技术的发展，一方面，电子、电气设备正朝着高频、高速、高灵敏度、高可靠性、多功能，以及小型化的方向发展，同时其自身功率能量和功率密度也不断增加，致使周围环境和电网遭受的电磁污染日益严重；另一方面，在有限的时间、空间和频谱资源下，电子与电气设备数量急剧增加，用电设备的密集程度也越来越大，给电磁环境的治理增加了难度。在恶劣的电磁环境下，往往会使电子和电气设备不能正常工作，引起性能降低，甚至损坏。

电磁污染已经是继水质污染、大气污染和噪声污染之后，被世界公认的第四大污染。很多国家成立了专门机构对此进行管理，并制定相应的规范，电子设备必须经过这些专门机构的鉴定和批准，方能进入市场。电磁兼容（electro magnetic compatibility，EMC）已是现代电子技术发展道路上不可避免的问题，它已不再仅仅局限于军用设备与系统和通信领域，而是已扩展到与电子技术应用相关的工业和民用的各个领域。

1967年6月，南美军基地一艘美军军舰上的高功率雷达所发射的射频能量，耦合到一台装在飞机上的导弹火箭的电动机驱动电路，导致该电动机启动从而将导弹火箭点火，并触发了停在航空母舰飞行甲板上的其他导弹，引爆了27枚导弹，使134人丧生，造成7200亿美元的损失。1980年前后，德国报道一个陆地发射台所发射的射频能量，干扰了一台航空电子设备，导致一架军用航空飞机爆炸。类似的由电磁干扰造成的惨痛教训，使军用及通信电子设备的设计部门早已把EMC设计当作了产品质量控制的一个重要组成部分。

随着现代飞行器中电子装置数量的增加，尤其是低电压工作数字电路的增加使飞机对电磁干扰的敏感性加大。同时移动电话和便携式电子产品的普及已成为威胁飞机电磁兼容的严重问题。有测试表明，GSM移动电话频率会造成飞机罗盘停止工作或超过实际磁方位；数字VOF导航方位显示误差超过5°；着陆系统定位接收器灵敏度下降；音频输出背景噪声增加等干扰危害。

电磁干扰导致电子医疗设备的性能下降或失效是其危害的又一领域。电子医疗设备的电磁兼容性失效可能会导致严重伤害，甚至危及生命。很多医疗设备对于移动无线发射机的射频信号非常敏感，如心电图机、脑电图机、呼吸机、体外心脏起搏器、助听器等。英国研究者使用无线电手持设备对178种不同型号的医疗设备进行干扰测试，发现有23%的设备受到了手持装置的电磁干扰，这些干扰事故中的43%会对患者健康带来直接影响。医疗与卫生保健场所需要对无线电频谱的使用进行管理，推荐典型的手持便携发射装置与医疗设备之间保持1～1.5m的距离。

日常生活中也会经常遇到电磁干扰的问题，例如当空调开启时，室内照明灯光出现瞬间变暗的现象，这是由于瞬间大的功率分配给空调导致电压快速下降引起的；使用放置在计算机阴极射线管（cathode ray tube，CRT）显示器旁边的移动电话时，干扰信号通过辐射方式传输到显示器内部使图像出现抖动现象；当看电视的时候，如果旁边有人使用电吹风机或电动剃须刀之类的家用电器，屏幕上就会出现雪花条纹。图 1－1 是电吹风机对电视机产生干扰的传输途径。电吹风机作为干扰源，它一方面产生射频噪声向空间发射，以辐射传输方式通过电视机天线耦合引起干扰（对应图中①）；同时射频噪声还会在电视机的电源线中感应，再以传导方式进入电视机（对应图中②）；另外，电吹风机在电源中产生的高频谐波和尖脉冲，通过连接导线传导使电视机受到干扰（对应图中③）。正因为电磁干扰是多途径的，反复交叉耦合，才使电磁干扰难以控制。

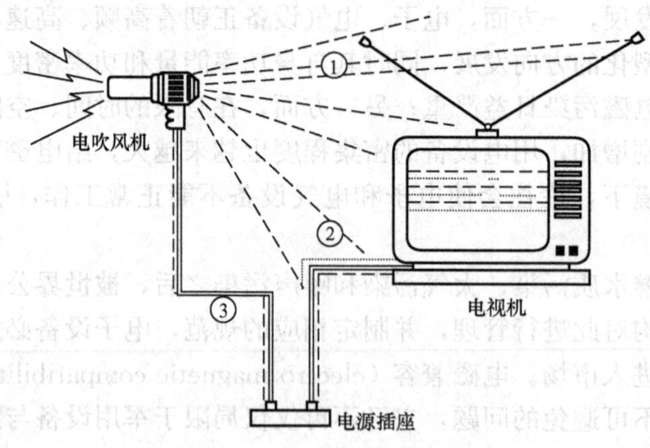

图 1－1　电吹风机对电视机的干扰

电磁兼容性（EMC），是指设备或系统在其电磁环境中能正常工作且不对该环境中的其他任何设备产生不能承受的电磁干扰的能力，即包含电磁干扰（electro magnetic interference，EMI）和电磁敏感性（electro magnetic susceptibility，EMS）两方面的含义。

（1）EMI。设备或系统自身产生的电磁噪声（electro magnetic noise，EMN）必须限制在一定的电平范围内，使由它所造成的电磁干扰不致对其周围的电磁环境造成严重的污染，影响其他设备或系统的正常运行。

（2）EMS。电子设备或系统内部的各个部件与子系统、一个系统内部的各台设备甚至相邻几个系统，在它们自已所产生的电磁环境及在它们所处的外界电磁环境中，能按原设计要求正常运行。即设备应具有一定的电磁敏感度，以保证它们对电磁干扰具有一定的抗扰度（immunity to a disturbance）。

1.2 电 磁 环 境

电磁环境（electro magnetic environment，EME ）由各种电磁骚扰源产生，是设备或系统在给定场所中受到不同种类、数量、分布，以及不同频率范围内，功率或场强随时间的分布等所有电磁作用状态的总和。明确电磁环境中各种干扰源的种类与特性是发现和解决电磁干扰问题，进行设备或系统电磁兼容设计的关键与前提。从不同的侧重点出发，电磁干扰源可分为以下几类。

按其来源可分为自然电磁干扰源和人为电磁干扰源；按干扰频谱宽度可分为宽带干扰源

和窄带干扰源；按干扰信号的频率范围，可分为工频和音频（50Hz及其谐波）干扰源、甚低频（3～30kHz）干扰源、载频（10～300kHz）干扰源、射频及视频（300kHz～300MHz）干扰源和微波（300MHz～300GHz）干扰源，电磁干扰源的频率分类见表1-1。按其耦合方式，可分为传导干扰源和辐射干扰源；按功能划分，可分为功能性干扰源和非功能性干扰源。功能性干扰源，是指设备实现功能过程中造成对其他设备的直接干扰；非功能性干扰源，是指用电装置在实现自身功能的同时伴随产生或附加产生的副作用，如开关闭合或切断产生的电弧放电干扰。

表1-1 电磁干扰源的频率分类

电磁干扰源	频率范围	典型电磁干扰源
工频和音频干扰源	50Hz及其谐波	输电线、电力牵引系统、有线广播
甚低频干扰源	3～30kHz	雷电等
载频干扰源	10～300kHz	高压直流输电高次谐波 交流输电及电气铁路高次谐波
射频及视频干扰源	300kHz～300MHz	工业、科学、医疗设备 电动机、照明电气
微波干扰源	300MHz～300GHz	微波炉 微波接力通信 卫星通信发射机

1. 自然电磁干扰源

自然电磁干扰源，是指由于大自然现象所造成的各种电磁噪声，主要包括大气层噪声和宇宙噪声。

雷电是最常见的，也是最严重的大气层电磁干扰源。地球上每秒钟发生100次左右的雷电，它不仅可以直接产生雷击破坏，同时还可以产生电磁噪声，间接破坏用电设备。雷击时的闪击电流最大可达兆安量级，电流的上升时间为微秒量级，持续时间可达几毫秒甚至几秒。虽然雷击的直接破坏范围只有几平方米到几十平方米，但伴随其产生的强烈电磁骚动能借助电离层传播到几千千米以外的地方，电磁场频率范围达10Hz～300kHz，主要能量分布在100kHz左右，高频分量随$1/f^2$衰减。

宇宙电磁噪声主要来源于太阳电磁辐射和银河系无线电辐射。太阳电磁辐射噪声是太阳黑子发射出的噪声和太阳黑子增加或活动激烈时产生的磁暴，其干扰信号的频谱通常在几十兆赫兹范围。银河系无线电辐射是由银河系及超远星系的高能粒子运动和银河系恒星体上的爆炸现象引起的电磁噪声，其干扰信号的频谱通常在几十兆赫兹到几万兆赫兹的范围。宇宙的电磁辐射噪声将影响航天、通信和遥测等电子设备。

2. 人为电磁干扰源

人为电磁干扰源来源于各种电气设备，涉及的范围十分广泛，其中一部分是专门用来发射电磁能量的装置，如广播、电视、通信、雷达和导航等无线电设备，称为有意发射干扰源；另一部分是在完成自身功能的同时附带产生的电磁能量发射，如交通车辆、架空输电线、照明器具、家用电器和工业设备等，称为无意发射干扰源。

根据这些干扰源的物理性质可大致分为元器件的固有噪声、物理或化学过程噪声、放电噪声、电磁感应噪声和非线性开关过程噪声五大类。

（1）元器件的固有噪声。元器件均存在固有噪声，它们主要有热噪声（thermal noise）、散粒噪声（shot noise）、接触噪声（contact noise）和爆米花噪声（popcorn noise）。

热噪声源于电阻一类导体或元器件中由于电子布朗运动引起的电子热骚动，在一定温度下，导体中电子与分子撞击产生一个短暂的电流小脉冲。由于随机性，电流脉冲的平均值为零，其瞬时值具有高斯正态分布特征。

散粒噪声是电流流过势垒而产生的噪声。在电子管中，热阴极电子发射存在着随机性，在半导体器件中，载流子越过势垒的扩散电流和漂移电流，以及在长基区中电子空穴对的产生和复合过程也是随机的，所以这些载流子的随机性造成了电流的随机波动。

接触噪声是由于两种材料接触时接触不良造成的电导率的波动引起的噪声，如继电器和开关的触头、集成电路芯片电极引出部分的合成电阻等。电导率大小取决于构成元件的材料、外形、表面的状态、接触压力大小和环境因素（温度、湿度）等。在低频段接触阻抗主要由接触电阻决定，在高频段接触阻抗主要由容抗决定。系统在静止状态时，接触电阻不发生变化则不会产生电磁干扰，当系统运动时，振动与颠簸导致接触电阻变化，此时元件在电流和电压作用下将产生电磁干扰。

爆米花噪声又称为爆裂噪声，主要存在于半导体二极管和集成电路中，是由半导体器件的P－N结中的金属杂质造成的缺陷。它的特点是在热噪声背景上叠加不规则的脉冲噪声，脉冲的脉宽在微秒到秒的范围中变化，它的干扰电压幅值通常是热噪声的2～100倍。它对高阻抗电路（如运算放大器的输入级）具有严重影响。

（2）物理或化学过程噪声。在弱信号电路中，由于物理或化学原因造成的干扰也是必须考虑的，它们主要有原电池噪声、电解噪声、摩擦和导线移动造成的噪声等。

原电池噪声是当两块不同的金属相互接触，并且其间隙中存在着潮气和水时，它们会构成一个化学湿电池系统，产生电池端电压。

电解噪声是两块相同的金属相互接触，接触面间存在电解液（如带弱酸的水汽等），并且流过直流电流时，将产生电解反应，结果在产生电解噪声的同时，也会造成金属的腐蚀。特别是在大功率电力电子装置中，由于广泛采用流过大电流的接线排，设备的工作环境通常比较恶劣，电解效应是不容忽视的。

摩擦和导线移动造成的噪声是当导线中的金属芯线与其绝缘外套相互摩擦时会产生感应电荷，造成的摩擦噪声。同时当一根导线在磁场中移动时，因切割磁力线也会在导线两端产生感应电压。通常电源线和大功率电力电子装置功率回路中常流过较大的电流，它的周围空间里存在着相当强的杂散磁场，所以当移动低电平的信号线时，就必然会因之产生感应干扰信号。

（3）放电噪声。这类干扰源的共同特征是它们起源于放电（discharging）过程。

1）静电放电（electrostatic discharge，ESD）。静电是一种有害的干扰源。当两块绝缘体相互接触并摩擦时，两者之间发生电荷转移而使各自成为带有不同电荷的物体，随着电荷的累积，绝缘体上建立的静电电压有时可高达几千至几万伏，该绝缘体与在附近的导体（金属、碳棒、人体等）上产生感应电荷，产生静电放电。

人体是主要静电感应干扰源之一，其静电感应积累的等效电荷数值在0～20kV，常见半导体器件的静电放电的易损电压值为100～3000V，当人体接触电路板或电子装置时就可能造成静电放电。表1-2是典型人体静电电压，表1-3是常见器件的静电放电易损电压参考值。

表1-2　典型人体静电电压

产生静电的途径	静电电压（V）	
	10%～20%相对湿度	65%～90%相对湿度
在地毯上走路	35000	15000
在乙烯地板上走路	12000	250
移动一张工作台	6000	100
打开一个乙烯袋子	7000	600
拎起一个普通的聚乙烯袋子	20000	12000
坐在椅子上	18000	1500

表1-3　常见器件的静电放电易损电压参考值

器件类型	静电放电的易损电压参考值（V）	器件类型	静电放电的易损电压参考值（V）
肖特基二极管	300～2500	JFET	140～7000
肖特基TTL	1000～2500	CMOSFET	100～200
双极晶体管	380～7000	CMOS	250～3000
ECL	500～1500	GaAsFET	100～300
晶闸管	680～1000	EPROM	100

2）电晕放电。电晕放电噪声主要来自交流高压输电线，是由高达几万伏到几十万伏的电压产生很强的电场引起周围气体分子电离，产生辉光（电晕）放电，属于一种持续放电干扰源。实验表明，输电线垂直方向上电晕放电噪声强度的衰减与距离的平方成正比，在15kHz～400MHz的频率范围，其衰减与频率成反比，干扰主要在几兆赫兹以下，主要对电力线载波电话、低频航空无线电，以及调幅广播等产生干扰，对于电视和调频广播则影响不大。

3）辉光放电（glow discharge）。持续的辉光放电物理现象已广泛地应用于离子管、等离子反应器和低压气体放电灯中。除此以外，在人们所处的电磁环境中，还存在一些不可控的辉光放电干扰源。例如，电气开关接通（或断开）瞬间，当开关两触点在一定的触点间隙内，触点之间也会产生辉光放电现象。所以，辉光放电噪声引起的干扰可能是持续的，也可能是瞬态的，它的特点是中压、小电流。辉光放电造成的干扰与电晕放电情况类似，属于辐射性质的干扰。通常，这种放电发生在设备内部，其产生的干扰要比电晕放电的影响更为明显和严重。

4）弧光放电。弧光放电是最危险的干扰源之一，它与辉光放电在物理本质上的根本区别是它源于阴极电子发射而与气体电离无关，其放电特点是低压大电流。持续弧光放电的典型应用是电弧焊接和高压气体放电灯等。除此以外，与辉光放电类似，当电气开关换接时，开关两接头之间在“开”“关”瞬间也会产生不控的弧光放电过程，这一过程会导致断续的电磁干扰。弧光放电所产生的0.15～150MHz的辐射骚扰可以传播很长的距离。

5）高频电火花干扰。在实际工业现场和日常生活中，除了前述那些持续的或断续的辉光、弧光放电造成的电磁辐射干扰以外，还有许多电力电子设备（如汽车发动机点火装置、电焊机、高频电火花切割机等）更是直接的电磁干扰源。这些设备的电火花能量很大，电磁干扰的强度也很大。例如，汽车发动机点火系统在点火时产生波形前沿陡峭的火花电流脉冲和电弧峰值可达几千安培。在开阔地，干扰可传至 1000m 远，其干扰噪声主要集中在 10～100MHz 范围内。

（4）电磁感应噪声。生活中有些装置以向空间辐射电磁波为目的，如无线电电视广播、通信、遥感、遥控、遥测、雷达等各种发射机，它们同时也会在相应的发射频率（包括它们的高次谐波）范围内对其他电子装置造成干扰。此外，还有一些装置，如中频/高频感应加热电源、高频开关电源、电子镇流器、超声波发生器、高速数字脉冲电路、核电磁脉冲等，它们虽然不以向空间辐射电磁波为目的，但是在运行时也会在附近空间中产生很强的电磁场。

（5）非线性开关过程噪声。现代功率半导体器件快速开关特性构成的各种半导体变流装置日益广泛地应用于工业、商业、医疗、家电中。虽然这些装置工作频率通常不太高，但它们的功率容量很大，因此造成的电磁干扰常常是很强的，不容忽视。例如：

所有半导体变流装置中无论是主回路还是控制回路，在功率半导体器件快速开关过程中，都存在着高的 $\mathrm{d}i/\mathrm{d}t$，它们通过线路或元器件的引线电感引起瞬态电磁噪声。它们的频率可高达几十千赫兹至几百千赫兹，甚至几兆赫兹，成为不可忽视的噪声源。

整流电路与交流供电电网直接相连，它本身产生的谐波干扰和电磁噪声，以及由它供电的后级电路产生的电磁噪声，均可通过整流电路以传导耦合的形式引入电网。噪声在交流电网内阻抗上产生的压降会造成网侧相电压波形畸变。

另外，在使用脉冲宽度调制（pulse width modulation，PWM）技术的电力电子装置中，PWM 功率脉冲的频率可从几千赫兹到几百千赫兹不等。这些脉冲电流中所包含的谐波可以达到几兆赫兹甚至几十兆赫兹，而且它们产生的电磁噪声强度很大。

1.3　电磁兼容设计内容与方法

电磁兼容是一门涉及多学科的综合性学科，也是伴随着其他科学技术，特别是电子与电气技术的发展而出现并不断发展的边缘学科，涵盖电子、通信、材料、电工等多个学科，包含电磁兼容原理、电磁兼容性标准和规范、电磁兼容性测试方法和测试仪器设备、电磁兼容性分析预测、电磁兼容性设计等研究方向。

电磁兼容设计是实现设备或系统规定的功能，并使系统效能得以充分发挥的重要保证。在产品的设计阶段，首先应该进行电磁兼容设计，使电磁兼容的问题在设计定型之前得到解决，并贯穿于开发的整个阶段。如果等到产品的生产阶段再去解决，不但会在技术上带来很大的难度，而且会造成人力、财力和时间的极大浪费。

电气、电子系统的电磁兼容设计包含 EMI 分析、EMC 控制和 EMC 测量与测试等环节，如图 1-2 所示。首先，EMI 分析中要明确系统必须满足的电磁兼容指标，包括国际标准、国家标准、行业规范、企业标准和客户要求等，并可借助计算机辅助设计通过建立电磁兼容数学模型的方式分析和预测干扰传输途径与影响。其次，从骚扰源（产生干扰的电路或设备）、敏感电路（被干扰的电路或设备）、耦合途径（能够将干扰源产生的干扰能量传递到敏感源的路径）这三个要素入手对系统进行 EMI 分析。电磁干扰的产生必须同时满足以上三个条件。电磁兼容设计则要从电磁干扰的三个基本要素出发，提出消除每个要素的技术手段和技术措施来进行 EMC 控制。最后，能够依据相关标准与规范，采用正确的方法对产品的电磁兼容性能进行测试和测量。

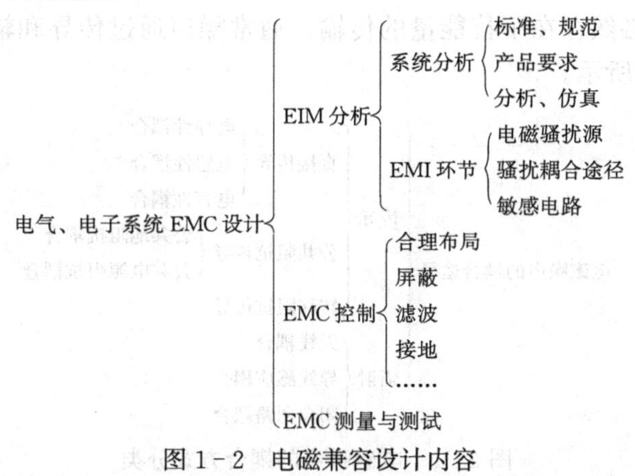

图 1－2　电磁兼容设计内容

设计思路：

（1）充分了解电子设备可能存在的电磁骚扰源及其性质，消除或削弱干扰源能量。

（2）充分分析电磁骚扰可能的传播途径，切断或削弱与电磁骚扰的耦合通路。

（3）分析和认识易于接收电磁骚扰的电磁敏感电路或单元，降低设备干扰的响应或增加电磁敏感性电平，以提高设备对电磁骚扰的抵抗能力。

技术措施：

（1）设备或系统本身应尽可能选用相互干扰最小的部件、电路和设备，并予以合理的布局。

（2）通过采用屏蔽、滤波、接地、合理布线等技术，将干扰予以隔离和抑制。

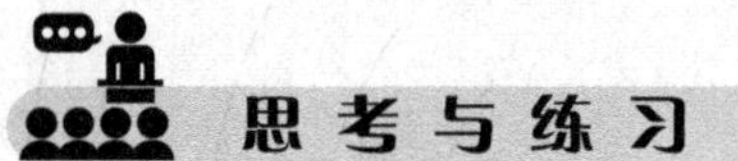

列举电磁干扰带来系统性能降低或失效的危害案例。

第2章　电磁噪声耦合途径

电磁干扰的发生必然存在干扰能量的传输，通常噪声通过传导和辐射两种方式耦合到被干扰对象，如图2-1所示。

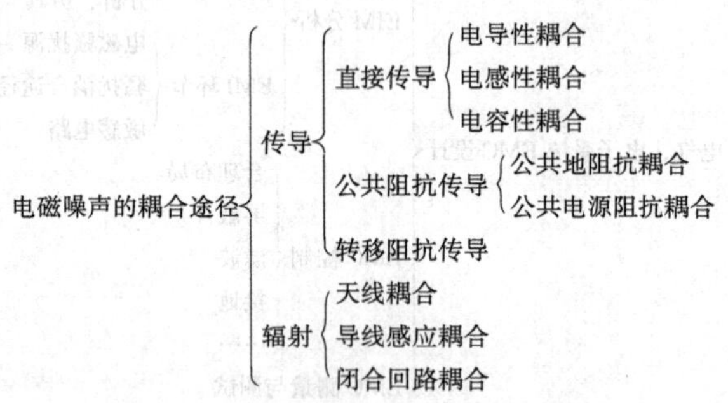

图2-1　电磁噪声的耦合方式分类

传导耦合，是指电磁噪声的能量在电路中以电压或电流的形式，通过金属导线或其他元件（如电容器、电感器、变压器等）耦合至被干扰设备（电路）。通常，传导干扰噪声分布在30MHz以下的低频段。根据电磁噪声耦合的特点，传导耦合可分为直接传导、公共阻抗传导和转移阻抗传导三种。

辐射耦合，是指电磁噪声的能量以电磁场的形式，通过空间辐射传播耦合到被干扰设备（电路）。辐射耦合可分为天线耦合、导线感应耦合和闭合回路耦合三种情况。

电磁噪声耦合途径如图2-2所示。

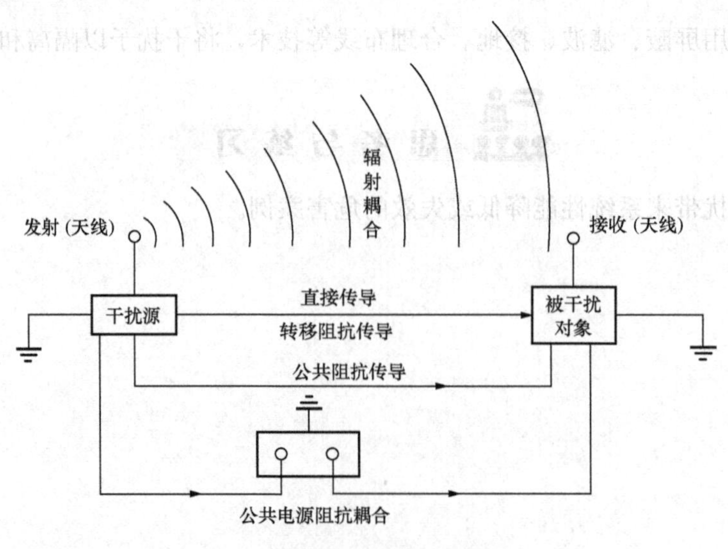

图2-2　电磁噪声耦合途径

2.1　电磁噪声传导耦合

2.1.1　直接传导耦合

噪声直接通过导线、电阻器、电容器、电感器或变压器等实际或寄生元件耦合到被干扰设备（电路）的方式称为直接传导。根据耦合元件的不同，直接传导又分为电导性耦合、电感性耦合和电容性耦合三种。

1. 电导性耦合

电导性耦合是最常见、最简单的一种耦合方式。例如：连接两元件或设备（系统）之间的导线、铜排或电缆、电源与负载之间的电源线等，它们都是阻抗元件而并非理想导体。因此，在考虑 EMC 问题时，必须考虑导线不但有电阻 R_t，而且有电感 L_t、漏电阻 R_p，以及杂散电容 C_p，如图 2-3 所示。显然，在高频时它们将构成一个谐振回路，谐振频率

$$f_0 = \frac{1}{2\pi\sqrt{L_t C_p}} \tag{2-1}$$

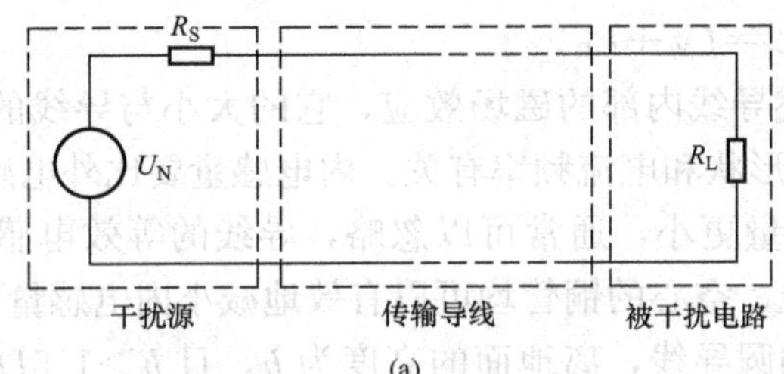

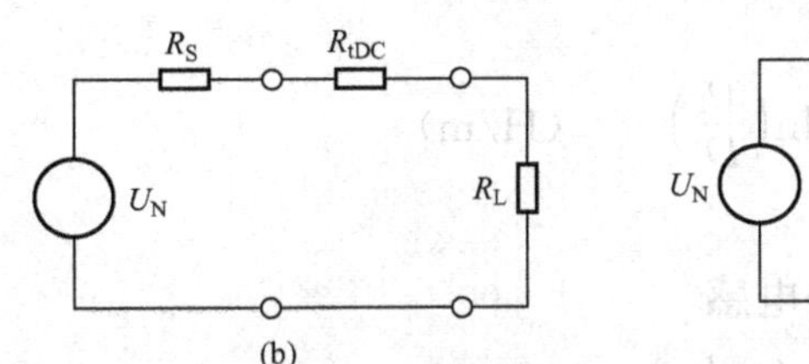

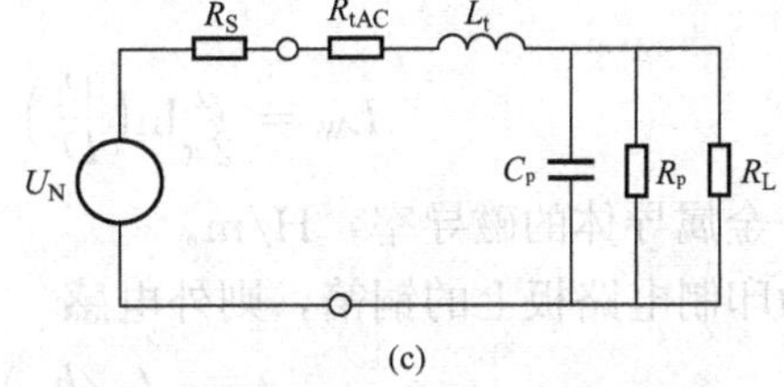

图 2-3　直接电导耦合示意图

（a）电导传输实际线路；（b）低频等效电路；（c）高频等效电路

图 2-3 中的传输线等效电阻受干扰频率的影响，R_{tDC} 为其低频和直流时的等效阻值，R_{tAC} 为其高频时的等效阻值。此外，如果噪声是与导线自身谐振频率相接近或是信号为高速高频脉冲列时，此时导线也应视为传输线来处理。

（1）导线的直流等效电阻。在直流和低频情况下传输线等效电阻

$$R_{DC} = \frac{\rho l}{A}(\Omega) = \frac{l}{A\sigma}(\Omega) \tag{2-2}$$

式中　l——导线的长度，m；

A——导线的截面积，m^2；

ρ——导线的电阻率，$\Omega \cdot m$；

σ——导线的电导率，S/m。

（2）导线的交流等效电阻。在高频时，由于趋肤效应的作用，导线中流动的电流趋向表

面，所以导线载流的有效截面积 A_{eff} 要比导线本身的截面积小，导致导线的高频电阻（或交流电阻）R_{AC} 要比它的直流电阻 R_{DC} 大，即

$$R_{AC}=R_{DC}\cdot\frac{A}{A_{eff}} \tag{2-3}$$

对于圆截面导体，$A_{eff}=\pi D\delta$，其中，D 为导体直径；δ 为趋肤深度。

$$R_{AC}=R_{DC}\cdot\frac{D}{4\delta} \tag{2-4}$$

若导线为印制电路板上一条厚度为 t 的铜箔条，则该铜箔条的交流电阻

$$R_{AC}=R_{DC}\frac{t}{\delta} \tag{2-5}$$

当骚扰信号的频率升高时，导线的趋肤效应越来越明显，δ 数值越来越小，导线的等效交流阻值 R_{AC} 也就越来越大。

(3) 导线的等效电感。通常，实际电路的工作频率多低于谐振频率 f_0，因此导线一般呈现感性，存在等效电感 L_t。它对电路中噪声和瞬态信号的影响十分重要，甚至在低频下，一根导线的感抗也可能会大于它们自身的电阻。一根导线的总电感量等于它的外电感量 L_W 和内电感量 L_R 之和，即 $L_t=L_W+L_R$。

内电感量 L_R 用来描述导线内部的磁场效应，它的大小与导线的尺寸及导线与地平面间的距离无关，但与其截面形状和电流频率有关。内电感量要比外电感量小得多。特别是在高频时，趋肤效应使内电感量更小，通常可以忽略，导线的等效电感量此时主要由外电感量 L_W 决定。使用扁平的导线、空心的铜管均可以有效地减小内电感量。

一根直的直径为 D 的圆导线，离地面的高度为 h，且 $h>1.5D$ 时，该导线单位长度的外电感

$$L_W=\frac{\mu}{2\pi}\ln\left(\frac{4h}{D}\right)\qquad(\text{H/m}) \tag{2-6}$$

式中 μ——金属导体的磁导率，H/m。

若导线为印制电路板上的铜箔，则外电感

$$L_W=0.2\ln\left(\frac{2h}{b+t}\right)\qquad(\mu\text{H/m}) \tag{2-7}$$

式中 b——铜箔的宽度；

t——铜箔的厚度。

(4) 导线的特征阻抗 Z_0。良好的 EMC 设计应将连接导线制成均匀传输线的形式，其分布参数如单位长度电感、电阻、分布电容要均匀一致。特征阻抗描述了导线的分布参数特性。使用时传输线的特征阻抗要与负载阻抗匹配，以有效地减小导线阻抗对信号传输的不良影响，减小噪声传导耦合。

常见的传输线结构有地平面上的圆直导线、地平面上的条状导线、平行圆直导线、同轴电缆等，它们的结构示意如图 2-4 所示。

表 2-1 为对应特征阻抗表达式，其中 ε_r 为相对介电常数，可以看出特征阻抗是表征传输线自身的一个物理量，只与传输线结构，如线径、相对位置和传输线周围的介质有关。印制电路板上的走线和双绞线的特征阻抗在 100～200Ω，同轴电缆为 50Ω 或 75Ω。

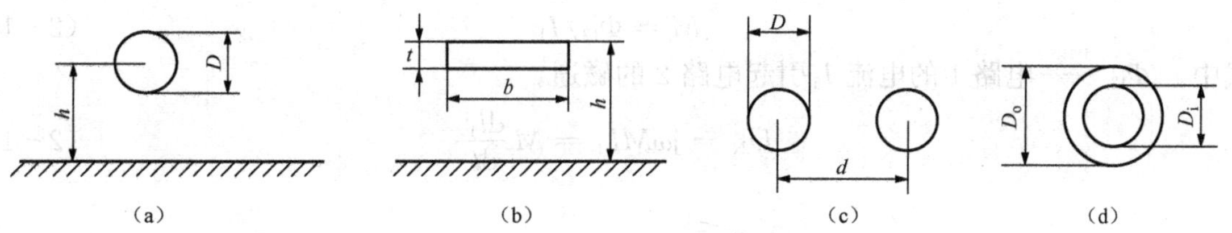

图 2-4 几种常见的传输线结构

(a) 地面上的圆直导线；(b) 地面上的条状导线；(c) 平行圆直导线；(d) 同轴电缆

表 2-1 常见传输线特征阻抗

传输线结构	特征阻抗	条件约束
地面上的圆直导线	$Z_0=\frac{60}{\sqrt{\varepsilon_r}}\text{arccosh}\left(\frac{2h}{D}\right)$	
地面上的圆直导线	$Z_0=\frac{60}{\sqrt{\varepsilon_r}}\ln\left(\frac{4h}{D}\right)$	$D\ll 2h$
地面上的条状导线	$Z_0=\frac{377}{\sqrt{\varepsilon_r}}\times\frac{h}{b}$	$t\ll h\ll b$
平行圆直导线	$Z_0=\frac{120}{\sqrt{\varepsilon_r}}\text{arccosh}\left(\frac{d}{D}\right)$	
平行圆直导线	$Z_0=\frac{120}{\sqrt{\varepsilon_r}}\ln\left(\frac{2d}{D}\right)$	$D\ll d$
同轴电缆	$Z_0=\frac{60}{\sqrt{\varepsilon_r}}\ln\left(\frac{D_o}{D_i}\right)$	

2. 电感性耦合

电感性耦合（inductive coupling）也称为磁性耦合，是指干扰源产生的噪声磁场与被干扰回路发生磁通交链，以互感的形式产生传导性干扰。

设噪声磁场的磁通密度为 $\boldsymbol{B}$，穿过一个闭合面积为 $\boldsymbol{A}$ 的闭合回路，如图 2-5 所示。则在该回路中感生出噪声电压 U_N

$$U_N=-\frac{\mathrm{d}}{\mathrm{d}t}\int_A \boldsymbol{B}\,\mathrm{d}\boldsymbol{A} \tag{2-8}$$

其中，$\boldsymbol{B}$ 和 $\boldsymbol{A}$ 均为矢量。

如果该闭合回路固定不变，磁通密度为正弦函数，则式（2-8）积分后可得

$$U_N=\mathrm{j}\omega BA\cos\theta \tag{2-9}$$

式中 A——闭合回路的面积；

B——角频率 ω 的正弦磁通密度的有效值；

U_N——噪声电压的有效值；

$BA\cos\theta$——耦合到敏感电路的总磁通量。

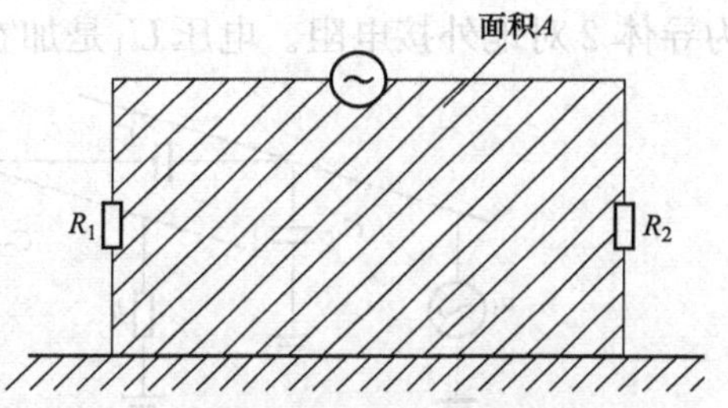

图 2-5 噪声磁场在被干扰电路的闭合回路中产生噪声电压

另外，磁性耦合关系也可以用两个电路之间的互感 M 来表示。如图 2-6 所示，当干扰电路中流过交变的干扰电流 I_1 时产生交变磁通，由于电路 1 和电路 2 之间互感 M［式（2-10)］的作用，在电路 2 上感生出噪声电压［式（2-11)］。

$$M = \Phi_{12}/I_1 \tag{2-10}$$

式中 Φ_{12}——电路 1 的电流 I_1 引起电路 2 的磁通。

$$U_N = j\omega MI_1 = M\frac{di_1}{dt} \tag{2-11}$$

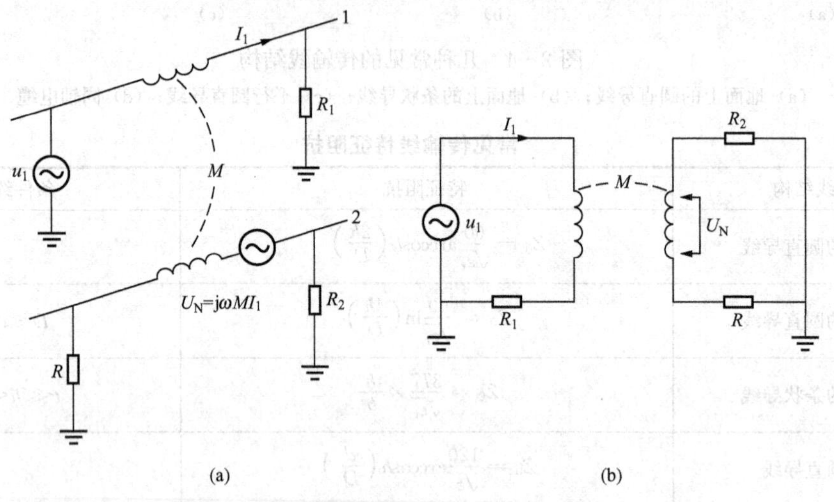

图 2-6 两个电路通过互感产生磁性耦合

(a) 电感耦合模型；(b) 等效电路

为了减小噪声电压，必须减小 B、A 或 $\cos\theta$。减小 B 可以采用电路的物理隔离，或者增加干扰源和敏感设备间的距离。减小敏感电路的面积 A，可以将导线紧贴在地平面上（如果返回电流通过地平面时）或者使用两根绞合在一起的导线（如果返回电流是在该对导线中）。减小 $\cos\theta$，可以适当调整骚扰源和敏感电路的相对位置。另外，噪声电压还直接与干扰信号的电流和频率成正比，但电路的工作电流往往是一定的，不能随意减小。

3. 电容性耦合

电容性耦合（capacitive coupling）也称为电容耦合，它是由两电路间的电场相互作用所引起的。

两个导体之间的电容耦合，可用图 2-7 简单地示意。C_{12} 是导线 1 与导线 2 之间的杂散电容。C_{1G} 和 C_{2G} 分别是导线 1 和导线 2 与地之间的总电容（包括杂散电容和外接电容），R 为导体 2 对地外接电阻。电压 U_1 是加在导体 1 上的干扰源，导体 2 为被干扰电路。由于电

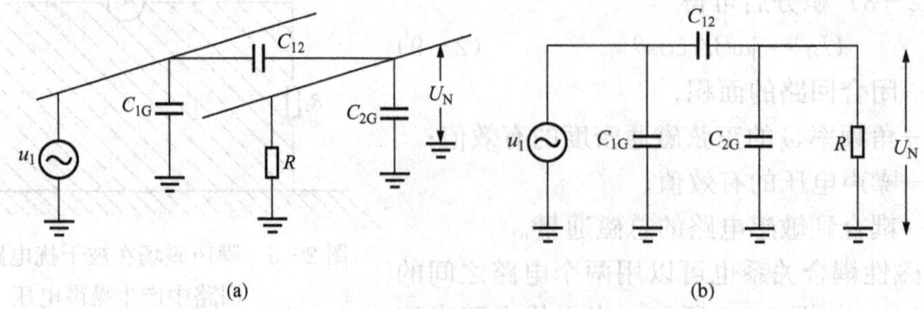

图 2-7 两个导体之间的电容耦合

(a) 电容耦合模型；(b) 等效电路

容耦合，在导体2对地之间产生噪声电压U_N。

$$U_N=\frac{j\omega C_{12}R}{1+j\omega R(C_{12}+C_{2G})}U_1 \tag{2-12}$$

当频率很低时，R数值远小于导线间以及导线对地的容抗，满足$R\ll\frac{1}{j\omega(C_{12}+C_{2G})}$，表达式可化简为

$$U_N\approx j\omega RC_{12}U_1 \tag{2-13}$$

电容耦合而产生的噪声电压与干扰源的频率、被干扰电路的输入电阻、干扰源和被干扰电路之间的杂散电容及噪声电压成正比。

当频率很高时，R数值远大于容抗时，$R\gg\frac{1}{j\omega(C_{12}+C_{2G})}$，式（2-12）可化简为

$$U_N=\frac{C_{12}}{C_{12}+C_{2G}}U_1 \tag{2-14}$$

此时电容耦合产生的噪声电压只取决于C_{12}和C_{2G}的分压，与频率无关。

图2-8是电容性耦合干扰的频率响应，是式（2-12）的噪声电压U_N与频率的关系曲线图。式（2-13）和式（2-14）是频率响应的渐进线，转折频率

$$\omega=\frac{1}{R(C_{12}+C_{2G})} \tag{2-15}$$

通常干扰频率小于此值。

若U_1、ω不变，为了减小电容耦合引起的传导干扰，就必须减小R和C_{12}，增加C_{2G}。被干扰导线对地电阻R通常由电路本身的要求所决定，可以通过在受扰电路的输入端并联一个较低的阻抗（通常使用电容）来实现；两导线间耦合电容C_{12}是决定耦合的关键参数，它与两导线的长度成正比，与导线间距的平方成反比，增大两导体之间的距离可以使耦合电容快速减小。另外，也可以减小导体本身的直径或者调整导线的方向，让二者垂直来减小耦合电容。增加被干扰导线对地电容C_{2G}可以让被干扰导线尽可能地靠近地线。

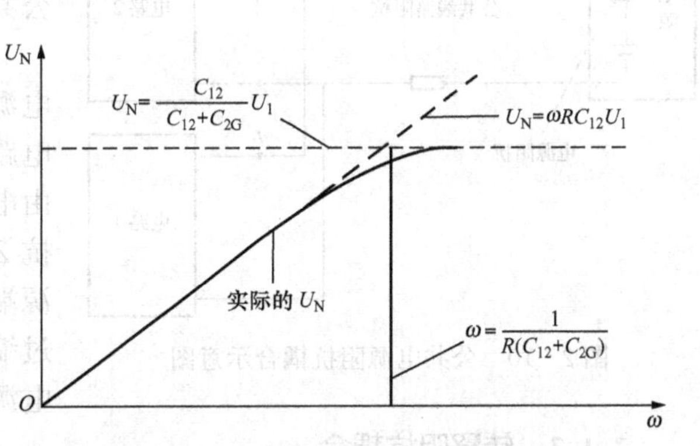

图2-8 电容性耦合干扰与频率的关系

2.1.2 公共阻抗耦合

当干扰源的输出回路与被干扰电路存在一个公共电路的阻抗时，干扰源的电磁噪声将会通过公共阻抗耦合到被干扰电路产生公共阻抗耦合干扰。公共阻抗耦合主要包括公共地阻抗耦合和公共电源阻抗耦合。

1. 公共地阻抗耦合

当两个电路的电流流经一个公共阻抗时，一个电路的电流在该公共阻抗上形成的电压就会影响到另一个电路，形成公共阻抗耦合。图2-9所示为地电流流经公共地线耦合。图2-9中电路2为干扰源的相关电路，电路1为被干扰电路的敏感部分。电路1的地电位被电路

2 流经公共地线阻抗的骚扰电流所调制，从而对电路 1 造成干扰。

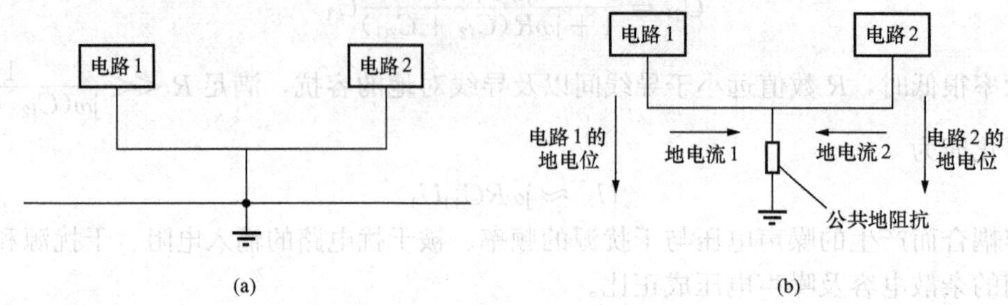

图 2－9　公共地阻抗耦合示意图

（a）电路原理图；（b）分析 EMI 的等效电路

一般来说，公共地线可能是信号地线，也可能是公共安全接地线，它们包括金属接地线、接地板、接地网等。印刷电路板常用整面的铜箔作为参考地，一些测试和工业自动化系统，也常用整块金属板作为参考地，此时应通过尽量加粗和缩短地线，降低公共地线阻抗来消除公共地阻抗耦合。

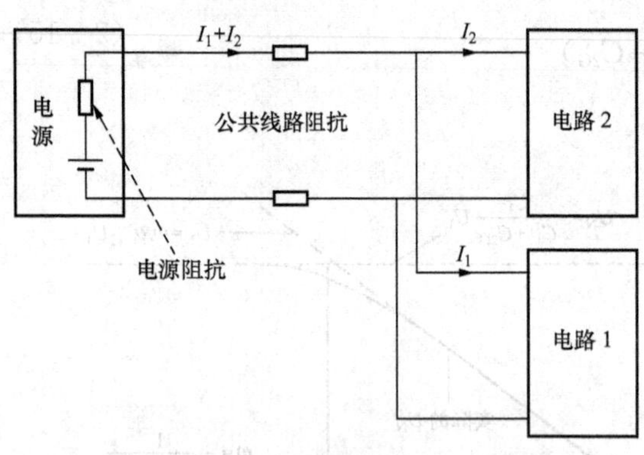

图 2－10　公共电源阻抗耦合示意图

2. 公共电源阻抗耦合

噪声通过交流供电电源和直流供电电源的公共电源阻抗时，产生公共电源阻抗耦合。

一个公共电源通常会供给多个负载，公共电源阻抗耦合如图 2－10 所示。图 2－10 中当电路 2 中发生突变出现干扰电流 ΔI 时，会在由电源引线阻抗和电源内阻构成的公共电源阻抗 Z 上产生一个干扰电压增量 $\Delta I \cdot Z$，导致电源端电压变化，从而传递到电路 1 中。此时通过缩短电源引线降低公共线路阻抗，使用稳压电源降低电源内阻以降低电源阻抗耦合。

2.1.3　转移阻抗耦合

转移阻抗耦合，是指干扰源发出的噪声不是直接传送至被干扰对象，而是通过转移阻抗将噪声电流（或电压）转变为被干扰设备（电路）的干扰电压（或电流）。从本质上来说，它是直接传导耦合和公共阻抗传导耦合的某种特例，只是在某些情况下用转移阻抗的概念来分析比较方便。例如，同轴电缆的芯线与其屏蔽层的耦合问题，用转移阻抗的方法常常比较方便，其物理实质仍属电磁感应。

图 2－11 为一段同轴电缆的转移阻抗剖面示意图。设其屏蔽层为实壁金属并存在一定的厚度，图 2－11（a）表示芯线上电场为 E_{11}，流过的电流为 I_1，在屏蔽层上感生的电场强度为 E_{22}，电流为 I_2；而图 2－11（b）则表示电缆屏蔽层的外表面有电流 I_2 流过，其电场强度为 E_{22}，在芯线上产生感生电流 I_1 和 E_{11}。

根据四端网络理论，定义如下四种阻抗：

$$Z_{12}=\frac{E_{22}}{I_1};\ Z_{21}=\frac{E_{11}}{I_2};\ Z_{11}=\frac{E_{11}}{I_1};\ Z_{22}=\frac{E_{22}}{I_2}$$

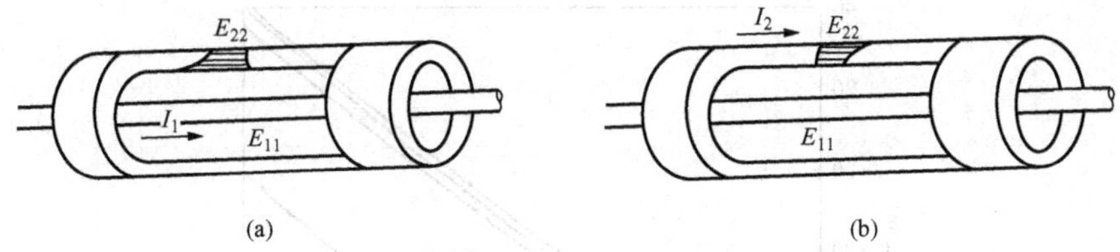

图 2-11 同轴电缆的转移阻抗剖面示意图

(a) 芯线流过电流；(b) 屏蔽层流过电流

式中 Z_{11}——芯线的阻抗；

Z_{22}——电缆屏蔽层的阻抗。

Z_{12}、Z_{21}——转移阻抗，分别表征芯线电流对电缆屏蔽外层的影响以及电缆屏蔽外层电流对芯线的影响，显然 $Z_{12}=Z_{21}$。

对于实壁同轴电缆的转移阻抗及自阻抗，可用下式计算：

$$Z_{12}=Z_{21}=\frac{\sqrt{\mathrm{j}}k_{\mathrm{p}}}{2\pi\sqrt{r_1r_2}}\cdot\frac{1}{\mathrm{sh}\sqrt{\mathrm{j}}kt}$$

$$Z_{11}=\frac{\sqrt{\mathrm{j}}k_{\mathrm{p}}}{2\pi r_1}\coth\sqrt{\mathrm{j}}kt \qquad (2-16)$$

$$Z_{22}=\frac{\sqrt{\mathrm{j}}k_{\mathrm{p}}}{2\pi r_2}\coth\sqrt{\mathrm{j}}kt$$

$$k=\sqrt{\omega\mu\sigma}=\sqrt{\frac{\omega\mu}{\rho}}$$

式中 ρ——电阻率；

σ——电导率；

μ——磁导率；

r_1——电缆屏蔽筒的内半径；

r_2——电缆屏蔽筒的外半径；

t——电缆屏蔽筒壁的厚度，$t=r_2-r_1$；

ω——角频率。

式（2-16）表明，实壁同轴电缆的转移阻抗与角频率的平方根及壁的厚度成反比，这是因为趋肤效应的关系。显然，频率越高或屏蔽层越厚，转移阻抗越小，此时电缆屏蔽外层中的电场及电流对芯线的影响，以及芯线中电场及电流对屏蔽外层的影响也越小。至于磁场耦合情况，由于磁场耦合会感生电流，这样从转移阻抗就很容易求得感生的干扰电压。

在实际应用中，同轴电缆的外屏蔽层常常不是实壁的，而且电缆有各种形式，理论计算转移阻抗比较复杂且不准确，所以常常用实验方法测得。

图 2-12 表明，实壁刚性或实壁挠性（波纹管）屏蔽的屏蔽有效性最好，即转移阻抗最小，且转移阻抗随频率的提高而下降。编织套的屏蔽性最差，特别是单层编织套屏蔽电缆的转移阻抗，随频率的增高而单调增加。这是因为编织套屏蔽层不存在趋肤效应，其内表面和外表面电流是一样的。频率较低（<100kHz）时转移阻抗与屏蔽层表面阻抗成正比，而当频率较高（>1MHz）时，转移阻抗则主要取决于芯线与屏蔽层的互感，所以单调增加。

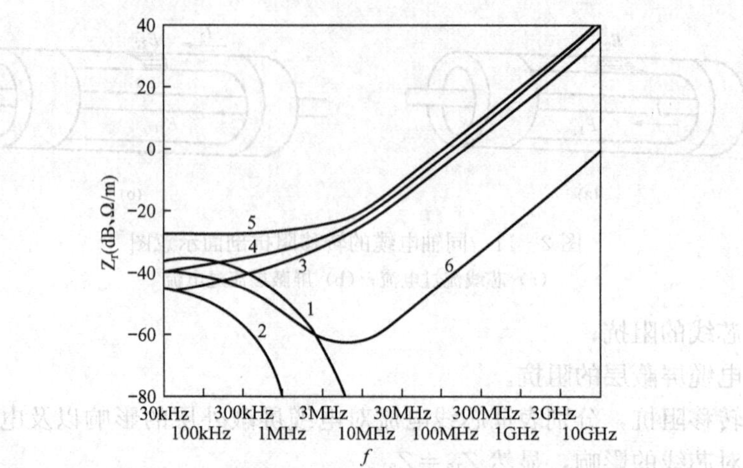

图 2－12　同轴屏蔽电缆的转移阻抗与频率关系

1—实壁金属屏蔽套（0.2mm）导线；2—实壁波纹管套（1mm）导线；3—两层编织屏蔽套连在一起的同轴电缆；4、5—单层屏蔽套同轴电缆；6—双层编织屏蔽套同轴电缆

2.2　电磁噪声辐射耦合

2.2.1　电磁辐射的概念

辐射传播是导体干扰源将能量以电磁波的形式向周围空间发射出去。两个不同电位的导体之间产生电场 E，电场强度正比于导体间电压，反比于导体间距，单位为 V/m。载流导体周围产生磁场 H，正比于电流，反比于离开导体的距离，单位为 A/m。当交变的电压通过导体产生交变电流时，会产生电磁波，电场和磁场互为正交同时传播，如图 2－13 所示。电磁场传播速率由介质决定，在自由空间即空气中，电磁波的速度恒定为光速 3.0×10^{8}m/s。

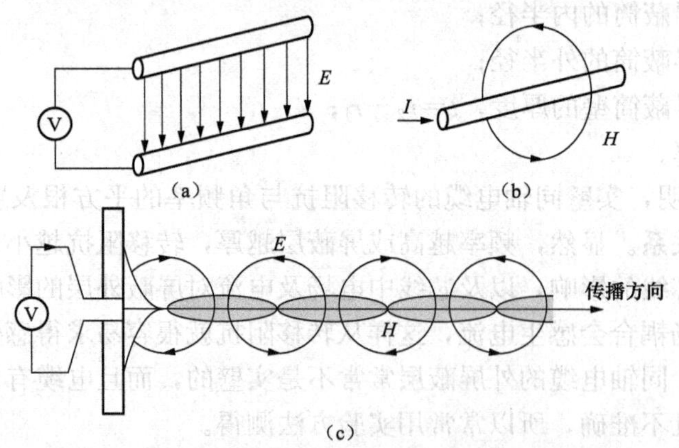

图 2－13　电场、磁场互为正交同时传播

(a) 电场；(b) 磁场；(c) 电磁波

图 2－14 中用电场的变化描绘了电磁波中电场形成的过程。图 2－14（a）表示电力线方向向下的电场达到最大的情况。图 2－14（b）表示当电流趋于零时，正负电荷向中心移动中和，中心部位的电力线收缩闭合消失。由于电场变化速度很快，其余的电力线没有足够的

时间返回电路中，它们自身闭合在空间形成环形继续存在，如图 2-14（c）所示。相反方向的电场很快建立起来，并把以前留下的闭合环推向远处，如图 2-14（d）、（e）所示，接着又在相反极性下重复图 2-14（a）～（e）的过程，正好完成一个循环周期。

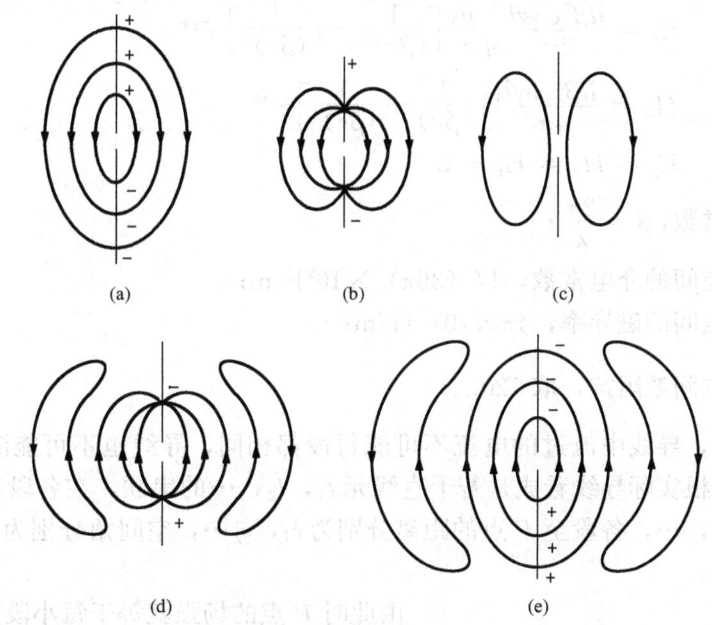

图 2-14　辐射源附近电磁波的形成

（a）电流正向峰值时电力线；（b）电流正向减小时电力线；（c）电流正向零点时电力线；（d）电流方向增大时电力线；（e）电流反向峰值时电力线

同时当正电荷出现在导体上方，负电荷在下方，而且逐渐增大时，电场随之增强，周围的磁场亦加强。当电流方向改变时，首先电流减小到零，电磁场随之消失，然后电流在反方向增大，再在相反的方向上建立电场和磁场。如果电流的变化频率比较低，则在方向转换的过程中存在足够长的时间，使得实际存储在电磁场中的能量返回到电路中去，因此只发生微弱的辐射。如果电流的频率很高，则在电磁场中的能量还没有来得及返回到电路之前，导线周围已产生了新的方向相反的电磁场，把先前的电磁场推向空间，如此反复变化，向前传播出去。

2.2.2　电磁辐射场强分析

电磁场的分布受很多因素的影响，它取决于辐射源的类型和空间介质的性质，还与场源周围是否存在反射物和折射物有关。通常，利用短直导线源（电偶极子）和环形天线源（磁偶极子）简单辐射模型近似分析复杂辐射体。

1. 短直导线源

在自由空间中不考虑反射和折射时，一根足够短、长度为 l 的直线元上流过电流 I 时所产生的电磁场如图 2-15 所示。

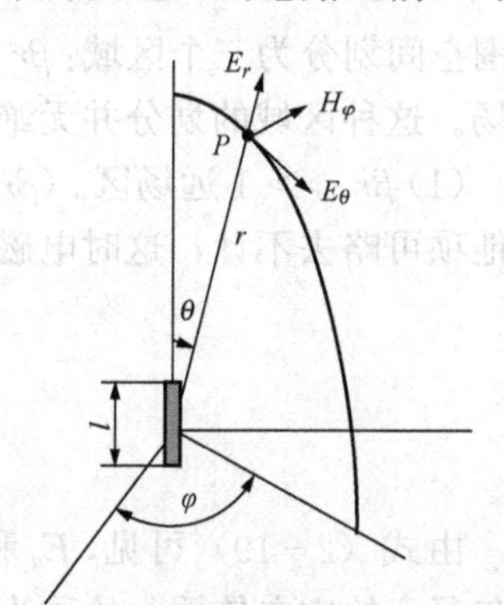

图 2-15　短直导线源产生空间电磁场示意图

当 l 远小于电磁波波长 λ（$l \ll \lambda$），$l \ll r$ 时，在距直线

元 r 处 P 点产生的电场、磁场强度在球坐标中的分量：

$$
\begin{aligned}
E_\theta &= \frac{Il\beta^2 \sin\theta}{4\pi}\sqrt{\frac{\mu_0}{\varepsilon_0}}\left[\mathrm{j}\frac{1}{(\beta r)}+\frac{1}{(\beta r)^2}-\mathrm{j}\frac{1}{(\beta r)^3}\right]\mathrm{e}^{-\mathrm{j}\beta r} \\
E_r &= \frac{Il\beta^2 \cos\theta}{2\pi}\sqrt{\frac{\mu_0}{\varepsilon_0}}\left[\frac{1}{(\beta r)^2}-\mathrm{j}\frac{1}{(\beta r)^3}\right]\mathrm{e}^{-\mathrm{j}\beta r} \\
H_\varphi &= \frac{Il\beta^2 \sin\theta}{4\pi}\left[\mathrm{j}\frac{1}{(\beta r)}+\frac{1}{(\beta r)^2}\right]\mathrm{e}^{-\mathrm{j}\beta r} \\
E_\varphi &= H_r = H_\theta = 0
\end{aligned}
\tag{2-17}
$$

式中　β——相位常数，$\beta=\frac{2\pi}{\lambda}$；

ε_0——自由空间的介电常数，1/（36π）×10^9F/m；

μ_0——自由空间的磁导率，4π×10^{-7}H/m；

$\sqrt{\frac{\mu_0}{\varepsilon_0}}$——自由空间波阻抗，取120π。

在实际情况下，导线中流过的电流不可能每段都相同，导线也不可能满足足够短的条件。因此可以把一根实际导线看成是若干直线元 l_1，l_2，…的串联，在各段直线元中流过的电流分别为 I_1，I_2，…，各段至 P 点的距离分别为 r_1，r_2…，空间角分别为 θ_1，θ_2…，如图 2-16 所示。

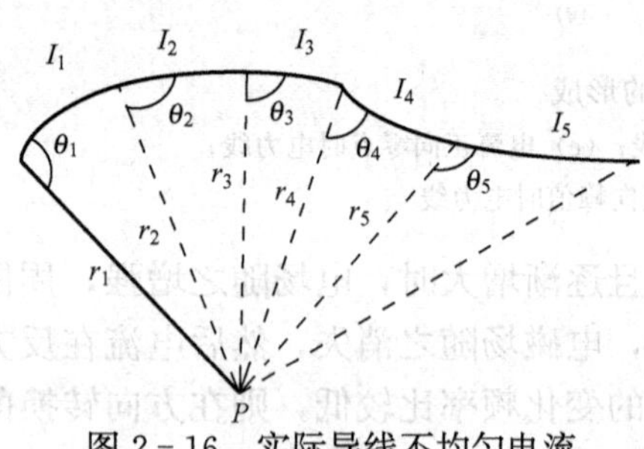

图 2-16　实际导线不均匀电流分段处理示意图

由此时 P 点的场强就等于每小段直线元在该点产生场强的叠加，即

$$
E_\theta=\sum_n E_{\theta_n} \qquad E_r=\sum_n E_{r_n} \qquad H_\varphi=\sum_n H_{\varphi_n} \tag{2-18}
$$

由式（2-17）可以看出，基本电偶极子产生的场有着比较复杂的表达形式，为了便于分析将偶极子周围空间划分为三个区域：$\beta r \ll 1$ 称为近场区；$\beta r \gg 1$ 称为远场区；$\beta r=1$ 为过渡区或引入场。这种区域的划分并无绝对界限，在各区域的交界面上也没有突变。

（1）$\beta r \gg 1$ 远场区。$(\beta r)^{-1}>(\beta r)^{-2}>(\beta r)^{-3}$，式（2-17）中的 $(\beta r)^{-1}$ 为主要项，其他项可略去不计，这时电磁场主要呈远场或辐射场性质。此时

$$
E_\theta=\mathrm{j}\frac{Il}{2\lambda r}\sqrt{\frac{\mu_0}{\varepsilon_0}}\sin\theta \mathrm{e}^{-\mathrm{j}\beta r} \qquad H_\varphi=\mathrm{j}\frac{Il}{2\lambda r}\sin\theta \mathrm{e}^{-\mathrm{j}\beta r} \tag{2-19}
$$

由式（2-19）可见，E_θ 和 H_φ 同相位，故能量密度 $\boldsymbol{p}$ 为正实数，说明场量携带能量矢量沿矢径 $\hat{\boldsymbol{r}}$ 的方向传播，故称为辐射场。

$$
\boldsymbol{p}=\frac{1}{2}[\boldsymbol{E}\times\boldsymbol{H}^*]=\frac{1}{2}(E_\theta H_\varphi)\hat{\boldsymbol{r}}=\hat{\boldsymbol{r}}\,\frac{1}{8}\sqrt{\frac{\mu_0}{\varepsilon_0}}\left(\frac{Il\sin\theta}{\lambda r}\right)^2 \tag{2-20}
$$

远场或辐射场的特点：频率越低，辐射效率越低；电流越小，距离越远，辐射场强则越

弱。电场和磁场正交，在 $\theta = 90^\circ$ 方向，辐射强度最大。

(2) $\beta r \ll 1$ 近场区。$(\beta r)^{-1} < (\beta r)^{-2} < (\beta r)^{-3}$，式 (2-17) 中，$H_\varphi$ 中 $(\beta r)^{-2}$ 和 E_θ、E_r 中 $(\beta r)^{-3}$ 为主要项，且 $e^{-jkr} \approx 1$，设 q 表示偶极子两端电流突变引起的电荷积累，且 $q = I/j\omega$，近场区场强表达式：

$$
\begin{aligned}
E_\theta &= Il\sin\theta/4\pi j\omega\varepsilon_0 r^3 = ql\sin\theta/4\pi\varepsilon_0 r^3 \\
E_r &= Il\cos\theta/2\pi j\omega\varepsilon_0 r^3 = ql\cos\theta/2\pi\varepsilon_0 r^3 \\
H_\varphi &= Il\sin\theta/4\pi r^2
\end{aligned}
\tag{2-21}
$$

由此可见，H_φ 与载流导线源在周围空间产生的感应磁场相同；电场 E_θ 与 E_r 和两个带电荷为 $\pm q$、相距 l 的静电偶极子所产生的静电场一致。所以近场区电磁场尽管是交变的，但是它的电场具有静电场的特性，磁场具有恒定磁场的特征，所以称近场区为准静态场。另外，H_φ 和 E_θ 时间相位相差 $\pi/2$，所以 $\hat{r}$ 向平均能流密度 $P=0$，说明近场区电磁场能量仅在场与源之间相互交换而没有向外辐射。

近场区的特点：$\theta = 0^\circ$ 时，$E_\theta = H_\varphi = 0$，只有 E_r 项；$\theta = 90^\circ$ 时，$E_r = 0$，H_φ 也很小，主要是 E_θ 项。近场区场强与电流成正比，与频率成反比。

2. 环形天线源

在讨论电磁场问题时，还有一类典型的辐射源，是一个具有足够小面积 A 的环形导线中流过电流 I 所构成的环形天线元，如图 2-17 (a) 所示。在环形天线源周围空间产生的场强见式 (2-22)。实际的环形电路同样可分解成许多小圆环元的叠加。P 点的场强应为每个小圆环元 A_n 在该点所产生的场强的叠加，如图 2-17 (b) 所示。

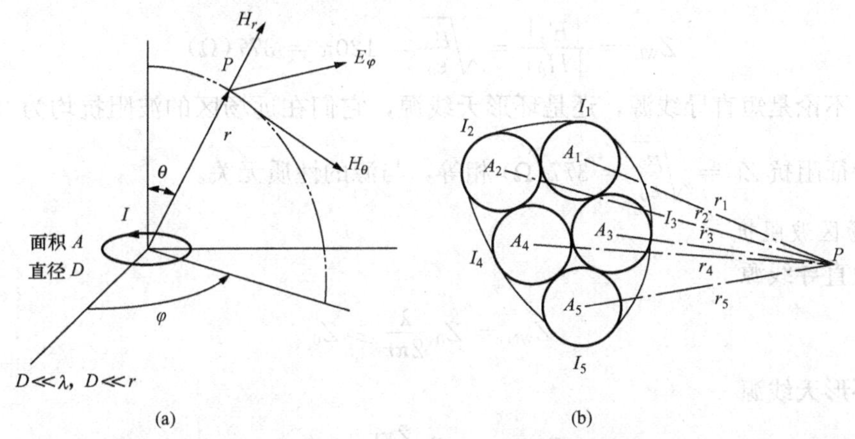

图 2-17　环形天线电磁场计算示意图

(a) 环形天线源；(b) 大环形不均匀电流可分解为若干环形元的叠加

$$
\begin{aligned}
H_\theta &= -j\frac{\omega\mu_0 IA\beta^2\sin\theta}{4\pi\sqrt{\dfrac{\mu_0}{\varepsilon_0}}}\left[j\frac{1}{\beta r} + \frac{1}{(\beta r)^2} - j\frac{1}{(\beta r)^3}\right]e^{-j\beta r} \\
H_r &= j\frac{\omega\mu_0 IA\beta^2\cos\theta}{2\pi\sqrt{\dfrac{\mu_0}{\varepsilon_0}}}\left[\frac{1}{(\beta r)^2} - j\frac{1}{(\beta r)^3}\right]e^{-j\beta r} \\
E_\varphi &= j\frac{\omega\mu_0 IA\beta^2\sin\theta}{4\pi}\left[j\frac{1}{\beta r} + \frac{1}{(\beta r)^2}\right]e^{-j\beta r}
\end{aligned}
\tag{2-22}
$$

$$H_\varphi = E_r = E_\theta = 0$$

环形天线电磁场的计算与直线元电磁场计算类似，同样存在着准静态场、感应场和辐射场。远场区仍然以 $(\beta r)^{-1}$ 为主要项。

$$H_\theta = \mathrm{j}\frac{\omega\mu_0 IA\beta\sin\theta}{4\pi r\sqrt{\dfrac{\mu_0}{\varepsilon_0}}}\mathrm{e}^{-\mathrm{j}\beta r}$$

$$E_\varphi = -\mathrm{j}\frac{\omega\mu_0 IA\beta\sin\theta}{4\pi r}\mathrm{e}^{-\mathrm{j}\beta r} \tag{2-23}$$

可以看出，磁偶极子和电偶极子有类似的情况，在远场区具有以下特征：场强与距离成反比，电场和磁场所在平面与辐射方向垂直，电场和磁场相互正交。

2.2.3 波阻抗

波阻抗是描述电磁辐射的重要基本概念之一，它是影响电磁波在传播过程中的反射与吸收的重要参数。空间中某点的波阻抗为该点的电场强度与磁场强度之比，用 Z_W表示，即

$$Z_\mathrm{W} = \frac{E}{H} \tag{2-24}$$

1. 远场区波阻抗

对于短直导线或电偶极子源，从式（2-17）可得：

$$Z_\mathrm{WL} = \frac{|E_\theta|}{|H_\varphi|} = \sqrt{\frac{\mu_0}{\varepsilon_0}} = 120\pi = 377(\Omega) \tag{2-25}$$

对于环形天线源，从式（2-22）可得：

$$Z_\mathrm{WL} = \frac{|E_\varphi|}{|H_\theta|} = \sqrt{\frac{\mu_0}{\varepsilon_0}} = 120\pi = 377(\Omega) \tag{2-26}$$

因此，不论是短直导线源，还是环形天线源，它们在远场区的波阻抗均为 377Ω，与自由空间的特征阻抗 $Z_0 = \sqrt{\dfrac{\mu_0}{\varepsilon_0}} = 377(\Omega)$ 相等，与源的性质无关。

2. 近场区波阻抗

对于短直导线源

$$Z_\mathrm{WN} = Z_0\frac{\lambda}{2\pi r} \geqslant Z_0 \tag{2-27}$$

对于环形天线源

$$Z_\mathrm{WN} == Z_0\frac{2\pi r}{\lambda} \leqslant Z_0 \tag{2-28}$$

近场区，短直导线源主要是电场，波阻抗大于特征阻抗 Z_0，环形天线源主要是磁场，波阻抗小于特征阻抗 Z_0。所以短直导线源的近场区为高阻抗电场，而环形天线源的近场区为低阻抗磁场。

近场区和远场区的波阻抗随距离的变化如图 2-18 所示。从辐射源到周围空间的电磁波可分为近场区和远场区。近场区又称为感应场，电磁能量并不完全向远方传送，电磁场的几何分布和强度由干扰源的特性决定，其中电偶极子是高电压小电流的场源，主要是电场（高阻抗场），磁偶极子是大电流低电压的场源，主要是磁场（低阻抗场），波阻抗取决于源的性质和源到观测点的距离，与传输介质无关。而远离波源的区域称为远场区域辐射场，电场和

磁场的方向相互垂直，通过空间往返交换，以平面波的形式向外辐射，电场和磁场之间的关系确定，其强度的比值为固定值，即波阻抗等于自由空间特征阻抗 $Z_0=377\Omega$。

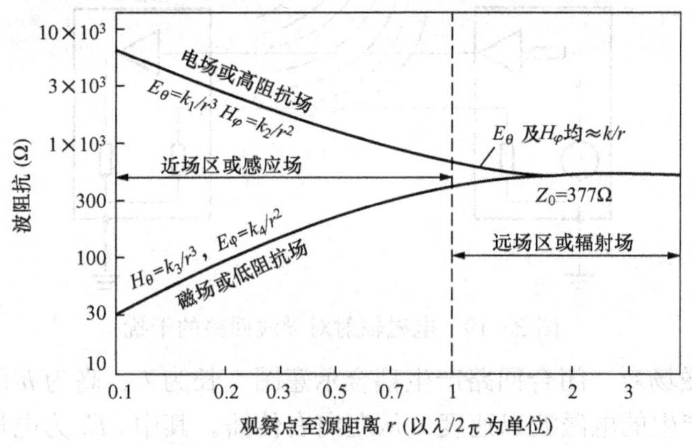

图 2-18　波阻抗随距离的变化

2.2.4　辐射耦合方式

辐射耦合是干扰源将电磁能量以电磁辐射的形式向空间发射，使处于近场区和远场区的接收电路受到被干扰的威胁。通常，辐射干扰存在天线耦合、场对导线的感应耦合和闭合回路耦合三种主要耦合途径。

1. 天线耦合

天线是一种高灵敏度的导体结构，按照不同的性能要求和用途将金属导体做成特定的形状，如杆状、环状等。电磁波的电场和磁场的高频振荡，在天线中引起电磁感应而产生感应电流，经过馈线进入接收电路。天线耦合是一种强辐射耦合，根据耦合的作用距离将其分为近场耦合和远场耦合，根据耦合作用的目的分为有意耦合和无意耦合。天线有目的地接受特定的电磁辐射属于有意耦合，例如收音机天线、手机天线等。然而在电子设备和系统中还存在着无意的天线耦合，例如高灵敏度放大器三极管的基极管脚虚焊，悬空的基极管脚成为一根天线，它可以接收电磁信号。然而这种“天线”通常很难发现，给高灵敏度电子设备和通信设备带来很多干扰。

2. 场对导线的感应耦合

设备的电缆线一般由信号回路的连接线和电源回路的供电线、地线等构成，其中每一根导线都由输入端阻抗、输出端阻抗和返回线构成一个回路。因此设备电缆线是设备内部电路暴露在机箱外面的部分，它们最容易受到干扰源辐射场的耦合而感应出干扰电压或电流，沿导线进入设备形成辐射干扰，如图 2-19 所示。

在导线比较短、电磁波频率比较低的情况下，可以把导线和阻抗构成的回路看作为理想的闭合环路。此时电磁场引起的干扰属于闭合回路耦合。对于两个设备离得较远，电缆线很长且辐射电磁场频率较高的情况，由于电磁场对导线的作用不均匀导致导线中的感应电压不均匀，感应电流沿导线方向发生波动变化。

3. 闭合回路耦合

闭合回路耦合，是指在辐射干扰电磁场的频率比较低的情况下，受感应回路最大部分的长度小于 1/4 波长时，电磁场与闭合回路的耦合。

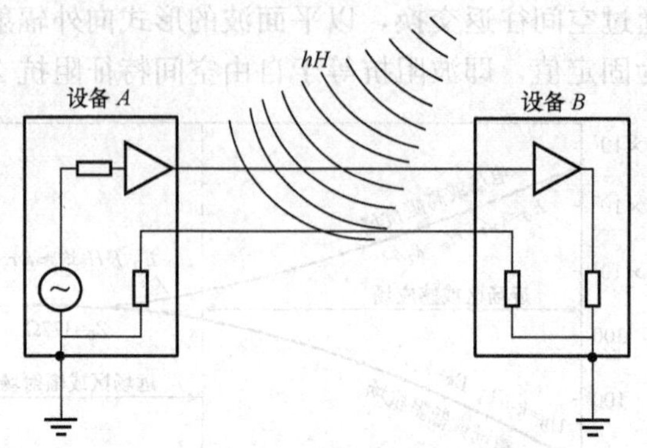

图 2-19 电磁辐射对导线回路的干扰

图 2-20 为电磁场对一闭合回路产生耦合示意图。长为 l、高为 h 的矩形线圈置于 $X-Z$ 平面内。辐射源产生的电磁波以速度 v 从左向右传播。其中，E_i 为电场强度分量，H_i 为磁场强度分量。

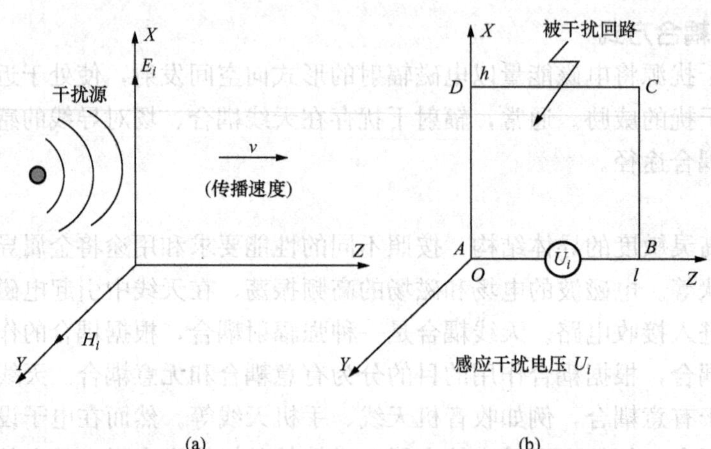

图 2-20 电磁场对一闭合回路产生耦合示意图

(a) 干扰源；(b) 被干扰回路

设电磁波的频率为 f，根据电磁感应定律，闭合环路中产生的感应电压：

$$U_i = \oint E_i \cdot \mathrm{d}l \tag{2-29}$$

对于近场区情况，由于 E 和 H 的大小与场源性质有关，当场源为电流元（电偶极子）时，电场强度 E 大于磁场强度 H，近场区以电场为主，闭合回路耦合称为电场感应；当场源为电流环时，磁场强度 H 大于电场强度 E，近场区以磁场为主导，闭合回路对磁场的耦合称为磁场感应。

对于远场区情况，电磁场可以看成平面电磁波，电场强度 E 和磁场强度 H 的比值处处相等，可以通过电场 E 沿闭合路径积分得到感应电压，也可以通过磁场 H 对闭合回路的面积积分得到感应电压。

$$U = E_{\mathrm{m}} hlk = E_{\mathrm{m}} Sf \frac{2\pi}{v} \tag{2-30}$$

式中 E_{m} ——电场强度最大值；

S——闭合回路所围的面积；

k——传输常数，无损耗时，$k=\frac{2\pi}{\lambda}$。

由此可见，导线所在闭合回路的感应电压与该处场强、闭合回路所围成的面积成正比，还与电磁场的频率成正比。因此，在设计印刷电路板布线时，应该尽量减小闭合回路导线所围的面积，以便降低高频辐射场的耦合。

2.3 案 例 分 析

【案例 2-1】 在对某直流信号放大电路电源端口进行瞬态干扰测试时，出现放大器饱和现象。放大电路 PCB 端口通过电缆线与外部电路连接，电缆线将电源线、地线、放大器输入/输出信号线捆扎在一起，如图 2-21 所示。

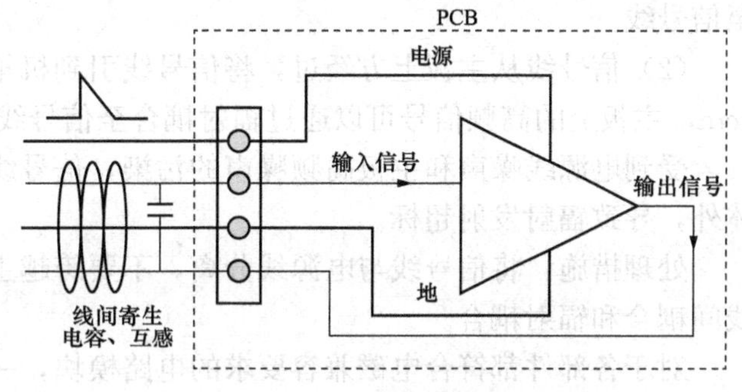

图 2-21　放大电路连接结构

放大电路输入信号电缆线较长，因此导线间存在较大的互感和线间寄生电容。在对电源线进行瞬态干扰测试时，干扰信号以高频成分为主，干扰能量会通过导线之间的互感和线间寄生电容耦合到放大器的输入端。该直流放大电路并未对放大器的带宽进行限制，导致放大器对耦合的高频干扰信号也进行了放大并形成正反馈，从而导致放大器饱和。

处理措施一：将导线分开，不要捆扎，减小导线之间的互感和寄生电容，特别是将电源线和信号输入、输出线分开，并将放大器的输入、输出线也分开，避免测试干扰脉冲耦合到放大器的输入端。

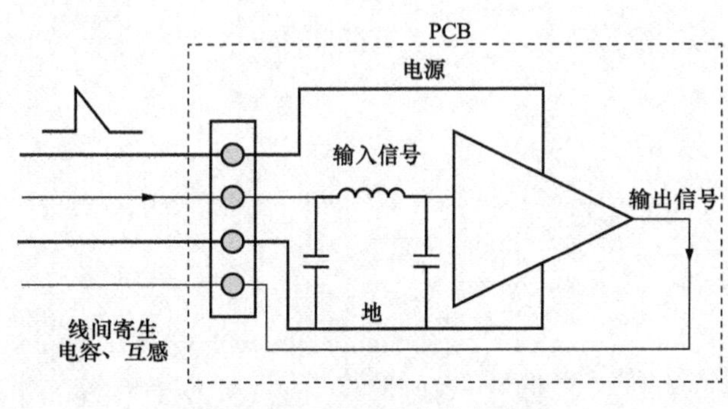

图 2-22　改造后的放大电路

处理措施二：压缩放大器的频带，使放大器对耦合的高频信号没有响应，仅对直流信号进行放大。更换带宽较窄的放大器虽可以解决这一问题，但是器件更换会增加产品研发设计周期。所以可以采取放大器输入信号端子加装低通滤波器的方法来压缩放大器自身的带宽。改造后的放大电路如图 2-22 所示。

在设计放大器时，在保证电路功能的前提下要尽量压缩电路的带宽，不要使用超过需要的带宽。另外，设计布线时也要考虑不同信号线之间的耦合与串扰问题。

【案例 2-2】 某电子设备在进行辐射发射测试时，发现辐射发射超标。设备由机箱、电源和主板构成，内部结构如图 2-23 所示。

通过观察发现，该设备布局存在以下问题：

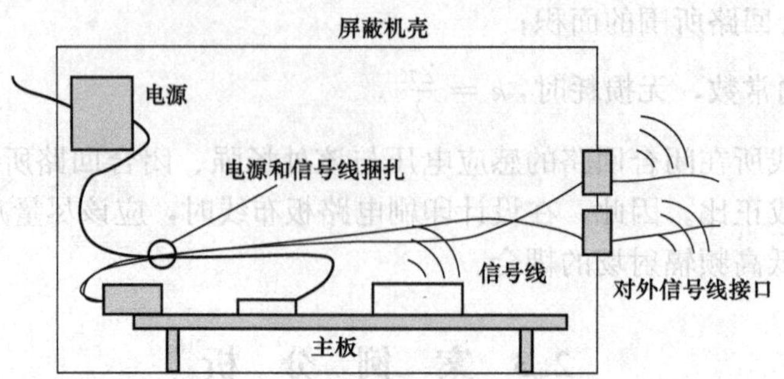

图 2-23 设备内部结构图

（1）电源线与信号线捆扎在一起，将导致电源线上的干扰信号通过互感和寄生电容耦合至信号线。

（2）信号线从主板上方经过，将信号线引到机箱接口处，且信号线与主板距离较近，约2cm，主板上的高频信号可以通过辐射耦合至信号线。

受到电源线噪声和主板高频噪声的污染，信号线通过机箱接口将干扰信号引向机箱屏蔽体外，导致辐射发射超标。

处理措施：将信号线与电源线分离，不要跨越主板上方，并沿机箱壁单独走线，以减小线间耦合和辐射耦合。

对于各部件都符合电磁兼容要求的电路模块，一旦组合成复杂系统，若各部件的布局以及连接不合理，也会导致 EMC 缺陷。

思考与练习

1. 减少电感性耦合的措施有哪些？
2. 电偶极子和磁偶极子分别在近场区和远场区有怎样的阻抗特征？

第3章　电磁干扰抑制与电磁兼容设计技术

电磁兼容设计的目的就是要通过优化电路和结构设计方案，将干扰源本身产生的电磁噪声强度降低到能接受的水平，同时通过各种干扰抑制技术，将干扰源与被干扰电路之间的耦合减弱到能接受的程度。工程中通常利用屏蔽、接地和滤波等技术实现电磁干扰防护。

3.1　屏　蔽

电磁屏蔽是利用屏蔽体来隔离或抑制电磁能量传输的一种技术，是抑制通过空间传播的电磁干扰的重要手段。为了防止干扰源对外界产生干扰，一方面选用适当的屏蔽体封闭或遮蔽干扰源，以限制有害的电磁能量向外界扩散；另一方面，用封闭体封闭或遮蔽接收器，防御外界电磁干扰对它产生有害的影响。电磁屏蔽的原理是利用屏蔽体对能量的反射、吸收和引导作用将屏蔽区域与其他区域分开，而这些作用与屏蔽体结构表面上和屏蔽体内感应的电荷、电流，以及极化现象密切相关。

按屏蔽的电磁场性质进行分类，屏蔽技术通常可分为电场屏蔽、磁场屏蔽和电磁场屏蔽。按屏蔽体的结构进行分类，可以分为完整屏蔽体屏蔽（屏蔽室或屏蔽盒等）、非完整屏蔽体屏蔽（带有孔洞、金属网、波导管和蜂窝结构等）和编织带屏蔽（屏蔽线、电缆等）。按频率进行分类，有低频屏蔽、中频屏蔽、高频屏蔽和微波屏蔽。

电场屏蔽包含静电屏蔽和交变电场屏蔽。其实质是要减少两个设备（或电路、组件、元件）之间电场感应的影响。其原理是在保证良好接地的条件下，将干扰源产生的干扰终止于由良导体制成的屏蔽体内。

磁场屏蔽可分为低频磁场屏蔽和高频磁场屏蔽。低频磁场的屏蔽原理是屏蔽体对干扰磁场提供低的磁阻通路，从而把磁力线封闭在屏蔽体内，阻挡内部磁场向外扩散或者防止外界磁场干扰进入。高频磁场的屏蔽体由低电阻率的良导体材料构成，屏蔽原理利用反向电流感生磁场或者电磁感应在屏蔽体表面所产生涡流的反向磁场来抵消干扰磁场以达到屏蔽的目的。

电磁屏蔽的原理是由金属屏蔽体通过电磁波的反射、吸收来屏蔽辐射干扰源的远场区，即同时屏蔽干扰源产生的电场和磁场。随着频率的升高，波长变得与屏蔽体上孔缝的尺寸相当，从而导致屏蔽体的孔缝泄漏成为电磁屏蔽的关键控制因素。

三类屏蔽中磁场和电磁场屏蔽难度较大，尤其是电磁屏蔽中的孔缝泄漏抑制最为关键，成为屏蔽设计中应重点考虑的首要因素。

3.1.1　电场屏蔽

电场屏蔽简称电屏蔽，其目的是减小设备（或电路、组件、元件等）间的电场感应。电屏蔽体利用良导体制成，既可以阻止屏蔽体腔内干扰源产生的电力线泄漏到外部去，也可以阻止屏蔽体外的电力线进入屏蔽体腔内。电场屏蔽包含静电场屏蔽和交变电场屏蔽。

1. 静电场屏蔽

图 3 - 1（a）是空间的孤立导体（或元件、组件等）A 在某一瞬间带有 $+q$ 电荷时的电力线情况，整个空间都存在着电场。图 3 - 1（b）表示用屏蔽体包围导体 A，其外部电力线的情况。在这种情况下，屏蔽体内侧感应出 $-q$ 电量，外侧感应出 $+q$ 电量。因屏蔽体孤立存在，所以壁中电荷虽然有移动，但从整体来看，$+q$ 与 $-q$ 之和等于零，所以屏蔽体中并不出现电力线。这时电力线以屏蔽体外侧为始端，而终止于无限远处。可见仅用导体将 A 包围起来，实际上是起不到屏蔽作用的。图 3 - 1（c）是表示屏蔽体接地的情况。此时屏蔽体的电位等于零，屏蔽体外的电力线消失，即带电体 A 所产生的电力线被封闭在屏蔽体内部。因此静电屏蔽时，屏蔽体一定要良好接地，否则起不到屏蔽作用。

图 3 - 1（b）状态中屏蔽体外侧感应有 $+q$ 电荷，从图 3 - 1（b）转向图 3 - 1（c）的过渡状态中，屏蔽体接地线中将有电流通过。如果导体 A 的电荷是静电荷，则图 3 - 1（c）所示是稳态的屏蔽效能。但是若导体 A 的电荷随时间而变化时，在接地线中由于对应电荷的变化势必也要流过电流；此外，由于屏蔽体和接地线不是理想导体，在屏蔽体上将存在残留电荷，必然造成屏蔽体外部也残留静电场和感应电场，因此不可能达到完全屏蔽。

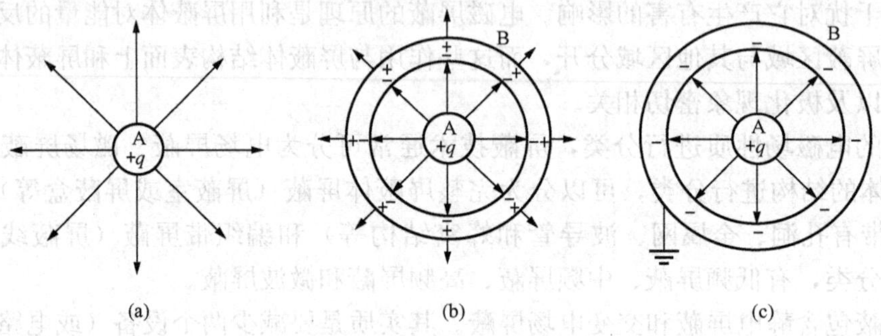

图 3 - 1 主动静电屏蔽

（a）带正电孤立导体电力线；（b）屏蔽体未接地时电力线；（c）屏蔽体接地时电力线

以上静电屏蔽是将电场封闭在屏蔽体内，这种屏蔽称为主动屏蔽。而将电场挡在屏蔽体以外的屏蔽称为被动屏蔽。图 3 - 2 表示被动静电屏蔽。

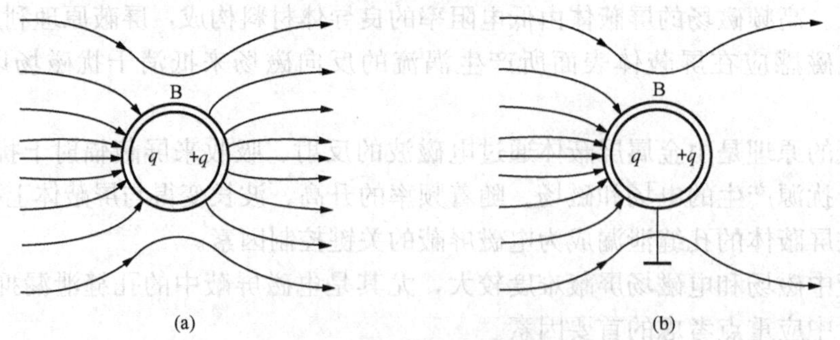

图 3 - 2 被动静电屏蔽

（a）屏蔽体未接地时电力线；（b）屏蔽体接地时电力线

根据导体在电场中的性质，导体 B 的整个表面处于等电位，其内部空间就不存在电场，实现了对外界电场的屏蔽，如图 3 - 2（a）所示。此时，虽然外界电场的电力线不能进入屏蔽体内腔，但外界电场的引入改变了屏蔽的电势，它会影响被屏蔽电路的工作。因此，欲使屏蔽体电势不变，就应把屏蔽体接地，使其始终保持地电位，如图3-2（b）所示，实现有效的屏蔽。

综上所述，静电场屏蔽的两个基本要求：完整的屏蔽导体和良好接地。

2. 交变电场屏蔽

在电子系统和电子设备中所涉及的电场，一般均是随时间变化的“时变场”。对屏蔽机理的分析采用电路理论较为方便，这时干扰源与受感器之间的电场感应可用两者之间分布电容的耦合度来衡量。

交变电场耦合如图3-3所示。设骚扰源g上有一个交变电压U_g，在其附近产生交变电场，置于交变电场中的接收器s通过阻抗Z_s接地，骚扰源与接收器之间通过等效分布电容C_e耦合。此时接收器上产生的耦合电压U_s为

$$U_s = \frac{j\omega C_e Z_s}{1 + j\omega C_e (Z_s + Z_g)} U_g \tag{3-1}$$

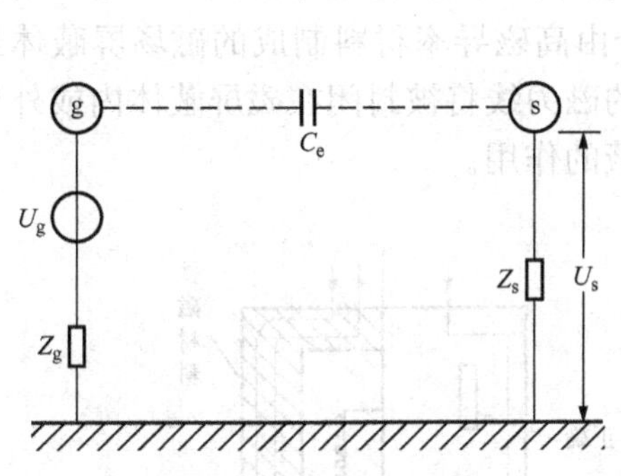

图3-3　交变电场耦合

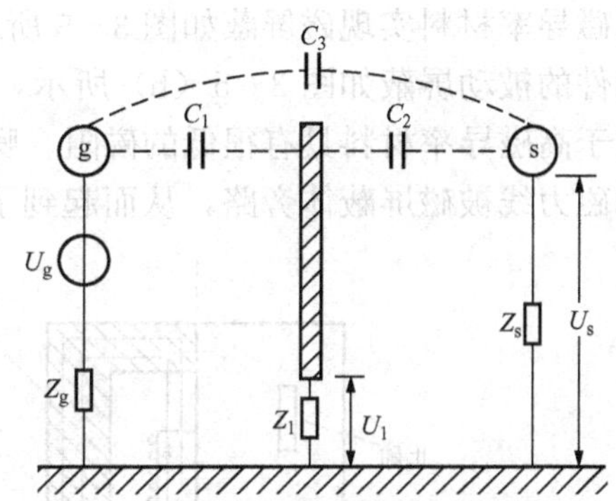

图3-4　存在屏蔽体的交变电场耦合

由式（3-1）可以看出，干扰电压U_s的大小与耦合电容C_e的大小有关。为了减小干扰，可以尽量使骚扰源远离接收器来减小C_e，从而使干扰源U_s减小。

当空间位置受到限制时，可在骚扰源和接收器之间插入屏蔽体减小U_s。存在屏蔽体的交变电场耦合如图3-4所示。图3-3中耦合电容C_e的作用变为电容C_1、C_2、C_3的作用。加入屏蔽体后，骚扰源与接收器之间的直接耦合作用很小，所以耦合电容C_3可以忽略。设屏蔽体对地的阻抗为Z_1，则屏蔽体上的感应电压U_1为

$$U_1 = \frac{j\omega C_1 Z_1}{1 + j\omega C_1 (Z_1 + Z_g)} U_g \tag{3-2}$$

接收器上的感应电压U_s为

$$U_s = \frac{j\omega C_2 Z_s}{1 + j\omega C_2 (Z_1 + Z_s)} U_1 \tag{3-3}$$

由此可见，为了减小U_s，必须减小C_1、C_2和Z_1。电容器的电容量与极板面积成正比，与两极板间的距离成反比。实际电路中耦合电容C_1、C_2均大于C_e。可见当屏蔽体未能良好接地，即Z_1较大时，屏蔽体的加入反而加强了骚扰源与接收器的耦合程度，此时接收器上的感应骚扰电压比没有屏蔽导体时的骚扰电压还要大。然而，当$Z_1=0$时，$U_1=0$，进而使$U_s=0$。所以屏蔽体必须良好接地才能真正将骚扰源产生的骚扰电场的耦合抑制或消除，保

护接收器免受骚扰。

交变电场的屏蔽是利用接地良好的金属屏蔽体阻断骚扰源至接收器的传输路径，屏蔽体材料选择良导体（金、银、铜、铝等），且屏蔽体必须良好接地。

3.1.2 磁场屏蔽的基本原理

载流导体或线圈周围都会产生磁场，如果电流是随时间变化的，则磁场也随时间变化，这种变化的磁场往往会对周围的敏感元件、电路造成干扰。磁场屏蔽的目的是消除或抑制直流或低频交流磁场噪声源与被干扰回路的磁耦合，将噪声源产生的噪声场削弱到允许的程度。

1. 低频磁场屏蔽

对于频率低于 100kHz 的磁场，常用高磁导率的铁磁材料（如铁、硅钢片、坡莫合金等）屏蔽体进行磁屏蔽。其屏蔽原理是利用高磁导率材料对骚扰磁场进行分路。磁通主要沿着磁阻小的途径形成回路，因此将铁磁材料置于磁场中时，磁通将主要通过铁磁材料，从而使通过空气的磁通大大减小，从而起到屏蔽的作用。

高磁导率材料实现磁屏蔽如图 3－5 所示。磁场噪声源主动屏蔽如图 3－5（a）所示，电路或元件的被动屏蔽如图 3－5（b）所示，用一个由高磁导率材料制成的磁场屏蔽体封闭起来。由于高磁导率材料具有很低的磁阻，噪声源的磁力线将被封闭在磁屏蔽体内或外界干扰磁场的磁力线被磁屏蔽体旁路，从而起到了磁屏蔽的作用。

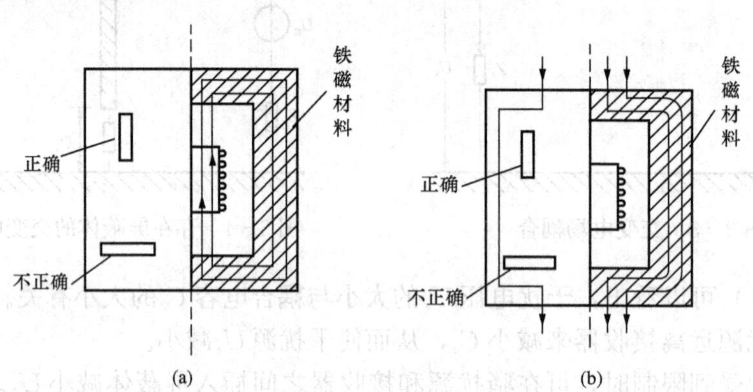

图 3－5 用高磁导率材料实现磁屏蔽

（a）磁场噪声源主动屏蔽；（b）电路或元件磁场的被动屏蔽

这种情况下，屏蔽材料的磁导率越高，屏蔽罩越厚，磁阻越小，磁屏蔽效果越好。另一方面必须保证磁路畅通，磁屏蔽体所开狭缝不能切断磁路，即狭缝只能与磁通方向一致，而不能与磁通方向垂直。

高磁导率材料屏蔽体屏蔽磁场的方法，只能用于屏蔽直流和低频磁场，因为高频时铁磁材料的磁导率会明显下降。另外，材料的磁导率还会受到厚度和磁场强度的影响，较厚的材料磁导率随频率下降快。外加磁场强度低时，磁导率随外加磁场的增加而升高，当外加磁场强度超过一定值时，磁屏蔽材料会发生饱和现象，磁导率急剧下降，从而失去屏蔽作用。磁导率越高的材料越容易磁饱和。所以在选择磁屏蔽材料时，关键是选择同时具有适当饱和特性和足够磁导率的材料。当需要屏蔽的磁场很强时，为了达到屏蔽要求，并防止发生饱和，可以增加屏蔽材料的厚度；另外，更有效的措施是使用多层组合屏蔽，靠近干扰源一侧使用磁导率相对较低、不易饱和的材料（如硅钢），先将磁场衰减到一定程度，然后再用磁导率高的材料进一步衰减。内外两层屏蔽体磁路上要相互绝缘，也可以填充非导磁材料（如铜、铝）来做支撑，可靠接地后同时对电场起到有效屏蔽。

2. 高频磁场屏蔽

高频磁场屏蔽是利用反向磁场来抵消干扰磁场的原理实现磁屏蔽。其中对于载流导线，如图 3-6 所示，当中心载流导线用一个非导磁的金属屏蔽体包围起来时，让该屏蔽体中流过与中心载流导线电流大小相等、相位相反的电流。这样，在屏蔽体的外部总的噪声磁场强度变为零，达到了磁屏蔽的目的。这种磁屏蔽原理适用于高频磁场屏蔽以及利用屏蔽电缆实现磁屏蔽的场合，金属屏蔽体为低电阻率的良导体，如铜、铝或铜镀银等。

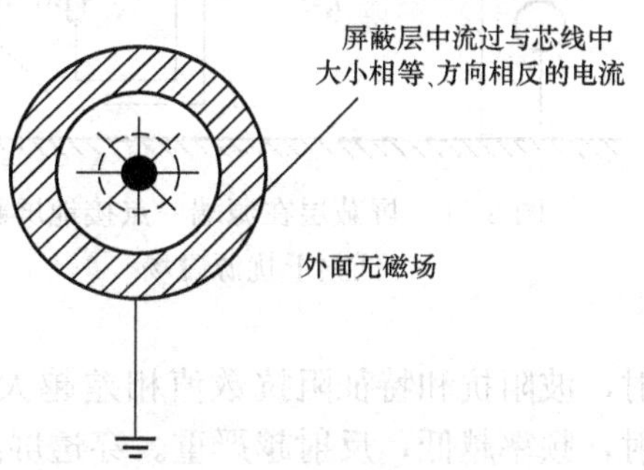

图 3-6　用反向抵消屏蔽磁场

另外对于平面屏蔽体，因为高频磁场的作用，屏蔽体表面会产生感应涡流。根据楞次定律，感应涡流所产生的磁通要阻止原来磁通的变化，即感应涡流产生的磁通方向与原来磁通的变化方向相反。如图 3-7 所示，当高频磁场穿过金属板时，在金属板中产生感应电动势，从而形成涡流。涡流所产生的反向磁场将抵消穿过金属板的原磁场。随着频率的增高，涡流越大，磁屏蔽效果越好。当涡流产生的反磁场足以完全排斥噪声磁场时，涡流将不再增大而保持一个常值。此外，由于趋肤效应，涡流只在材料的表面流动，因此只要用很薄的一层金属材料就足以屏蔽高频磁场。屏蔽体在垂直于涡流方向上不应有缝隙或开口，缝隙或开口会切断涡流，增加涡流电阻，从而减小涡流。如果需要在屏蔽体上开缝隙，则缝隙开口应顺应着涡流方向，以减小对屏蔽效果的影响。磁场屏蔽体是否接地不影响屏蔽效果，但是如果将金属屏蔽体接地，则屏蔽体同时具有电场屏蔽和高频磁场屏蔽的作用，所以实际应用中屏蔽体都要可靠接地。

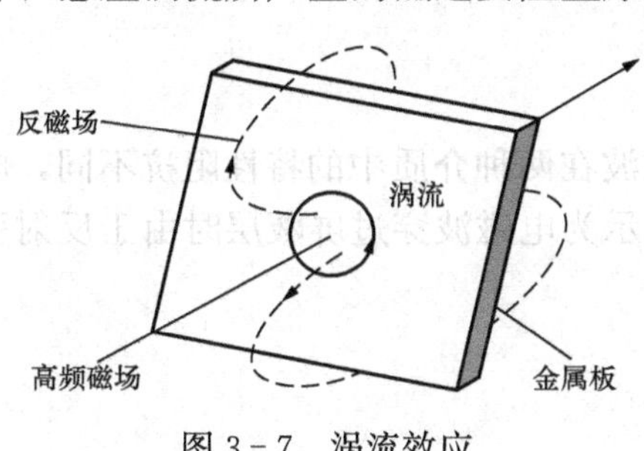

图 3-7　涡流效应

利用反向磁场抵消干扰磁场的磁屏蔽方法，可以应用于电缆芯线的屏蔽。图 3-8 中一个用输出电缆向负载电阻 R_1 传输输出信号的电路，该电缆芯线流过电流 I_1，电缆屏蔽层两端接地。由于大多数屏蔽电缆的截止频率只有几千赫兹，当在高频时，干扰源频率 ω 远远大于屏蔽电缆截止频率 ω_c（即 $\omega \gg \omega_c$），屏蔽层由于互感作用表现出的阻抗值远小于地阻抗，因此它成为主电流的返回通道。此时 $I_s \approx I_1$，屏蔽层可以将芯线中产生的磁场抵消掉，从而达到磁场屏蔽的目的。

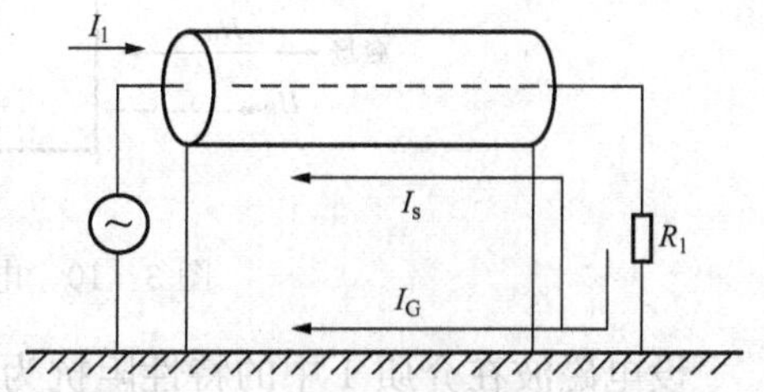

图 3-8　屏蔽层电流屏蔽高频干扰源磁场

在低频情况下，即当 $\omega < 5\omega_c$ 时，随着 ω 的降低，越来越多的电流将从地阻抗分流，使 I_G 变大，$I_s < I_1$，因而磁屏蔽效能将随之下降。所以，在低频时应采取图 3-9 所示的方式，屏蔽层在源端一点接地，以保证 $I_s = I_1$ 的磁屏蔽条件。

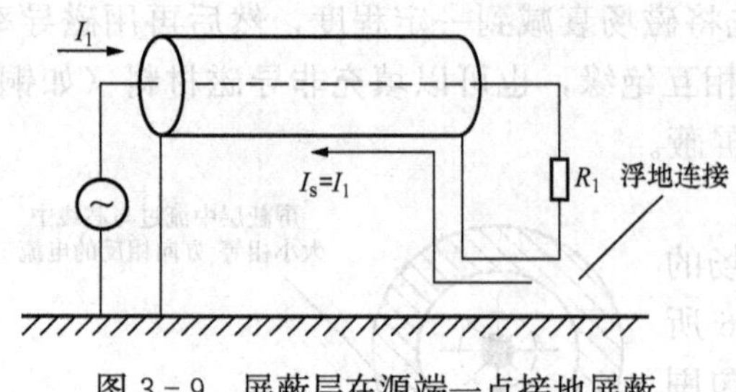

图 3-9 屏蔽层在源端一点接地屏蔽低频干扰源磁场

3.1.3 辐射电磁场屏蔽的基本原理

1. 基本原理

对电磁场来说，电场分量和磁场分量总是同时存在的。所以，在屏蔽电磁场时，必须同时对电场与磁场加以屏蔽，故通常称为电磁屏蔽。高频电磁屏蔽的机理主要是基于电磁波穿过金属屏蔽体产生波反射和波吸收。电磁波到达屏蔽体表面时，由于电磁波的波阻抗与金属屏蔽体的特征阻抗不相等，电磁波会产生波反射，波阻抗和特征阻抗数值相差越大，反射引起的损耗也越大。同时，频率也将影响波反射，频率越低，反射越严重。穿透屏蔽体的电磁波在屏蔽体中产生的感生涡流将产生吸收损耗，一方面感生的涡流可产生一个反磁场抵消原干扰磁场，另一方面涡流在屏蔽体内流动产生热损耗。频率越高，屏蔽体越厚，涡流损耗也越大。被屏蔽体吸收后剩余部分能量再穿过屏蔽体进行传输。当吸收损耗不大时屏蔽体分界面上还会产生多次反射。因此，只有一小部分能量透射过界面进入被屏蔽的空间。一个屏蔽体的总屏蔽效能可以用反射损耗、吸收损耗、多次反射损耗的总和来表示。

2. 电磁波的反射损耗 R

当电磁波传播到两种不同介质的界面时，由于电磁波在两种介质中的特性阻抗不同，电磁波将在两种不同介质界面产生反射损耗。图 3-10 所示为电磁波穿过屏蔽层时由于反射引起电场、磁场变化的示意图。

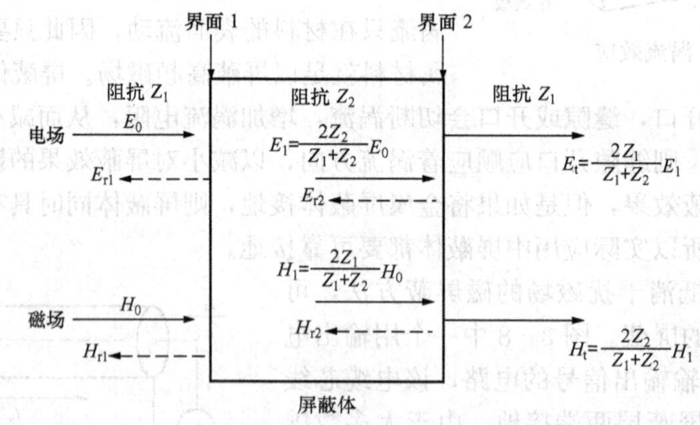

图 3-10 电磁波穿过屏蔽层反射示意图

设电磁波在介质 1 中的特性阻抗为 Z_1，在介质 2 中的特性阻抗为 Z_2，入射电磁波场强为 E_0、H_0，则在界面 1 上反射到介质 1 的反射波场强为

$$E_{r1}=\frac{Z_1-Z_2}{Z_1+Z_2}E_0 \tag{3-4}$$

$$H_{r1}=\frac{Z_2-Z_1}{Z_1+Z_2}H_0 \tag{3-5}$$

因为 $Z_2 \ll Z_1$，所以 $E_{r1} \approx E_0$，即入射电磁波中电场分量在屏蔽体的界面 1 几乎全被反

射，穿透界面 1 的电场很小。这就意味着，很薄的一层金属板就可以良好地屏蔽电磁场中的电场分量。

穿透界面 1 透射到介质 2 的电磁波场强为

$$E_1 = E_0 - E_{r1} = \frac{2Z_2}{Z_1 + Z_2} E_0 \tag{3-6}$$

$$H_1 = H_0 - H_{r1} = \frac{2Z_1}{Z_1 + Z_2} H_0 \tag{3-7}$$

对于磁场在界面 1 产生显著透射，穿过屏蔽层的界面 1 进入屏蔽体的磁场分量，在界面 2 反射的磁场强度为

$$H_{r2} = \frac{(Z_1 - Z_2)2Z_1}{(Z_1 + Z_2)^2} H_0 \tag{3-8}$$

由于 $Z_2 \ll Z_1$，这意味着，电磁场中磁场分量进入屏蔽层后，在屏蔽体界面 2 处产生强反射。因此对磁场的屏蔽必须依靠在屏蔽体内对磁场分量的吸收，对屏蔽体材料及厚度均有要求。

对于电磁波遇到屏蔽体时，其中电场分量在屏蔽体界面 1 产生显著反射，少量电场穿越界面 1 产生透射，电场的透射主要发生在界面 2；而磁场分量在界面 1 主要产生透射，在界面 2 产生显著反射。所以较薄的屏蔽层能够对电场构成有效屏蔽，然而穿越屏蔽界面进入屏蔽体内的磁场则要依靠一定厚度对其进行衰减。

定义屏蔽体反射损耗

$$R = 20\lg \frac{|Z_W|}{|Z_S|} \quad (\text{dB}) \tag{3-9}$$

式中　Z_S——屏蔽体介质的特性阻抗；

Z_W——屏蔽体外介质（通常是空气）的特性阻抗。

3. 电磁波的吸收损耗 A

当电磁波进入一种吸收介质时，由于电磁波在介质中产生感生涡流，涡流将通过介质电阻发热产生损耗。电磁场强度将会随着深入介质距离按指数规律衰减，如图 3-11 所示。

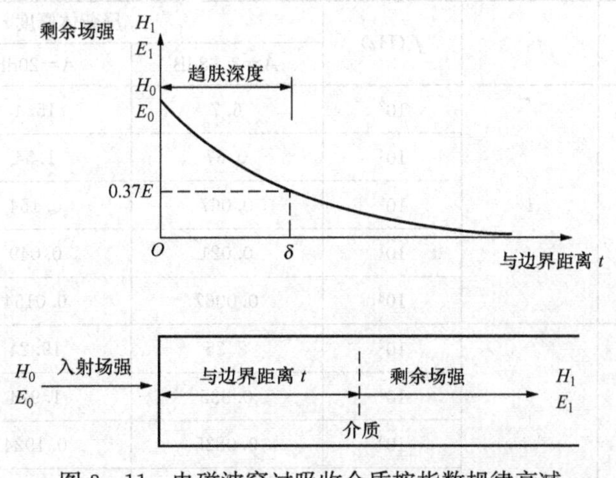

图 3-11　电磁波穿过吸收介质按指数规律衰减

$$E_1 = E_0 e^{-t/\delta} \tag{3-10}$$

$$H_1 = H_0 e^{-t/\delta} \tag{3-11}$$

定义电磁波强度衰减到原强度的 1/e，即 36.8%处所对应的深度称为趋肤深度δ，它等于

$$\delta = \sqrt{\frac{2}{\omega\mu\sigma}} = \frac{1}{\sqrt{\pi f\mu\sigma}} \quad (\mathrm{m}) \tag{3-12}$$

式中 μ——磁导率，H/m；

σ——电导率，S/m。

定义吸收损耗

$$A = 20\left(\frac{t}{\delta}\right)\lg e = 8.69\left(\frac{t}{\delta}\right) \quad (\mathrm{dB}) \tag{3-13}$$

由式（3-13）可见，电磁波在屏蔽体中经过一个趋肤深度的距离，吸收损耗等于9dB。经过两个趋肤深度的距离，吸收损耗增加到18dB。将式（3-12）代入式（3-13），可得

$$A = 1314.3t\sqrt{f\mu_r\sigma_r} \tag{3-14}$$

式中 t——金属屏蔽体厚度，cm；

f——电磁波频率，MHz；

μ_r——屏蔽材料相对于铜的相对磁导率；

σ_r——屏蔽材料相对于铜的相对电导率，铜的磁导率 μ_0 取 $4\pi\times10^{-7}$ H/m，电导率 σ_0 取5.82×10^7 S/m。

吸收损耗取决于屏蔽体的厚度、屏蔽体的材料和干扰电磁波的频率。无论是电场、磁场，还是平面波，吸收损耗的大小都一样，不依赖于波阻抗。屏蔽体越厚，吸收损耗就越大；屏蔽体材料的相对磁导率和相对电导率越高，吸收损耗就越大。吸收损耗随频率的平方根指数增加，在高频时吸收损耗占主导地位。表 3-1 给出常用屏蔽金属材料的相对电导率和磁导率，以及屏蔽体厚度与吸收损耗的关系。

表 3-1 金属材料的相对电导率和磁导率及屏蔽体厚度与吸收损耗的关系

金属	σ_r	μ_r	f (Hz)	屏蔽体厚度 t (mm)		
				A=8.68dB	A=20dB	A=40dB
铜	1	1	10^2	6.7	15.4	30.8
			10^4	0.67	1.54	3.08
			10^6	0.067	0.154	0.308
			10^7	0.021	0.049	0.098
			10^8	0.0067	0.0154	0.0308
铝	0.63	1	10^2	8.35	19.24	38.48
			10^4	0.835	1.924	3.848
			10^6	0.0835	0.1924	0.3848
			10^8	0.00835	0.01924	0.03848

续表

金属	σ_r	μ_r	f (Hz)	屏蔽体厚度 t (mm)		
				A=8.68dB	A=20dB	A=40dB
钢	0.17	180	10^2	1.2	2.76	5.52
			10^4	0.12	0.276	0.552
			10^6	0.012	0.0276	0.0552
			10^8	0.0012	0.00276	0.00552
坡莫合金	0.108	8000	10^2	0.23	0.52	1.04
			10^4	0.023	0.052	0.104
			10^6	0.0023	0.0052	0.0104
			10^8	0.00023	0.00052	0.00104

由表 3-1 可以看出，相同条件下钢的吸收损耗大于铜的吸收损耗。当 $f \geqslant 1\text{MHz}$ 时，选用 0.5mm 厚的任何金属屏蔽体就能将场强减弱到原场强的 1/100 左右，此时选择材料时应重点考虑材料的机械强度、刚度和防腐蚀等因素；当 $f \geqslant 10\text{MHz}$，用 0.1mm 厚的铜皮制成的屏蔽体能将场强减弱到原场强的 1/100，甚至更低，屏蔽体可用表面贴有铜箔的绝缘材料制成；$f \geqslant 100\text{MHz}$ 时，可在塑料壳体上镀或喷涂以铜层或银层制成的屏蔽体；在低频情况下，屏蔽体应采用磁导率大的铁磁性材料，如冷轧钢板、坡莫合金等。

4. 电磁波的多次反射损耗 B

电磁波进入屏蔽材料以后，在界面 2 发生反射。如果屏蔽层较薄，从界面 2 反射的电磁波返回到界面 1 时还要再次被反射，如此周而复始，直到电磁波能量在屏蔽层中被吸收到可以忽略为止。

由于电磁波中大部分的电场分量在界面 1 被反射掉了，加之 $Z_2 \ll Z_1$，在界面 2 的反射损耗又很小，所以，在考虑多次反射损耗时，电场在屏蔽层内部的多次反射完全可以忽略不计。

因为磁场分量在界面 1 以透射为主，而在界面 2 形成强反射。所以，磁场在屏蔽层中的多次反射必须考虑。伴随磁场波在屏蔽层中的多次反射，屏蔽层内的多次吸收和磁场分量在界面的多次透射也同时发生，如图 3-12 所示。

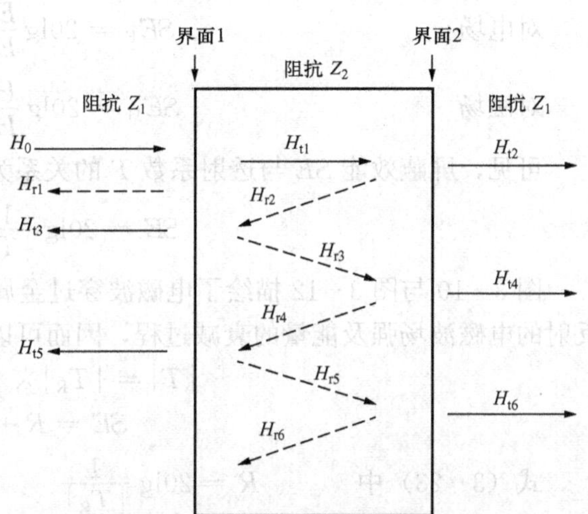

图 3-12　电磁波的磁场分量在屏蔽层中多次反射

引入磁场多次反射损耗 B_H，衡量磁场分量在屏蔽层中多次反射对屏蔽效能的影响。

$$B_H = 20\lg(1 - e^{2t/\delta}) \quad (\text{dB}) \tag{3-15}$$

式中　t——屏蔽层的厚度；

　　　δ——趋肤深度。

当屏蔽体较厚或者电磁波频率较高时，导体吸收损耗较大，这样电磁波在屏蔽体内传播后到达界面 2 的能量减小，再次反射回金属体内的电磁波能量将更小。所以当吸收损耗大于 15dB 时，多次反射损耗可以忽略不计，但在屏蔽体很薄或者频率很低时，吸收损耗很小，此时必须考虑多次反射损耗。

3.1.4 完整屏蔽体的屏蔽效能

1. 屏蔽效能的表示

通常，采用屏蔽效能表示屏蔽体对电磁骚扰的屏蔽能力和效果，它与屏蔽材料的性质、骚扰源的频率、屏蔽体至骚扰源的距离以及屏蔽体上可能存在的各种不连续的形状和数量有关。以下是常用的几种屏蔽效果的表示方法：

（1）屏蔽系数 η_S。屏蔽系数 η_S，是指被干扰的导体（或电路）在加屏蔽后的感应电压 U_S 与未加屏蔽时的感应电压 U_0 之比，即

$$\eta_S = \frac{U_S}{U_0} \tag{3-16}$$

（2）透射系数 T（Transmission）。透射系数 T，是指加屏蔽后某一测量点的场强（E_S，H_S）与同一测量点未加屏蔽时的场强（E_0，H_0）之比，即

对电场

$$T_E = \frac{E_S}{E_0} \tag{3-17}$$

对磁场

$$T_H = \frac{H_S}{H_0} \tag{3-18}$$

（3）屏蔽效能 SE（Shielding Effectiveness）。屏蔽效能 SE，是指未加屏蔽时某一测量点的场强（E_0，H_0）与加屏蔽后同一测量点的场强（E_S，H_S）之比，以 dB 为单位。

对电场

$$SE_E = 20\lg\frac{E_0}{E_S}\ \text{(dB)} \tag{3-19}$$

对磁场

$$SE_H = 20\lg\frac{H_0}{H_S}\ \text{(dB)} \tag{3-20}$$

可见，屏蔽效能 SE 与透射系数 T 的关系为

$$SE = 20\lg\frac{1}{|T|}\ \text{(dB)} \tag{3-21}$$

图 3-10 与图 3-12 描绘了电磁波穿过金属屏蔽板所发生的表面反射、体内吸收和多次反射的电磁波场强及能量的衰减过程，因而可以得出：

$$|T| = |T_R| \times |T_A| \times |T_B| \tag{3-22}$$

$$SE = R + A + B \tag{3-23}$$

式（3-23）中

$$R = 20\lg\frac{1}{|T_R|}\ \text{(dB)}\quad \text{反射损耗} \tag{3-24}$$

$$A = 20\lg\frac{1}{|T_A|}\ \text{(dB)}\quad \text{吸收损耗} \tag{3-25}$$

$$B = 20\lg\frac{1}{|T_B|}\ \text{(dB)}\quad \text{多次反射损耗} \tag{3-26}$$

2. 屏蔽效能的计算

完整屏蔽体，是指一个完全封闭的屏蔽结构，电磁场只有穿过屏蔽体壁才能出入该封闭

结构。对于完整屏蔽体，大部分电场能量在电磁波入射屏蔽体的界面1时被反射掉，剩余穿过屏蔽层进入吸收部分的电场能量很小，所以多次反射损耗可忽略不计。因此，电场的总屏蔽效能等于反射损耗与吸收损耗之和。

$$SE_E = R_E + A_E \tag{3-27}$$

电磁波中的磁场分量在界面1以透射为主，因此在计算磁场屏蔽效能时必须考虑屏蔽层内的多次反射。磁场的总屏蔽效能应等于反射损耗与吸收损耗及多次反射损耗之和。

$$SE_H = R_H + A_H + B_H \tag{3-28}$$

反射损耗R、吸收损耗A和多次反射损耗B均与频率、屏蔽厚度、屏蔽层材料有密切的关系。图3-13给出了一块0.05mm厚的铜皮对平面波的屏蔽效能和频率关系曲线。由图3-13可以看出，在低频时，屏蔽效能以反射损耗为主，而在高频时则以吸收损耗为主。

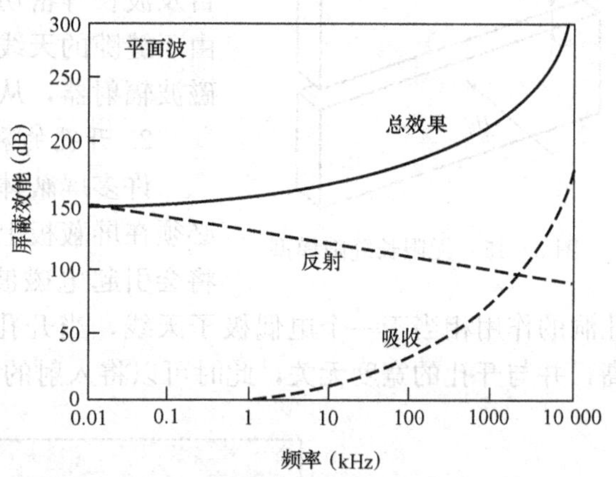

图3-13　0.05mm厚的铜皮对平面波的屏蔽效能和频率关系曲线

3.1.5　不完整屏蔽体对屏蔽效能的影响

理论上对于完整屏蔽体，除了低频磁场以外，大部分金属材料都能实现100dB以上的屏蔽效能。但实际中完整的屏蔽体往往不存在，屏蔽体上的门、盖、各种开孔、通风孔、开关、仪表和铰链等都将会破坏屏蔽的完整性（见图3-14），使实际屏蔽体的屏蔽效能降低。低频时机箱的屏蔽效能主要取决于屏蔽体的材料，而在高频时孔洞和缝隙成为影响屏蔽效能的主要因素。而屏蔽的不完整性对磁场泄漏的影响又常常比对电场泄漏的影响严重。影响屏蔽不完整的因素主要有以下两个：

（1）为了通风、窥视、开箱等引入的孔缝，破坏了屏蔽体的导电连续性。

（2）由于电缆线出入等使导体穿透屏蔽体。

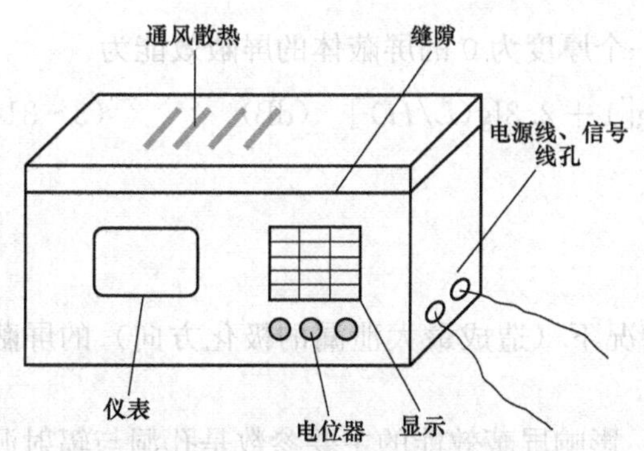

图3-14　机箱的非完整屏蔽

孔洞和缝隙会造成电磁泄漏，降低屏蔽效能。而穿过机箱的导体又是比孔缝泄漏更加严重的危害，它会使屏蔽效能降低数十分贝，所以妥善处理穿透机箱的电缆线非常重要。

1. 缝隙的影响

当屏蔽壳体存在缝隙时，通常磁场泄漏的影响要比电场泄漏的影响大。屏蔽机箱上的活动面板的结合处往往不能完全接触而形成缝隙。为了分析缝隙的屏蔽体的屏蔽效能，设缝隙长度为无限长，如图3-15所示，缝隙间隙为g，屏蔽板的厚度为t，入射电磁波的磁场强度为H_0，泄漏到屏蔽体中的磁场强度为H_p，当趋肤深度$\delta > 0.3g$时

$$H_p = H_0^{-\pi t/g} \tag{3-29}$$

式（3-29）表明：当缝隙又窄又深（t 大，g 小）时，磁场泄漏就小；反之，则大。磁场通过该缝隙的衰减为

$$S_g = 20\lg\frac{H_0}{H_p} = 27.27\frac{t}{g} \quad (\text{dB}) \tag{3-30}$$

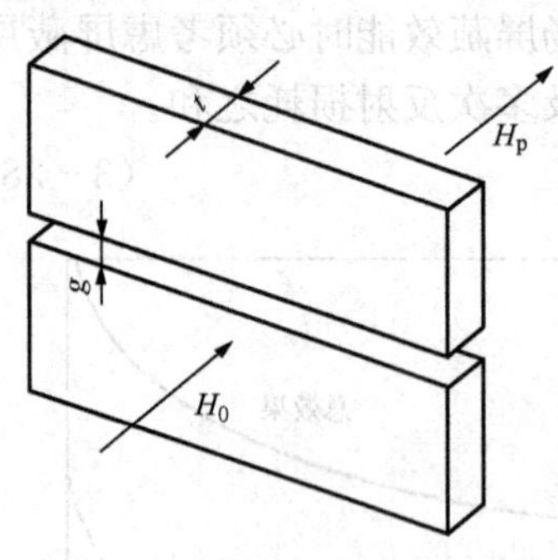

图 3-15 无限长缝隙模型

在大多数情况下，采用减小磁场泄漏的方法也更适用于减小电场泄漏。而实际缝隙引起的泄漏更为复杂，它不仅与缝隙的宽度、板的厚度有关，而且与其直线尺寸、缝隙的数目及波长等密切相关。特别是当缝隙的直线尺寸接近波长时，由于缝隙的天线效应，屏蔽壳体本身可能成为一个有效的电磁波辐射器，从而严重破坏屏蔽体的屏蔽效果。

2. 开孔的影响

许多屏蔽体为了安装按钮、开关、电位器等元件，常常必须在屏蔽板上开有圆形、正方形或矩形的孔洞，这些孔洞将会引起电磁波的孔洞泄漏。当电磁波入射到一个孔洞时，孔洞的作用相当于一个电偶极子天线，当开孔的长度达到噪声波长的 1/2 时，其辐射率最高，并与开孔的宽度无关，此时可以将入射的电磁波全部辐射出去，如图 3-16 所示。

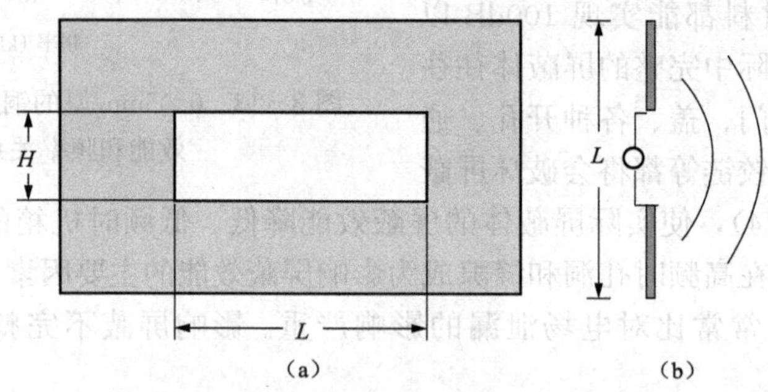

图 3-16 孔洞的电磁泄漏

(a) 孔洞示意图；(b) 孔洞泄漏示意图

远场区，如果孔洞的最大尺寸 L 小于 $\lambda/2$，一个厚度为 0 的屏蔽体的屏蔽效能为

$$SE = 100 - 20\lg L - 20\lg f + 20\lg[1 + 2.3\lg(L/H)] \quad (\text{dB}) \tag{3-31}$$

式中 L——孔洞的长度，mm；

H——孔洞的宽度，mm；

f——入射电磁波的频率，MHz。

当 $L \geqslant \lambda/2$ 时，$SE=0$。以上公式是最严酷情况下（造成最大泄漏的极化方向）的屏蔽效能，实际情况下会高一些。

近场区，孔洞屏蔽体的屏蔽效能与频率无关，影响屏蔽效能的主要参数是孔洞与辐射源的距离。孔洞离辐射源越近，泄漏越大。如果辐射源为磁场，很小的孔洞也可能导致较大的泄漏。因此在设计时要注意孔洞和缝隙尽量远离电流载体，如大功率的电路板、功率管、变压器等。

当 N 个尺寸相同、间距小于 $\lambda/2$ 的孔洞排列时，孔洞阵列屏蔽体的屏蔽效能下降数值

为 $10\lg N$。

3. 金属网的影响

金属屏蔽网是常见的非完整屏蔽体，它广泛用于需要自然通风或可向内窥视的屏蔽场合。常用材料为铜、铝或镀锌铁丝。设网眼的空隙宽度为 b，金属屏蔽网的屏蔽效能可近似地用下式估算：

当 $\frac{\lambda}{2} \ll b$ 时，$SE=0$。

当 $\frac{\lambda}{2} \gg b$ 时

$$SE = 20\lg\left(\frac{\lambda/2}{b}\right) = 20\lg\left(\frac{1.5\times10^4}{bf}\right) \tag{3-32}$$

式中 b——网眼的空隙宽度，cm；

f——电磁波的频率，MHz。

实践证明，1～100MHz 频率范围内，金属屏蔽网的屏蔽效能 $SE=60\sim100$dB（$b=1.27$mm），玻璃夹层金属屏蔽网的屏蔽效能也可做到 50～90dB。

3.1.6　屏蔽体的设计

进行屏蔽体设计时，必须根据实际情况有的放矢地选取最经济、最有效的屏蔽体方案。通常按下列步骤进行设计：

（1）要确定屏蔽设计所面临的电磁环境。例如，欲屏蔽的主要电磁干扰源是高阻抗电场、低阻抗磁场还是平面波。场的强度、频率以及屏蔽体与干扰源的距离或被屏蔽的干扰源到被干扰电路的距离等。

（2）确定最易接受干扰电路的敏感度，以决定对完整屏蔽体的屏蔽要求。

（3）进行屏蔽体的结构设计，包括：①确定屏蔽体上必需的各种开孔、窥视窗和必要的电缆进出口孔。对开孔造成的部分磁场泄漏进行估算，从而确定对实际屏蔽体的屏蔽要求。②根据上述屏蔽要求，决定屏蔽层数（单、双层）、屏蔽材料、防止屏蔽完整性遭到破坏的各种窗口屏蔽结构等。

（4）进行屏蔽完整性的工艺设计，以保证各种可能出现的非完整屏蔽窗口的屏蔽完整性。

1. 屏蔽材料的选择

（1）电场及平面波电磁场屏蔽材料的选择。电场的屏蔽效能主要取决于界面 1 的反射。为增大反射损耗 R_E，应选择磁导率 μ_r 小和电导率 σ_r 大的屏蔽材料，如铜、铝、银等材料，要求不高时可选用低碳钢。由于磁导率和电导率与材料厚度无关，因此，可不考虑材料厚度，只要考虑它有足够的机械强度即可。

对平面波而言，其电场分量的屏蔽主要靠屏蔽层的界面 1 反射，所以对它的屏蔽要求与对电场的要求相同，其磁场分量主要依靠磁场在屏蔽层材料内的吸收损耗 A_H（$A_H=1314.3t\sqrt{f\mu_r\sigma_r}$）。因此必须选择电导率 σ_r 高、具有一定厚度 t 的材料，以使屏蔽层能产生足够大的涡流，并感生成足够大的反磁场，以抵消磁场分量。同时随着频率增大，A_H 也越大，磁场分量的屏蔽效果也越好。因此，屏蔽平面波对屏蔽材料的要求与屏蔽电场相同，只是要求屏蔽材料有一定的厚度，具体数值与电磁波的频率有关。

（2）磁场（特别是低频磁场）屏蔽材料的选择。对高频磁场的屏蔽主要是依靠磁场在屏蔽材料中的吸收损耗，屏蔽材料的选择与屏蔽电场的要求一样，选择高电导率、一定厚度的材料。

对于低频磁场的屏蔽则相对困难，从物理本质来说，对低频磁场的屏蔽不是靠感生涡流产生的反磁场，而是靠屏蔽材料的低磁阻特性，让磁力线局限在屏蔽材料中，不致穿出屏蔽体。根据磁场吸收损耗 A 的式（3－14）可以看出，当 f 下降到很低时为了满足屏蔽效能的要求，不可能通过无限增加厚度 t 的途径达到，只能设法选择高磁导率材料，即提高 μ_r，选择低磁阻的屏蔽材料。

由于磁性材料的磁导率大小与工作频率密切相关，磁导率随着频率的增高呈现下降趋势，变化程度取决于材料的种类和厚度。通常，初始磁导率大的材料，随着频率的增高，磁导率下降速度也较快，厚度大的材料磁导率下降得也快。因此，在设计磁屏蔽时，必须根据工作频率，仔细选择最合适的磁屏蔽材料。同时磁导率还与工作磁场强度有关，当磁场强度较大时，由于材料的磁饱和使磁导率下降；高磁导率材料在加工过程中磁导率也会因为受到敲击、钻孔和折弯等因素而下降。

2. 单层屏蔽结构与多层屏蔽结构

根据对屏蔽体屏蔽效能的设计要求，应尽量采用单层、完整的屏蔽结构。如果单层结构不能满足设计要求，可以采用多层屏蔽结构。

多层屏蔽的屏蔽效能为每层屏蔽的屏蔽效能之和。如前所述，电场屏蔽主要依靠高电导率屏蔽层的反射损耗，一层极薄的实壁铜屏蔽层对电场的屏蔽效能就能达到 100dB，一般的双层金属铜丝网的屏蔽效能也能达到 100～120dB。因此，对电场屏蔽而言，多层屏蔽是没有必要的。而对磁场屏蔽，特别是对低频磁场，常常不得不采用多层屏蔽，通常采用双层屏蔽结构。

设计多层屏蔽结构的原则：

（1）各屏蔽层之间不能有电气连接，即两相邻屏蔽层应彼此绝缘，而每层屏蔽层应保证良好的电气性能。

（2）应根据所处电磁环境最大磁场强度的情况，合理安排各屏蔽层的材料。例如：在靠近磁场干扰源的第一层应采用高电导率、低磁导率、高磁饱和强度的材料，一方面可以保持对电场良好的屏蔽，另一方面又能削弱部分磁场强度，使第二层不致发生磁饱和；第二层则采用高磁导率的材料，以衰减磁场强度，达到预期的屏蔽效能。如果要屏蔽的磁场强度太强，还得考虑第三层磁屏蔽。

（3）由于利用高磁导率材料屏蔽低频磁场主要是利用旁路磁力线的原理，所以用磁性材料制成的屏蔽罩尽量不要开孔或开缝，以使磁力线在磁性材料中能均匀分布，不致产生局部磁饱和。

（4）第一屏蔽层屏蔽高频电磁场时，主要是依靠屏蔽板内感生的涡流产生反磁场以达到屏蔽的目的，所以当屏蔽罩上必须开孔时，应该注意开孔的方位，以保证涡流能在材料中均匀分布，其示意图如图 3－17 所示。图 3－17 中（d）是较好的结构方案，而（b）、（c）不但不能起到屏蔽作用，相反地它们可能成为电磁波的狭缝天线而彻底破坏屏蔽。

3. 屏蔽体通风孔的结构设计

大多数的屏蔽室和电子设备都需要考虑通风问题。合理的结构设计，可以使屏蔽体在开

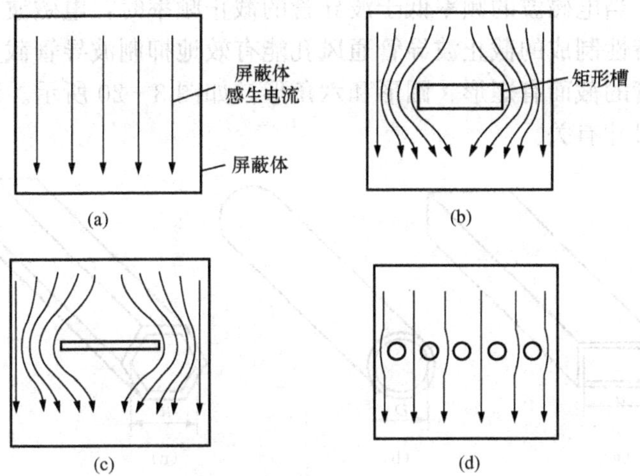

图 3-17　屏蔽层上开孔方位对磁感应涡流的影响

(a) 完整屏蔽体；(b) 矩形缝隙屏蔽体；(c) 细长缝隙屏蔽体；(d) 圆孔阵列屏蔽体

了若干通风孔以后，不但能保证良好的通风散热，而且能保证屏蔽效能不下降。

(1) 金属丝网。金属丝网具有结构简单、成本低、通风好等优点，如图 3-18 所示。在屏蔽要求不太高时，覆盖在大面积的通风孔上。金属丝网的屏蔽效能与丝网的直径、网孔的疏密程度和丝网材料的电导率有关。丝网的直径越粗、丝网材料的电导率越高，屏蔽性能越好。由于金属丝网的屏蔽效能在高于 100MHz 后开始下降，其屏蔽效能小于 10dB/1GHz，所以不适宜用于数百兆以上的高频。另外，丝网交叉点处接触电阻的增加也会导致屏蔽效能的下降。

(2) 穿孔金属板。直接在屏蔽体壁上开孔也是常见的通风孔设计。穿孔金属板通常有两种结构形式：①在屏蔽壁的适当部位直接打孔；②将打好孔的金属板安装在通风孔上。穿孔金属板屏蔽性能稳定，它可以避免金属网的网栅交叉点接触电阻不稳定的缺陷。实壁穿孔通风窗对磁场的屏蔽效能与穿孔金属板的结构有关。穿孔金属板的孔径 d 越小、相邻孔间距 c 越大、通风孔阵列边长 l 越大、板越厚，屏蔽效能就越好，如图 3-19 所示。穿孔金属板屏蔽效能一般不高于 30dB/1GHz，只适用于小于 50MHz，屏蔽效能为 30～50dB 的场合。

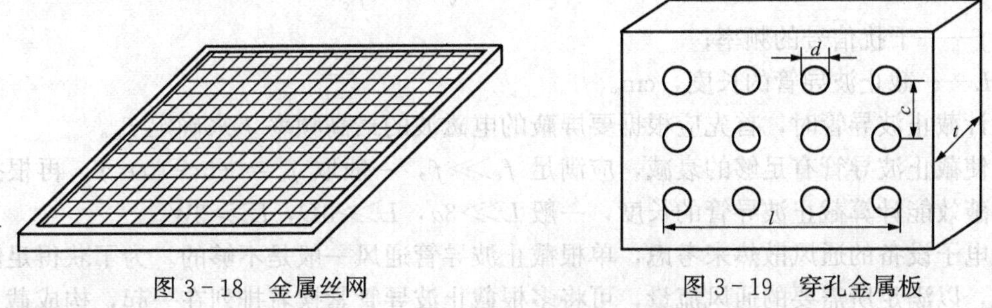

图 3-18　金属丝网　　图 3-19　穿孔金属板

(3) 截止波导管。当频率大于 100MHz 时，金属丝网和穿孔金属板的屏蔽效能都大大下降，特别是当孔眼尺寸不是远小于波长甚至接近于波长时更将引起严重泄漏。在甚高频上，若既要有高的屏蔽性能，又要通风良好，可采用截止波导管。截止波导管主要用于屏蔽效能高于 40dB/1GHz，或者屏蔽效能与散热矛盾不可调和的场所。

根据波导理论，当电磁波的频率低于波导管的截止频率时，电磁波在传输时将产生很大的衰减。利用这一特性制成的截止波导管通风孔能有效地抑制波导管截止频率以下的电磁干扰。单根截止波导管的截面有矩形、圆形和六角形，如图 3-20 所示。波导管的截止频率与截止波导管的结构尺寸有关。

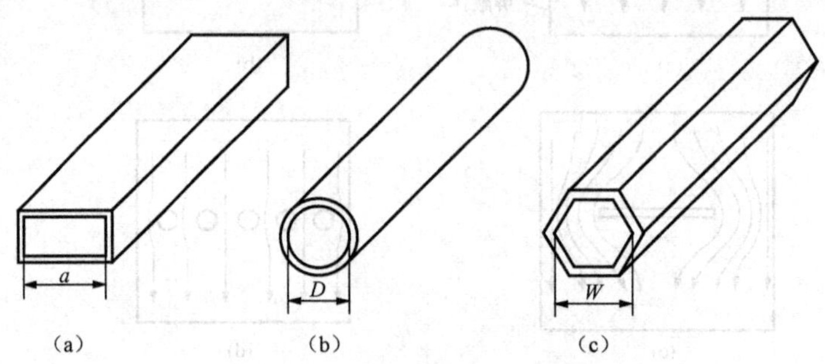

图 3-20 截止波导管结构图
(a) 矩形截面；(b) 圆形截面；(c) 六角形截面

矩形截止波导管的截止频率为

$$f_c = \frac{15}{a} \times 10^9 \quad (\text{Hz}) \tag{3-33}$$

式中 a——矩形截止波导管宽边尺寸，cm。

圆形截止波导管的截止频率为

$$f_c = \frac{17.6}{D} \times 10^9 \quad (\text{Hz}) \tag{3-34}$$

式中 D——圆形截止波导管直径，cm。

六角形截止波导管的截止频率为

$$f_c = \frac{15}{W} \times 10^9 \quad (\text{Hz}) \tag{3-35}$$

式中 W——六角形内壁外接圆直径，cm。

低于截止波导管截止频率的电磁波在截止波导管中传播时的屏蔽效能表示为

$$S = 1.823 \times f_c \times L \times 10^{-9} \sqrt{1-\left(\frac{f}{f_c}\right)^2} \quad (\text{dB}) \tag{3-36}$$

式中 f——干扰信号的频率；

L——截止波导管的长度，cm。

设计截止波导管时，首先应根据要屏蔽的电磁波的最高频率 f 来确定 f_c。

为使截止波导管有足够的衰减，应满足 $f_c \gg f$，一般取 $f_c =$ （5～10）f。再根据所需要的屏蔽效能计算截止波导管的长度，一般 $L \gg 3a$，$L \gg 3D$，$L \gg 3W$。

从电子设备的通风散热来考虑，单根截止波导管通风一般是不够的。为了获得足够的通风面积，以满足所需要的通风流量，可将多根截止波导管紧挨着排列在一起，构成截止波导管通风阵列（蜂窝状通风板），如图 3-21（a）所示。为了提高屏蔽效能，还可采用双层互相交错叠置的蜂窝板状组成，如图 3-21（b）所示，利用截止波导管错位处的界面反射来提高屏蔽效能。表 3-2 给出了钢制波导管通风窗的屏蔽效能。蜂窝状通风板屏蔽效能高、对空气阻力小、结构牢固，但体积大、加工复杂、成本高，难以在同一平面安装。通常使用在屏蔽效能要求高、通风散热量较大的屏蔽室或大设备的通风处。

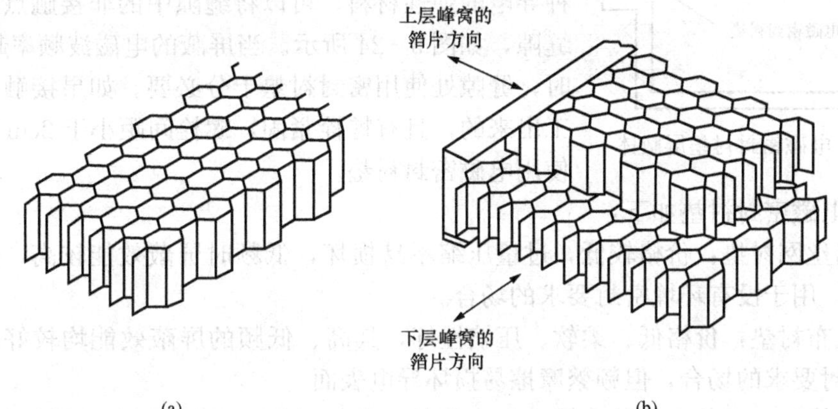

图 3－21　蜂窝状通风板

(a) 单层并列通风阵列；(b) 双层互相交错叠置通风阵列

表 3－2　钢制波导管通风窗的屏蔽效能

蜂窝孔径 (mm)		2.4	3.18
屏蔽效能 (dB)	200kHz 磁场	90	80
	100MHz 电场	115	110
	500MHz 电场	115	110
	1GHz 平面波	112	105
	10GHz 平面波	110	100

4. 装配接缝屏蔽结构设计

屏蔽机箱与活动板结合处的缝隙可看作由接触点和未接触点构成，可以等效为接触点的接触电阻与未接触点空气为介质的电容并联模型，如图 3－22 所示。低频时电容容抗很大，缝隙阻抗取决于电阻分量；高频时容抗很小，缝隙阻抗取决于电容分量。随着频率升高，容抗逐渐降低，所以缝隙结构体的屏蔽效能会出现随频率升高而提高的现象。

为了抑制接缝处的泄漏，可以采取以下结构设计：

(1) 增加金属之间的接触面。装配时尽可能地增加接触面的搭接面积，必要时可以使用机械加工（如铣床加工）方法，以增加接触面的平整度，保证良好的接触。

(2) 增加缝隙深度。增加缝隙深度可以提高屏蔽效能，具有一定深度的缝隙可以看作为截止波导管，对截止频率以下的干扰有很好的衰减作用，深度越深，衰减越多。可以采取图 3－23 所示的方式增加缝隙深度。

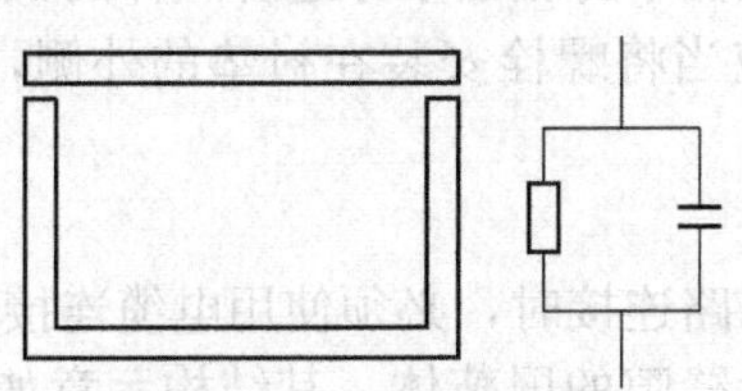

图 3－22　缝隙导电模型

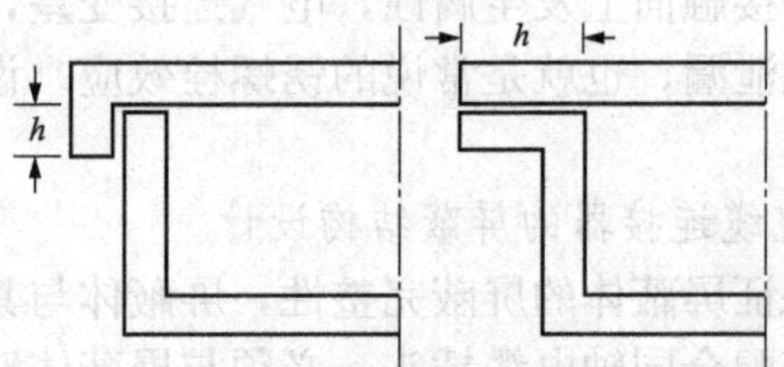

图 3－23　增加缝隙深度的结构

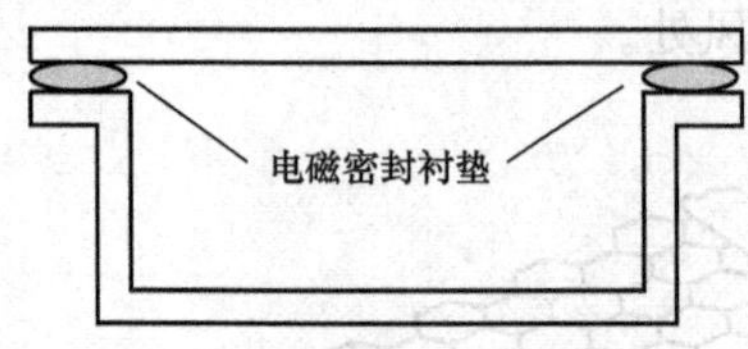

图 3-24　电磁密封衬垫屏蔽体

（3）装配面处加入电磁密封衬垫。电磁密封衬垫是一种导电的弹性材料，可以将缝隙中的非接触点填平，消除缝隙，如图 3-24 所示。当屏蔽的电磁波频率超过 10MHz 时，缝隙处使用密封衬垫十分必要。如果接触面是铣床加工出来的，且有螺栓紧固，螺栓间距小于 2cm 时，可以不使用电磁密封衬垫。

常用的电磁密封衬垫如下：

1）金属丝网衬垫：价格较低，过量压缩不易损坏，低频时屏蔽效能较高，但高频时屏蔽效能较低，用于没有环境密封要求的场合。

2）导电布衬垫：价格低、柔软、压缩性好，其高、低频的屏蔽效能均较好，可用于有一定环境密封要求的场合，但频繁摩擦易损坏导电表面。

3）导电橡胶：在普通橡胶中掺入导电颗粒，价格较高，整体较硬，压缩形变量小，低频时屏蔽效能较差，高频时则较好。可同时提供电磁密封和环境密封，常用于有环境密封要求的场合。

4）指形簧片：价格较高，压缩形变量大，允许滑动接触，低频和高频时的屏蔽效能都较好，用于无环境密封要求的场合。

导电衬垫材料的导电性越好，电磁密封效果就越好，在外部作用力下只有产生足够的形变量，才能提供预期的屏蔽效能。在外力消除后要有一定的恢复能力，如果衬垫在作用力下产生永久变形失去弹性，导致厚度达不到要求时，就不能起到良好密封的作用。

不同金属接触面上由于电位差，一旦环境中存在电解液就会发生电化学反应，所产生的盐化物将降低导电性。因此导电衬垫的材料与屏蔽基体的材料在电化学上要有相容性，避免很快发生腐蚀。在恶劣环境中，如海上使用设备，电化学腐蚀严重，可以使用图 3-25 所示的方法处理。在接触外部环境一侧用绝缘物质密封。

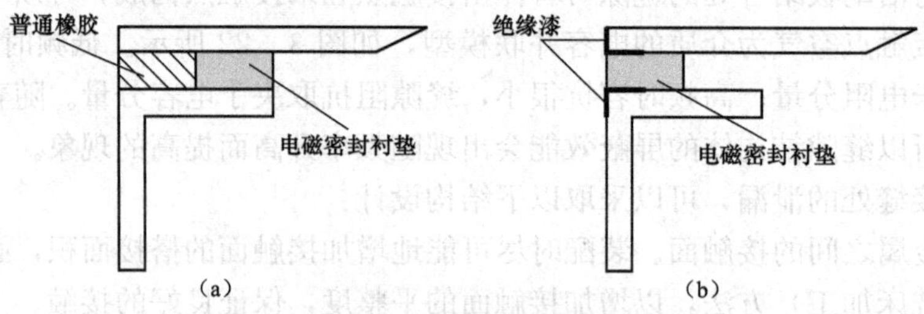

图 3-25　防止电化学腐蚀的方法
(a) 普通橡胶；(b) 绝缘漆

在有螺栓紧固的屏蔽体中，随着使用时间的增加，螺栓长时间暴露在空气中，螺栓螺纹与屏蔽体接触面上发生腐蚀，电气连接变差，此时螺栓本身相当于穿透屏蔽体的天线，导致严重电磁泄漏，也就是常说的锈螺栓效应。设计时应当将螺栓安装在衬垫的外侧，如图 3-26 所示。

5. 电缆连接器的屏蔽结构设计

为保证屏蔽体的屏蔽完整性，屏蔽体与其外围电路连接时，必须使用电缆连接器。连接器的插座配合同轴电缆插头，必须与屏蔽体壁构成无缝隙的屏蔽体，其结构示意如图 3-27 所示。

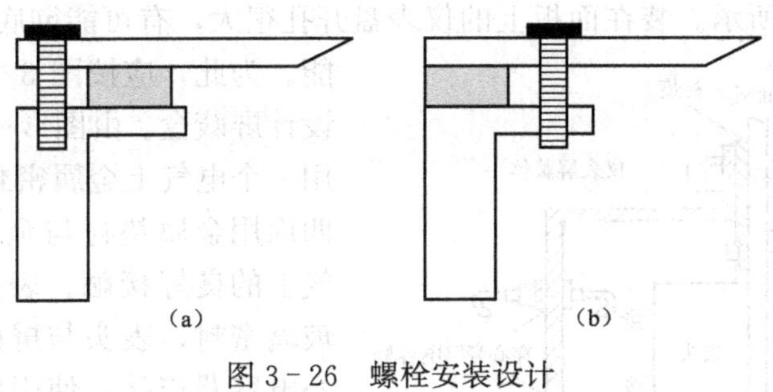

图 3-26　螺栓安装设计
(a) 正确安装；(b) 错误安装

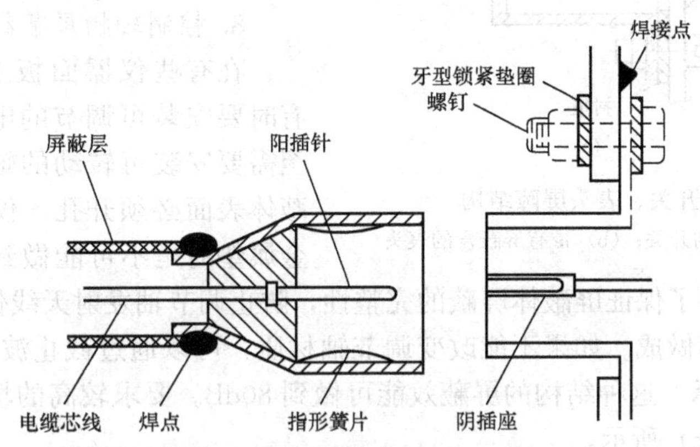

图 3-27　连接器屏蔽结构示意图

为了控制地电流，电缆的屏蔽层一般只在特定的接地端接地。电缆的屏蔽层应与其外壳四周均匀地良好焊接或紧密地压在一起，保证插座与插头四周保持均匀的良好接触，力求没有缝隙泄漏。

6. 显示窗口的屏蔽结构

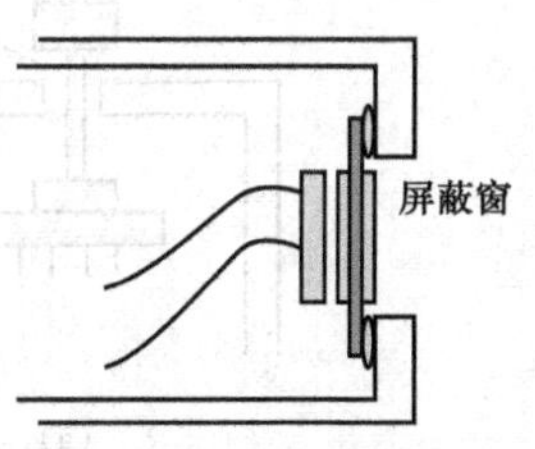

图 3-28　显示窗的屏蔽

窥视窗可以使用透明屏蔽材料，用薄膜屏蔽体结构（如导电玻璃）或玻璃夹层金属屏蔽网结构，也可将金属薄膜真空沉积在化学基片上，如图 3-28 所示。由于这些透明屏蔽材料对磁场的屏蔽效能很低，甚至没有，当设备内部有低频磁场辐射源或者对磁场敏感电路时，导致机箱的磁场屏蔽效能很低。在考虑窥视窗屏蔽结构时，应特别注意保持窥视窗的导电金属层要与屏蔽体保持良好的电气上的连续性，保证低阻抗连接，另外不能留有缝隙，以防泄漏电磁波。同时透光度应保持在 60%～80%。目前应用的柔性平面屏蔽窗、柔性弧度屏蔽窗和刚性屏蔽窗在 9kHz～1.5GHz 的频率范围内，屏蔽效能可达到 80dB 以上。

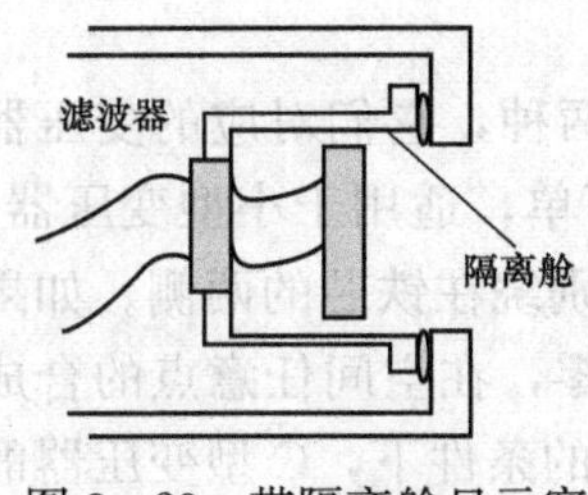

图 3-29　带隔离舱显示窗

如果显示器本身不产生干扰或对外部电磁干扰不敏感，可以用屏蔽体将内部电路与显示器件隔离开，如图 3-29 所示。这种显示方法的视觉效果几乎不受影响，机箱对磁场有较高的屏蔽效能，但如果显示器自身产生电磁辐射或者对外界电磁干扰敏感，则显示器自身会导致辐射发射问题，或者易受外界电磁干扰影响。

7. 开关、仪表盘的屏蔽结构设计

在设备面板上安装开关时可以使用导电衬垫，以减小电磁泄漏，如图 3－30（a）所示。装在面板上的仪表盘开孔很大，有可能彻底破坏屏蔽体的屏蔽效能。为此，应按图 3－30（b）所示的结构设计屏蔽盒。由图 3－30（b）可见，表头用一个电气上金属密封的小屏蔽罩罩起来，四周用金属垫衬与金属面板相连，保持电气上的良好接触。表头的面板部分用导电玻璃密封，表头与屏蔽体内其他电路用穿心电容器连接，使引线在电磁场中感应的高频电流被穿心电容器旁路接地。

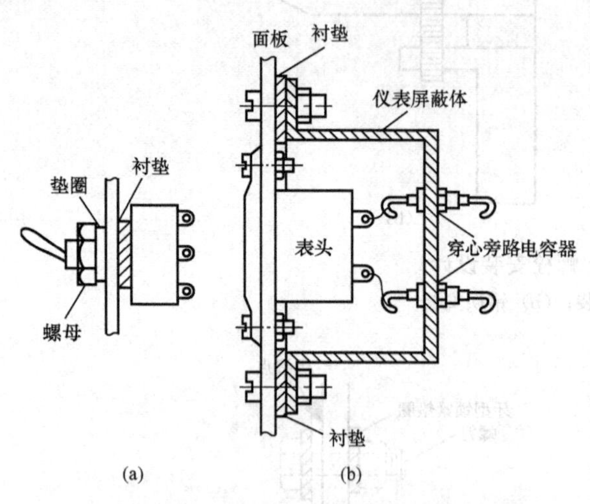

图 3－30　开关、表头屏蔽结构

（a）带有导电衬垫的开关；（b）带有屏蔽盒的表头

8. 控制轴柄屏蔽结构设计

在有些仪器面板上或屏蔽体的表面，有时要安装可调节的电位器、电容器，甚至需要安装可转动的轴柄，仪器面板或屏蔽体表面必须开孔，仅仅在开孔四周采用金属垫衬是不可能做到可转动手柄与开孔之间没有缝隙的。为了保证屏蔽体屏蔽的完整性，防止调节轴发射天线作用，此时调节手柄使用非金属绝缘材料做成。如果不能改变调节轴材质，可以通过截止波导管引到仪表面板，如图 3－31（b）所示，这种结构的屏蔽效能可做到 80dB。要求较高的场合也可使用隔离舱结构，如图 3－31（c）所示，

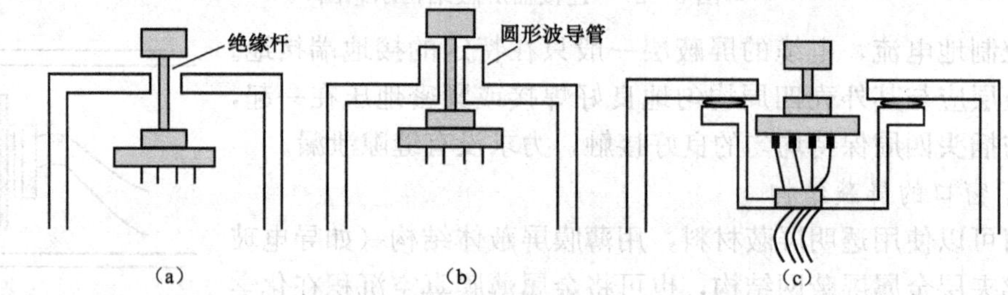

图 3－31　面板上轴柄的屏蔽结构

（a）直接开孔；（b）截止波导管；（c）隔离舱

9. 变压器和电抗器漏磁场的屏蔽结构设计

变压器和电抗器的漏磁通是它们本身成为系统内主要磁场噪声源的根本原因之一。对于漏磁的屏蔽方法有如下几种。

（1）选用具有高磁导率的软磁材料做铁芯，因为变压器的铁芯本身磁导率越高，磁阻越小，磁通就越集中于铁芯，漏磁场就越小。

（2）选用漏磁小的铁芯形式。铁芯的基本结构有 E 型和 C 型两种，它们对应的变压器及其漏磁分布如图 3－32 所示。E 型变压器只有一个线包，结构简单，适用于小型变压器。C 型变压器有两个线包，一次和二次绕组都均匀地分为两部分，分别绕在铁芯的两侧。如果两侧严格对称，在 $x-z$ 对称面内任一点的漏磁场的合成矢量均为零，在空间任意点的合成矢量也比单一绕组在同一点的漏磁场要弱得多。所以在伏安数相同的条件下，C 型变压器的漏磁比 E 型的弱。

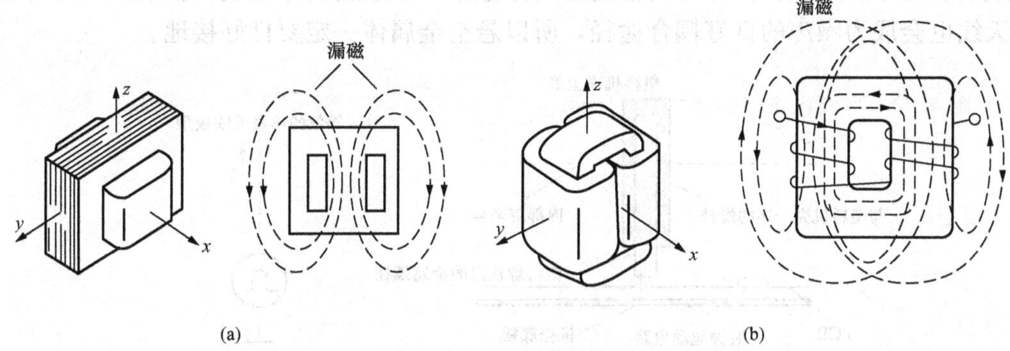

图 3-32　变压器及其漏磁分布

(a) E型变压器和漏磁分布；(b) C型变压器及其漏磁分布

(3) 变压器线包外加漏磁短路环。用宽度与线包相同的铜皮在线包和铁芯的外面绕一圈，焊接接缝处，使变压器漏磁通在短路环内产生感应电流，此电流所产生的磁场与漏磁场反向，抵消了部分漏磁场，如图 3-33 所示。短路环越厚，抵消的效果就越大，剩余漏磁就越小；一般用 0.5 mm 厚的铜带绕 1～2 层能减少 20%～30%的漏磁。

(4) 在变压器铁芯侧面包钢带。可用 0.5～1mm 厚的薄钢板，在变压器铁芯侧面包 1～3 层也能减少漏磁，如图 3-34 所示。这种方法结构简单，对于小型变压器所包的铁皮也可兼作安装固定用。

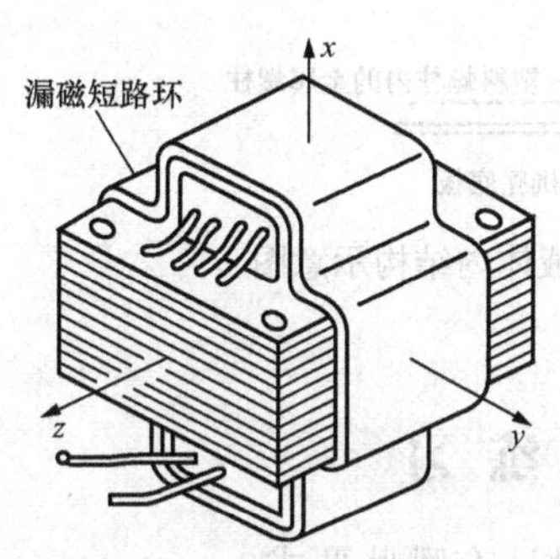

图 3-33　变压器线包外加漏磁短路环

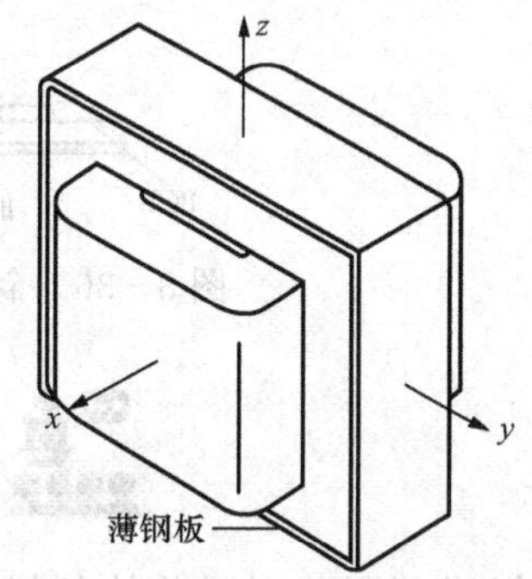

图 3-34　变压器铁芯侧面包钢带

(5) 变压器加屏蔽盒。在变压器外面套上铁磁材料或坡莫合金制成的屏蔽盒，可屏蔽磁场干扰。

3.1.7　案例分析

【案例 3-1】　某通信产品在进行辐射发射测试时，发现在高频段 891MHz 处的辐射超过裕量限定值，裕量不足 5dB。

用近场探头在机壳面板、接口连接器、机箱缝隙等处探测，发现 891MHz 频点只在机箱散热处的一小块区域辐射较大。打开机箱查看，发现此处机壳由金属螺柱固定，金属螺柱与机壳上盖板和机壳底板都以塑料螺柱连接，从而形成一悬浮螺柱，并伸出屏蔽体外约 5cm。这一悬浮螺柱被 PCB 板上的时钟驱动，形成辐射天线。机壳结构如图 3-35 所示。内部屏蔽体为金属网，螺柱伸出屏蔽体外，破坏了屏蔽体的完整性，此时金属螺柱成为辐射源，形成电场的单极天线。设计时要避免金属体悬空，悬空金属体会成为辐射天线，即使不能成为天线也会成为噪声的良好耦合途径，所以悬空金属体一定要良好接地。

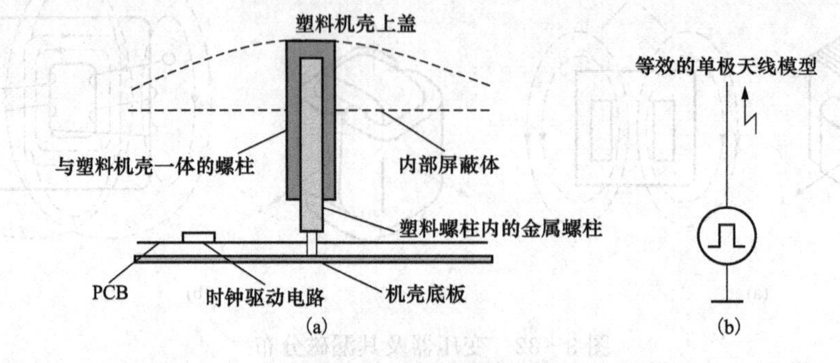

图 3－35　机壳结构示意图

（a）机壳结构；（b）等效天线

改进措施一：在结构强度满足的情况下将金属螺柱改为塑料材质。

改进措施二：将金属螺柱内缩到屏蔽层内，保证屏蔽层的完整性，同时不影响结构强度，如图 3－36 所示。

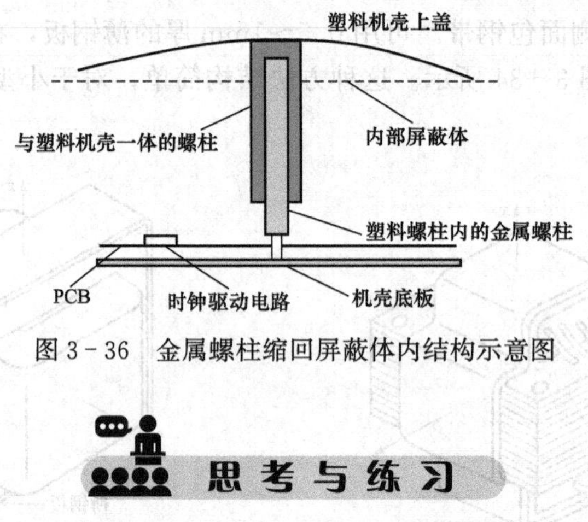

图 3－36　金属螺柱缩回屏蔽体内结构示意图

思考与练习

1. 对磁场进行屏蔽时屏蔽体的材料以及结构设计有哪些要求？
2. 对完整屏蔽体而言，屏蔽效能由哪些部分构成？都受哪些因素影响？

3.2　接　　地

接地是保证设备电磁兼容性和工作可靠性的重要手段之一。通常“地”可以指大地，电子设备以地球电位为基准，并以大地为零电位。另一种“地”是指一个等位点或一个等位面，它为电路、系统提供一个参考电位，并设该基准电位为相对零电位。正确的接地技术不仅是保护设施和人身安全的必要手段，也是控制电磁干扰、保证设备电磁兼容性、提高工作可靠性的重要技术措施。反之，错误的接地反而会引入严重的电磁干扰，甚至导致电子设备无法正常工作。一个良好的接地系统必须达到下列几个目的：

（1）保证接地系统具有很低的公共阻抗，使系统中各路电流通过该公共阻抗产生的直接传导噪声电压最小。

(2) 在有高频电流的场合，保证“信号地”对“大地”有较低的共模电压，使通过“信号地”产生的辐射噪声最低。

(3) 保证地线与信号线构成的电流回路具有最小的面积，避免由地线构成地回路。使外界干扰磁场穿过该回路产生的差模干扰电压最小，同时也避免由地电位差通过地回路引起过大的地电流，造成传导干扰。

(4) 保证人身和设备的安全。

按照接地的主要功能划分，接地系统主要由安全地、信号地、机壳（架）地和屏蔽地四种子接地系统组成。

3.2.1　安全地

安全地是为了防止因用电设备外壳漏电、故障放电或者电荷积累放电等所造成的设施破坏和人身伤亡损害。安全接地又分为设备安全接地、接零保护接地和防雷接地。

1. 设备安全接地

为了人、机安全，任何高压电气设备、电子设备的底座均需要安全接地，以避免高电压接触设备外壳或者避免由于设备内部绝缘损坏造成漏电打火使机壳带电，造成人体接触机壳而触电。机壳安全接地必要性示意如图 3 - 37 所示。

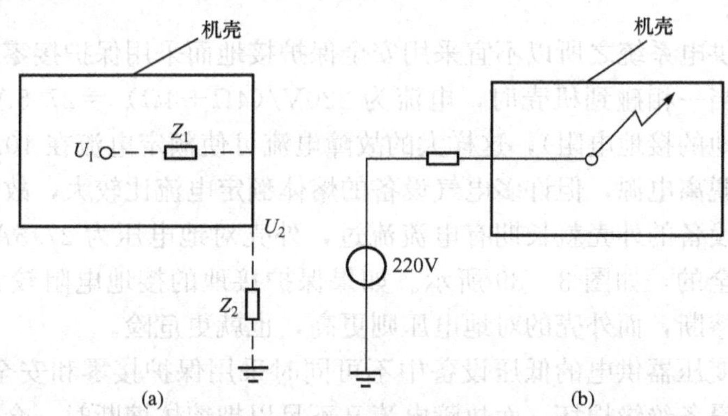

图 3 - 37　机壳安全接地必要性示意图

(a) 机壳通过杂散阻抗带电；(b) 机壳因绝缘击穿而带电

图 3 - 37 中 U_1 是设备或系统内部产生的一个危及人身安全的电压源，Z_1 为该电压源到设备机壳的寄生阻抗（一般是容抗和漏电阻），Z_2 为该设备机壳对大地的漏电阻。在这种情况下，机壳到大地之间的电压

$$U_2 = \left(\frac{Z_2}{Z_1 + Z_2}\right)U_1 \tag{3-37}$$

即使在设备内部和外部绝缘良好的情况下（Z_1，Z_2 均很大），U_2 也可能达到危及人身安全的数值，如果操作人员接触机壳就可能造成触电事故。如果将设备金属外壳与大地相接，使 $Z_2 \to 0$，从而使 $U_2 = 0$。当人体接触带电外壳时，大部分漏电流将被接地电阻分流，使流过人体的电流大大减小，保障了人身安全。

图 3 - 37 (b) 中，设备由电网通过变压器供电，经长期使用，变压器的绝缘层因长期发热必然老化，绝缘电阻降低，甚至可能造成绝缘击穿。这种情况下，如果操作人员一旦接触

设备机壳就会造成更加严重的触电事故。

人体的皮肤处于干燥洁净和无破损情况下，人体电阻可达 40～100kΩ，当人体处于出汗、潮湿状态时，人体电阻可降到 1000Ω 左右。流经人体的安全电流，对于交流电流为 15～20mA，对于直流电流为 50mA。当流经人体的电流高达 100mA 时，就可能导致触电死亡。通常以电压表示安全界限，例如，我国规定在没有高度危险的建筑物中，安全电压为 65V；在高度危险的建筑物中为 36V；在特别危险的建筑物中为 12V；一般家用电器的安全电压为 36V，以保证触电时流经人体的电流小于 40mA。

为了保证安全，应将在正常情况下不带电的金属外壳与接地体连接，这样在绝缘击穿人体接触带电外壳时，人体电阻与接地导线的阻抗并联，人体电阻远大于接地导线的阻抗，大部分电流直接从接地电阻旁路流入大地，保证人身安全。通常规定接地电阻为 5～10Ω，所以流经人体的电流值将减小为原先的 1/200～1/100。

2. 接零保护接地

接零保护接地，是指在中性点接地的供电系统中，将电气设备在正常情况下不带电的金属部分与中心线作良好的金属连接，如图 3－38 所示。当某一相绝缘损坏使相线碰到机壳，外壳带电时，由于外壳采用接零保护措施，因此该相线和中心线构成回路，单相短路电流很大，足以使线路上的保护装置（如熔断器）迅速熔断，从而将漏电设备与电源断开，避免人身触电的可能性。

中性点接地的供电系统之所以不宜采用安全保护接地而采用保护接零是因为：如果采用安全保护接地，则当一相碰到机壳时，电流为 220V/(4Ω＋4Ω) ＝27.5A（4Ω 分别为系统接地装置和保护接地的接地电阻），这样大的故障电流可使额定电流在 10A 下的熔体迅速熔断，从而使故障点脱离电源，但许多电气设备的熔体额定电流比较大，故障电流不足以把熔体熔断。这样电气设备的外壳就长期有电流流过，外壳对地电压为 27.5A×4Ω＝110V，此电压对人体是不安全的，如图 3－39 所示。如果保护接地的接地电阻较大，则故障电流更小，熔体更不容易熔断，而外壳的对地电压则更高，也就更危险。

注意：同一台变压器供电的低压设备中不可同时采用保护接零和安全保护接地。因为，当采用保护接地的设备绝缘损坏，而故障电流又不足以把熔体熔断时，会使中心线上出现对地电压，使所有保护接零的设备都带有危险电压。

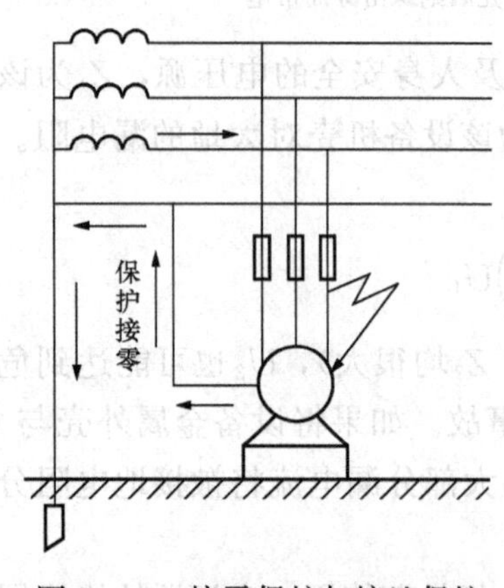

图 3－38 接零保护与接地保护

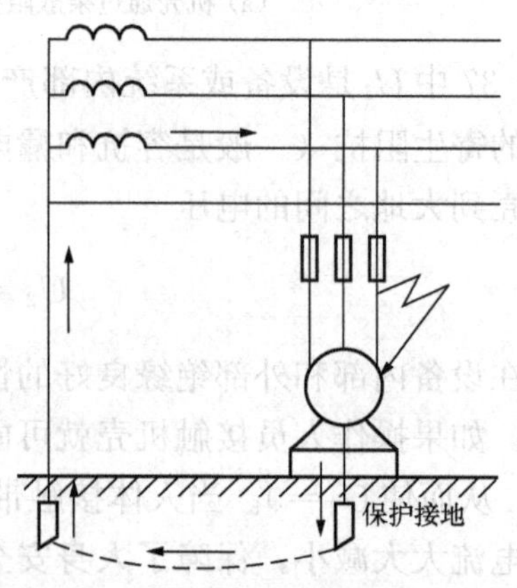

图 3－39 中性点接地系统的保护接地

3. 防雷接地

防雷接地是将建筑物等设施和用电设备的外壳与大地相连，从而保护设施、设备和人身的安全，使之避免雷击，同时消除雷击电流窜入信号接地系统，以免影响用电设备的正常工作。

防止雷击的措施通常是采用避雷针，雷击电流将沿避雷针下引导体流入大地。若避雷针离地面高度为 h，则它的防雷保护面积等于 $9\pi h^2$。实验数据表明，接地电阻为 10Ω 左右，就可以保证在上述保护面积内的建筑物、变压器、输电线及其他露天设施得到保护。但是，在设计防雷安全接地时，还必须注意防护雷击接地瞬态电流通过避雷针下引导体的引线电感所产生的瞬态高压可能对它周围的物体、设备或人体造成的间接伤害。例如：一次典型闪电的电流峰值为 20kA，上升时间为 1μs，如果引线电感为 52.5μH，则瞬态电压可达 1000kV。为此在考虑防雷接地时，离下引导体 15cm 以内的所有金属导体都应与下引导体良好搭接以保持同电位，下引线上绝不能连接其他设备的地线，只能单独直接入地。

3.2.2　信号地

信号地，是指信号或功率传输电流流通的参考电位基准线或基准面。由于信号地是信号和功率传输的公共通道，它不但对噪声的直接传导耦合具有直接的影响，而且对拾取或感应外界噪声也举足轻重。信号地系统可概括成单点信号接地系统、多点信号接地系统、混合信号接地系统和浮空信号接地系统几种形式。

1. 单点信号地

单点信号接地系统，是指系统中所有的信号接地线只有一个公共接地点，而把这个公共接地点的电位作为参考点电位。

(1) 信号地线串联一点接地。图 3-40 为地线串联一点接地示例。其中，Z_1、Z_2、Z_3分别代表电路或设备 1、2、3 地线的阻抗，I_1、I_2、I_3分别为电路或设备 1、2、3 注入地线的电流。

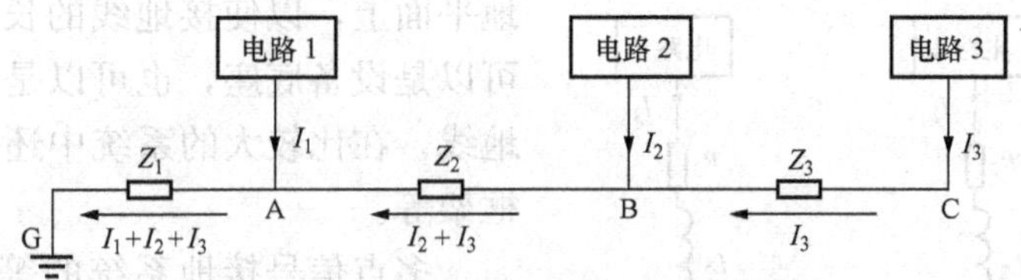

图 3-40　地线串联一点接地方式

A 点电位：$$U_A=(I_1+I_2+I_3)Z_1 \tag{3-38}$$

B 点电位：$$U_B=(I_1+I_2+I_3)Z_1+(I_2+I_3)Z_2 \tag{3-39}$$

C 点电位：$$U_C=(I_1+I_2+I_3)Z_1+(I_2+I_3)Z_2+I_3Z_3 \tag{3-40}$$

系统内各部分的电流均会通过地线公共阻抗产生直接传导耦合，使公共地线上 A、B、C 点的电位不为零，并且各电位受到所有电路注入地线电流的影响，这些电位都将作为共模干扰信号串联在各自的回路中。采用公共地线串联一点接地时，公共接地点 G 应放在最靠近低电平的电路或最容易受到干扰的电路和设备处。

串联单点接地方式的结构简单、方便，各个电路的接地引线比较短，但从抑制共模干扰角度考虑，这种方式最不理想，因此多用于要求不高、各级电平差距不大的场合。

(2) 独立信号地线并联一点接地。独立信号地线并联一点接地方式如图 3-41 所示。图

中各设备电路单元分别用各自的地线，最后连接于公共接地点G。这时图中各设备、电路单元的地电位分别为

$$
\begin{aligned}
U_A &= I_1 Z_1 \\
U_B &= I_2 Z_2 \\
U_C &= I_3 Z_3
\end{aligned}
\tag{3-41}
$$

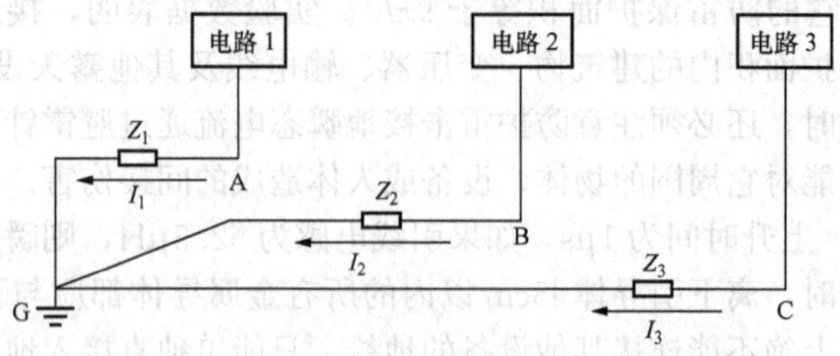

图 3-41　独立信号地线并联一点接地方式

由此可见，各电路的电位只与本电路的电流和地线阻抗有关，不受其他电路的影响。它可以有效地防止设备、电路单元之间的直接传导耦合。但是由于各设备、电路单元各自分别接地，势必增加了许多根地线，加长了地线长度，增加了地线阻抗。这样不但造成布线结构繁杂，而且使地线与地线之间、地线与电路各部分之间的电感和电容耦合强度随频率的增大而增强。特别是在高频情况下，当地线长度达到 $\lambda/4$ 的奇数倍时，地线阻抗可以变得很高，就如同一根终端短路的传输线，地线上的电流、电压呈驻波分布，地线会转化成天线而向外辐射干扰。所以，采用这种接地方式时，每根地线的长度都不允许超过 $\lambda/20$。因此这种接地方式特别适合于各单元地线较短、工作频率比较低的场合。

2. 多点信号地

多点信号接地，是指某一个系统中各个需要接地的电路、设备都直接接到距它最近的接地平面上，以使接地线的长度最短。接地平面可以是设备底座，也可以是贯通整个系统的接地线，在比较大的系统中还可以是设备的结构框架等。

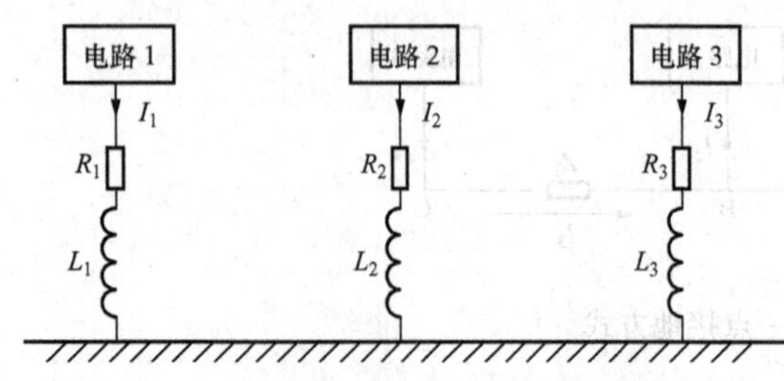

图 3-42　多点信号接地系统的等效电路

多点信号接地系统的等效电路如图 3-42 所示。设每个电路的地线电阻和电感分别为 R_1、R_2、R_3 和 L_1、L_2、L_3。各设备电路单元的接地点对地平面的地电位为

$$
U_i = (R_i + j\omega L_i) I_i \tag{3-42}
$$

为了降低电路的地电位，每个电路要尽可能缩短地线，以降低地线阻抗。但在高频时，由于集肤效应，高频电流只流经导体表面，即使加大导体截面积也不能降低阻抗。为了在高频时降低地线阻抗，通常要将地线和公共地镀银。在导体截面积相同的情况下，为了减小地线阻抗，常采用矩形截面导体制成接地导体带。

多点信号接地系统电路结构比单点接地简单，而且由于接地线短，接地线上可能出现的高频驻波现象显著减小。但由于多点接地后，增加许多地线回路，造成地回路干扰，它们将对设备内较低电平的电路产生不良影响。

对于低频（小于 1MHz）和公共接地面尺寸小的情况（小于 $\lambda/20$），要选用单点信号接地方式。对于高频（大于 10MHz）和公共接地面尺寸大的情况（大于 $\lambda/20$），要选用多点信号接地方式。介于两种情况之间可以选择单点和多点接地组合的混合信号接地方式。

对于高频和高速数字脉冲电路，要求信号接地系统必须具有极低的地阻抗（极低的地线电感量）。解决这个问题的最好方法是给整个系统提供一个理想的地平面，使得系统中每个需要接地的元器件都能最短接地。为了降低成本，可采用效果略低于地平面但仍能有效地减低地阻抗的接地系统——地栅系统，即在双面印刷板的两面分别制作相互垂直的地栅网络，空间交叉点处用过孔相连构成地栅。

3. 混合信号地

在一个实际的工业系统中，情况往往比较复杂，很难只采用单一的信号接地方式，而常常采用串联和并联接地或单点和多点接地组合的混合信号接地方式。

（1）串联和并联接地组成的混合低频信号接地系统。为保证 EMC 的设计要求，又不致使接地系统变得过于庞杂，对于大多数实际的低频信号接地系统，常采用串联和并联接地相结合的混合信号接地系统。首先，对系统各种接地线有选择地归类：低电平的电路可以采用串联接地的形式共用一根地线（称为小信号地线）；高电平电路和强噪声电平电路（如电动机、继电器等）则采用另一组串联接地形式的公共地线（称为噪声地线）；机壳及所有可移动的抽斗、门等再单独联成一根地线［称为机壳（架）地线］。最后将这些各自分开的小信号地线、噪声地线和机壳（架）地线再以并联接地的形式连于一个公共连接点，再将这点接大地。如图 3-43 所示即为混合低频信号接地系统。

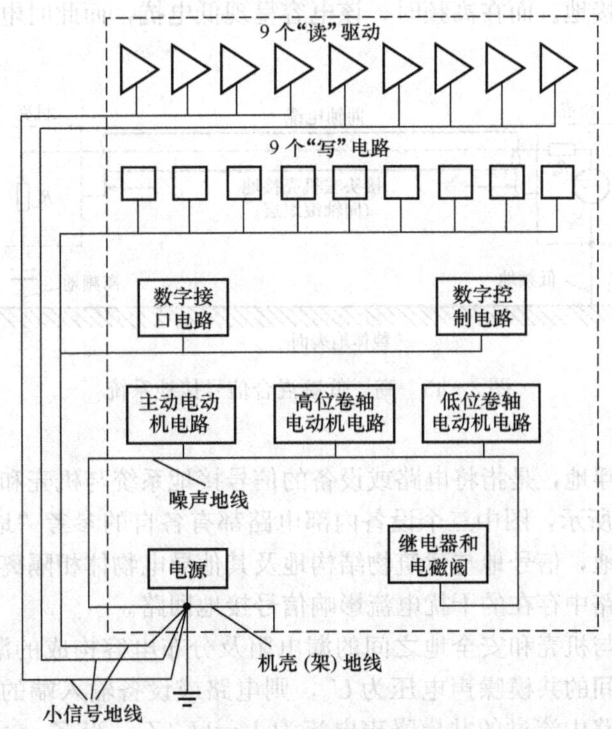

图 3-43　混合低频信号接地系统

混合低频信号接地系统包含三条小信号地线、一条噪声地线和一条机壳（架）地线。其中，对于电平最低、敏感度最高的 9 个“读”放大器，以串联和并联混合接地的形式，分成两根独立的信号地线；由于 9 个“写”放大器和接口逻辑电路电平较高，所以只采用一根串、并联混合接地线；电动机、继电器、电磁阀等噪声较高的电路则共用一条噪声地线；机壳单独接一条机壳（架）地线。最后所有的小信号地线、噪声地线和机壳（架）地线均接于整机电源的接地点，最后接大地。

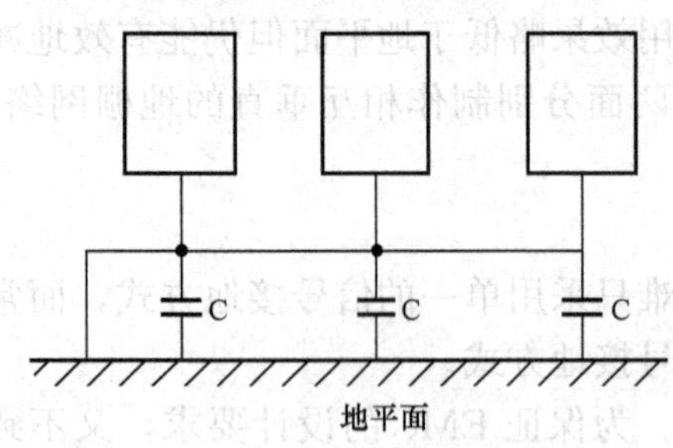

图 3-44　简单宽频混合信号接地系统

(2) 单点与多点接地组成的高、低频混合信号接地系统。对于宽频系统，必须考虑高频信号的对地阻抗，所以必须同时兼顾低频单点信号接地和高频多点信号接地的不同要求。这时可以采用如图 3-44 所示的简单宽频混合信号接地系统。

图 3-44 中，电容器 C 对高频等效短路，对低频等效开路，所以该接地系统对低频而言是串联单点接地，而对高频则是多点接地。为此，电容器 C 必须选用无感电容器，而且电容器接地引线越短越好，相邻电容器 C 之间的距离应小于 $\lambda/10$。

对于比较复杂的既包含高频又包含低频的电子系统，其中低频电路采用单点信号接地，高频电路需采用多点接地的高、低频混合信号接地系统。

如图 3-45 所示电路中，信号源和传感器负载之间用同轴电缆相连接，同轴电缆的屏蔽在两端连接到机壳上，传感器负载机壳通过电容接地。低频时，一端的电容避免形成低频地电流回路，实现单点接地。而在高频时，该电容呈现低电抗，而此时电缆屏蔽接地则呈现多点接地。

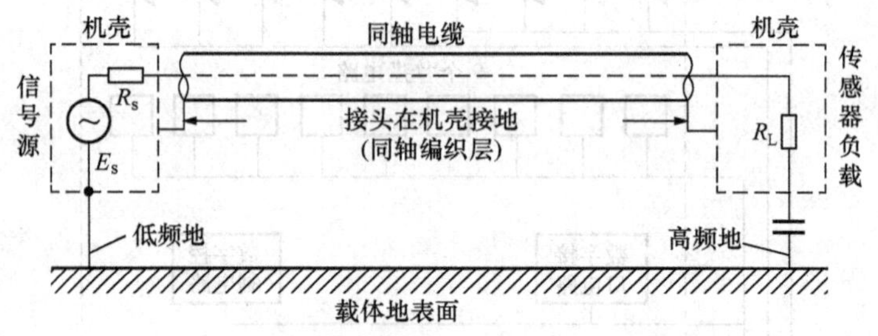

图 3-45　高、低频混合信号接地系统

4. 浮空信号地

浮空信号地简称浮地，是指将电路或设备的信号接地系统与机壳和安全地（大地）相隔离。如图 3-46 (a) 所示，图中三个设备内部电路都有各自的参考“地”，它们通过低阻抗接地导线连接到信号地，信号地与建筑物结构地及其他导电物体相隔离。采用这种方式可以有效避免安全接地回路中存在的干扰电流影响信号接地回路。

设信号接地系统与机壳和安全地之间的漏电阻及分布电容构成的漏阻抗为 Z_g，电路或设备输入端对大地之间的共模噪声电压为 U_c，则电路或设备输入端的等效电路如图 3-46 (b) 所示。在输入电路中流过的共模噪声电流为 $I_c=U_c/Z_g$，当 $Z_g\to\infty$ 时，$I_c\to 0$。由此可见，浮地系统能否发挥其优势，关键是要使 Z_g 越大越好，这就要求做到输入端漏电阻越大越好，输入端分布电容越小越好。但是，要将信号接地系统对机壳和大地的分布电容做到几皮法

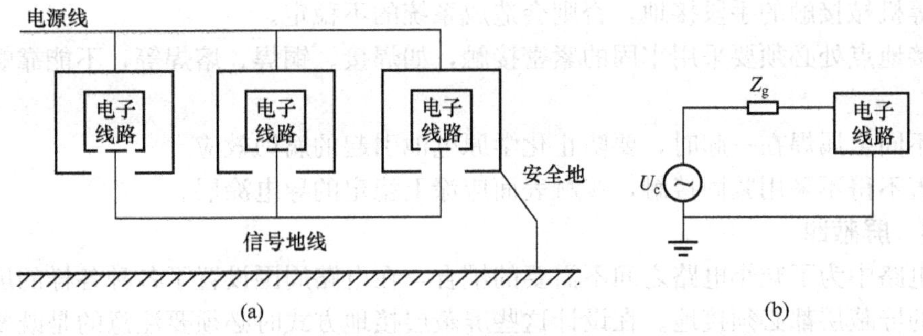

图 3-46 低频浮地系统

(a) 浮地电路；(b) 等效电路

却是很困难的，必须采取非常严密的屏蔽措施才行。显然，当外界共模噪声源为高频噪声时，分布电容的容抗随频率的升高而减小，浮地的条件无法满足。浮地设备容易出现静电积累，当电荷达到一定程度时会产生静电放电。在雷电环境下，静电感应产生的高压会在机箱与设备内部产生飞弧。为了消除静电与飞弧，提高浮地系统的性能，电路绝缘端子输入端漏电阻达到几十兆欧以上。浮地系统只能用于抑制低频共模噪声干扰和小型便携式设备或系统。

3.2.3 机壳（架）地

机壳（架）地，是指一个系统中所包含的所有设备的机壳、机箱、机架甚至可移动、可接插的部件、抽屉等机械部分，均应当用一根地线连在一起，然后再与其他子系统地线汇总，在一点接大地。机壳（架）的连接也称为搭接，主要作用是保证整个系统的机壳能保持一个恒定的电位（与接大地处电位相同）。对整个系统来说，它起到一个大的静电屏蔽罩的作用，同时也起到保护人身与设备安全的作用。通常，在正常情况下该地线子系统不流过电流，所以可以采用串联接地方式。而在系统出现故障（如绝缘击穿、高压短路、雷击等）时，该地线中会流过较大的电流。所以，这个接地子系统接入保护常用的电气设备（如断路器、保护开关等），一旦发生故障立即切断主电源。

不良的搭接将导致机壳（架）接地电阻过大或者电位不恒定，会对设备的抗干扰性能带来影响。图 3-47 说明滤波器机壳与地搭接不良存在较大接地阻抗时，原本经滤波器滤除的共模干扰信号返回干扰源，却由于滤波器机壳与地之间搭接不良，干扰返回路径不畅，最后使干扰通过最后一级电容进入设备，造成滤波效果下降。图 3-48 说明当底板搭接不良造成较大接触阻抗时，地线中高频成分将在该处形成较大压降，此压降与第一级放大器的输出叠加在一起成为第二级放大器的输入，造成电路工作不稳定。

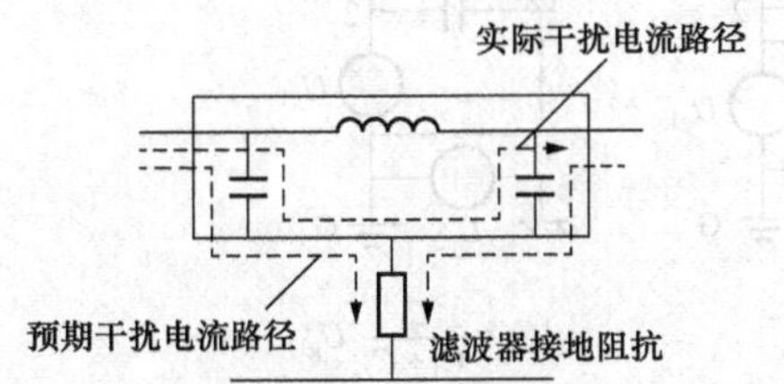

图 3-47 滤波器机壳与地搭接不良的影响

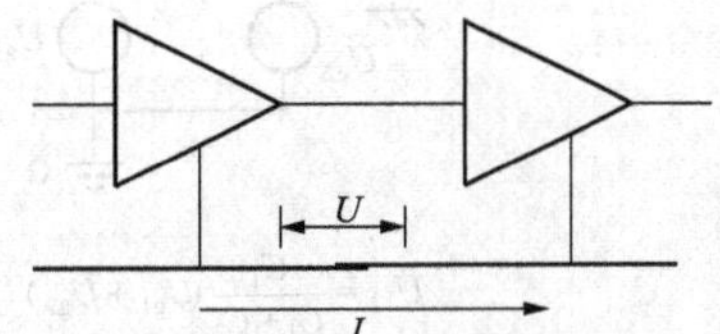

图 3-48 底板搭接不良对电子线路的影响

在设计机壳（架）接地时，注意事项如下：

（1）机壳、机架、控制台、抽斗等都必须可靠地接硬件地，千万不能依赖于可抽动的抽斗、铰链等机械接触的手段接地，否则会造成系统的不稳定。

（2）接地点处必须要采用牢固的紧密接触，如焊接、铜焊、熔焊等，不能靠螺纹连接紧固接触。

（3）不同金属焊在一起时，要防止化学原电池引起的腐蚀效应。

（4）若不得不采用紧固接触，接触表面应涂上稳定的导电涂层。

3.2.4　屏蔽地

实际电路中为了减小电路之间不需要的耦合，在电路周围设置了各种各样的屏蔽体。这些屏蔽体的屏蔽层都必须接地。在设计这些屏蔽层接地方式时必须要注意的是既要保证原屏蔽设计的要求，不降低屏蔽效能，又要保证原接地系统设计的要求，不会因其构成不合理的地回路，这也就是屏蔽地子系统设计的主要任务。

在一个系统中，屏蔽体通常安排在两个部分：①信号输入敏感电路部分，用屏蔽来削弱外界噪声引起的干扰；②输出部分，屏蔽自身产生的干扰噪声电平。

1. 低电平、信号输入部分的屏蔽地设计

（1）低电平、低频信号屏蔽地设计。对于频率低于 1MHz 的低频信号接地系统，通常应当采用单点接地方式。低频信号电缆，通常采用双绞屏蔽线或多芯绞合屏蔽线，屏蔽层的接地根据不同的情况有不同的接法。

1）信号源不接地、放大器接地。不接地的信号源与接地的放大器用屏蔽双芯电缆相连接，如图 3-49（a）所示。电缆的屏蔽层可能分别经 A、B、C、D 四条连线接地。图中 U_s 为输入信号源，C_1、C_2、C_3 分别为信号线之间及信号线与屏蔽层之间的分布电容，U_{g1} 为放

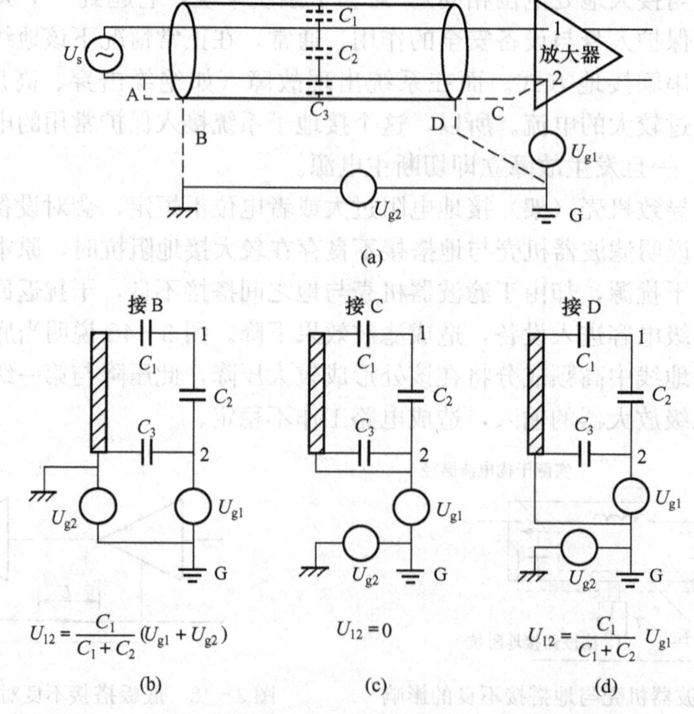

图 3-49　信号源不接地、放大器接地时，屏蔽层接地方法

（a）A、B、C、D 四条连线接地示意；（b）接 B 点等效电路；（c）接 C 点等效电路；（d）接 D 点等效电路

大器的信号地对放大器端大地的共模噪声电压，U_{g2}为信号源处大地电位与放大器地线系统接的大地接地点电位之间的噪声电位差。

显然，接A点最不可取，因为流经屏蔽层的所有干扰电流都会流入一条芯线，再流入接大地点G，产生骚扰电压，而且该骚扰电压与信号电压串联。图3-49（b）、（c）、（d）分别为B、C、D三条连线各自单独连接时的等效电路。由图3-49的等效分析可以看出，接C时放大器输入端不会产生噪声电压，即$U_{12}=0$，为最佳接地方式。

所以在信号源不接地而放大器接地的系统中，连接电缆屏蔽层的接地点应选择在放大器的接地端。

2）信号源接地、放大器不接地。信号源接地、放大器不接地如图3-50（a）所示。与上述分析相同，图3-50中（b）、（c）、（d）分别为A、B、D三条连线各自单独连接时的等效电路。

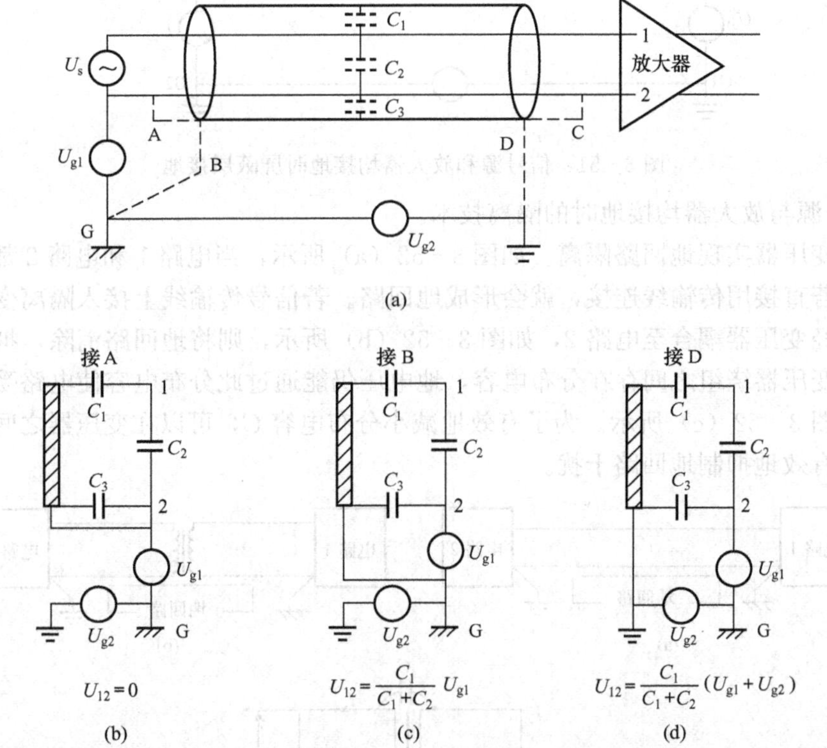

图3-50　信号源接地、放大器不接地时，屏蔽层接地方法

（a）A、B、C、D四条连线接地示意；（b）接A点等效电路；（c）接B点等效电路；（d）接D点等效电路

其中接C点最不可取，因为流经屏蔽层的所有干扰电流都会经一条芯线进入放大器输入端产生骚扰电压，而且该骚扰电压与信号电压串联。由图3-50（b）可见，接A时放大器输入端的噪声电压$U_{12}=0$，为最佳接地方式。

因此在信号源接地而放大器不接地的系统中，连接电缆屏蔽层的接地点应选择在信号源的接地端。

3）信号源、放大器均接地。信号源和放大器均接地时屏蔽层接地如图3-51所示，图中U_{g1}为信号源U_s的接地端0对信号源处大地G1之间的共模噪声电压，U_{g2}为放大器信号地端 2 对放大器处大地 G2 之间的共模噪声电压，U_{g3} 为 G1、G2 两个不同接大地端之间的噪声电位差。从图 3-51 可见，当屏蔽层浮空时，U_{g1}、U_{g2}、U_{g3} 串联在 G1—0—2—G2—G1 中形成地回路噪声电流，它在信号地线 0—2 上产生的压降成为差模噪声电压进入放大器。解决这一问题的方法是将屏蔽层、屏蔽线两端分别与信号源信号地端及放大器信号地端相连，如图 3-51 中虚线所示。通常，屏蔽层的电阻要比信号线 0—2 的电阻小得多，所以由 U_{g1}、U_{g2}、U_{g3} 三个噪声电压产生的地回路电流将主要被屏蔽层分流，从而达到较好的屏蔽接地效果。显然，用这种接法不能彻底抑制噪声，最终的解决办法就是利用隔离技术设法破坏图中由 G1—0—2—G2—G1 构成的地回路。

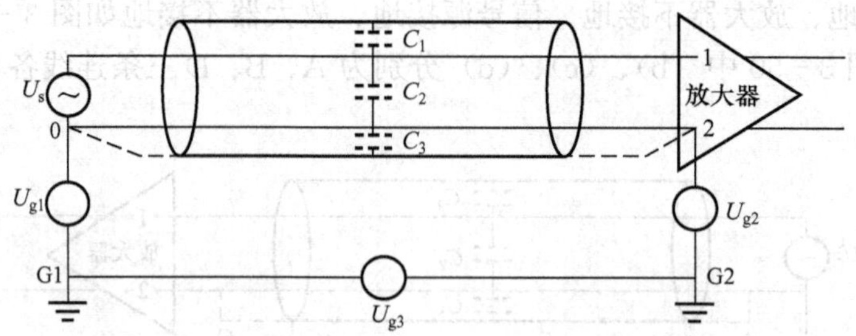

图 3-51　信号源和放大器均接地时屏蔽层接地

4）信号源与放大器均接地时的隔离技术。

①隔离变压器实现地回路隔离。如图 3-52（a）所示，当电路 1 和电路 2 都接在公共接地面上时，若直接用传输线连接，就会形成地回路。若信号传输线上接入隔离变压器，将电路 1 的信号经变压器耦合至电路 2，如图 3-52（b）所示，则将地回路消除，抑制地回路干扰。但是，变压器绕组之间存在分布电容，地电压仍能通过此分布电容使电路受到干扰，其等效回路如图 3-52（c）所示。为了有效地减小分布电容 C，可以在变压器之间加一个电屏蔽，使其更有效地抑制地回路干扰。

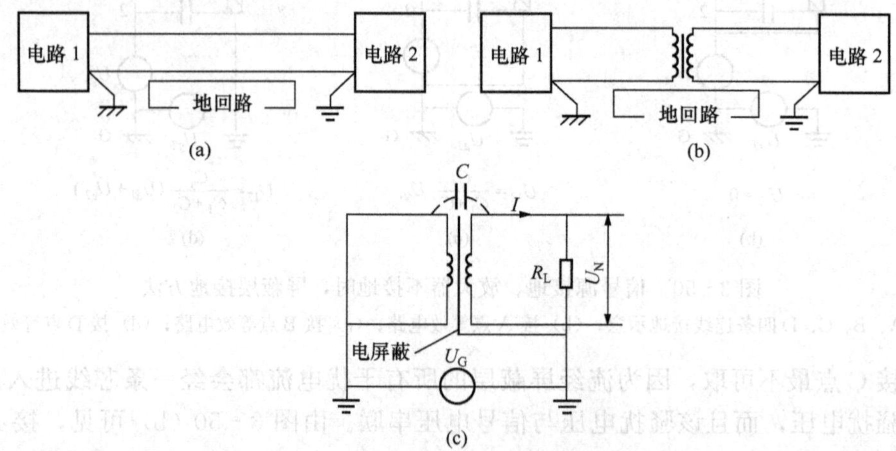

图 3-52　用隔离变压器隔离地回路

（a）地回路；（b）变压器隔离电路；（c）等效电路

采用隔离变压器不能传输直流信号，也不适于传输频率很低的信号。所以隔离变压器对地线中较低频率的干扰具有很好的抑制能力。同时，电路中的信号电流只在变压器绕组连线中流过，因此可以避免对其他电路的干扰。

②平衡变压器实现地回路隔离。当信号源为非电量传感器，传感信号为直流量或频率极低的电量时，可采用如图 3-53 所示的平衡变压器。平衡变压器由两个绕向相同、匝数相同的绕组构成。从图 3-53 可见，信号在流过两个绕组时方向相反，形成差模电流，产生的磁场相互抵消，变压器对信号分量呈现极低的阻抗，并不切断此直流信号回路。而地线中的干扰电流经过两个绕组的方向相同，形成共模噪声，产生的磁场方向同向相加，变压器绕组的电感对共模噪声呈现高阻抗。这样就等效于隔离了信号源和放大器两个接地端形成的地回路。

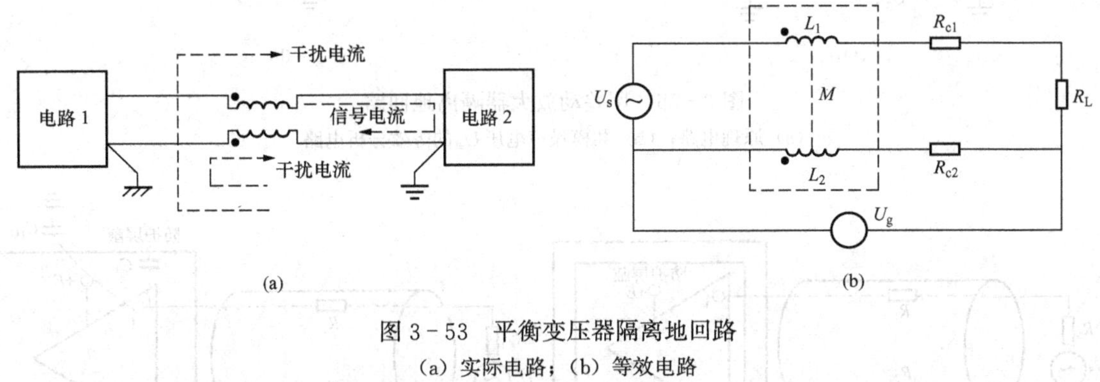

图 3-53 平衡变压器隔离地回路

(a) 实际电路；(b) 等效电路

③光电耦合器实现地回路隔离。基本的光电耦合器是由一个发光二极管通过光与一个晶体管、二极管耦合组成的，并封装在同一管壳中。如图 3-54 所示，因为电路 1 和电路 2 只能通过光实现耦合，所以光电耦合器彻底隔离了两个电路。

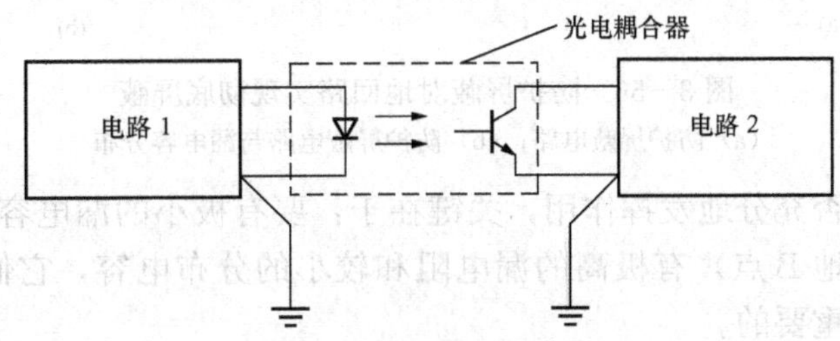

图 3-54 用光电耦合器隔离地回路

④差动放大器实现地回路隔离。用差动放大器实现地回路隔离如图 3-55 (a) 所示。这是一个单端输入、单端输出的差动放大器。它对共模噪声电压 U_g 的等效分析电路如图 3-55 (b) 所示。

该放大器输出端的噪声电压

$$U_N = U_1 - U_2 = \left(\frac{R_{L1} + 2R}{R_{L1} + R_{C1} + R_s + 2R} - \frac{R_{L2} + 2R}{R_{L2} + R_{C2} + 2R}\right)U_g \tag{3-43}$$

通常 $R_{L1}=R_{L2}=R_L$，$R_{C1}=R_{C2}$，$R_s \ll R_L$，所以 $U_N \approx 0$，这样就实现了地回路的隔离。

⑤用防护屏蔽对地回路实现隔离。当信号电平极低，由地电位差引起的共模噪声电平太高，或者各种抑制共模噪声的措施已经采用，希望对共模噪声引起的干扰能得到最大程度的抑制时，可以对放大器采取防护屏蔽的方法，实现对地回路更为彻底的隔离，其原理如图 3-56所示。防护屏蔽与输入屏蔽线的屏蔽层构成输入差动放大器的屏蔽体，屏蔽层的左端

接信号源的接地端A′，右端接防护屏蔽，起到静电屏蔽的作用。

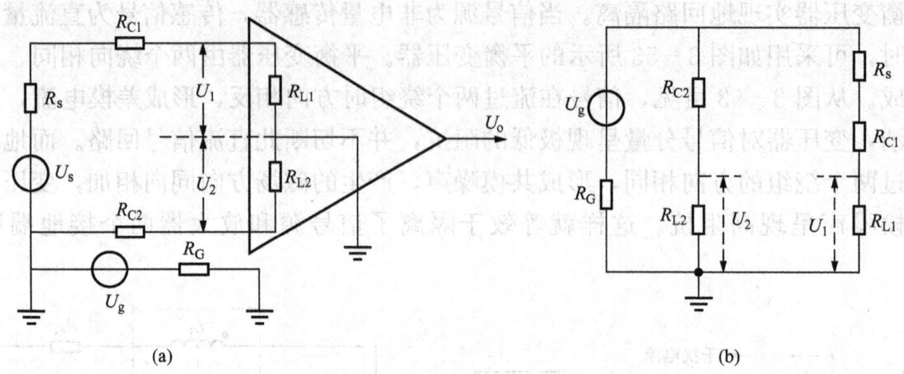

图 3-55 用差动放大器隔离地回路

(a) 原理电路；(b) 共模噪声电压U_g的等效分析电路

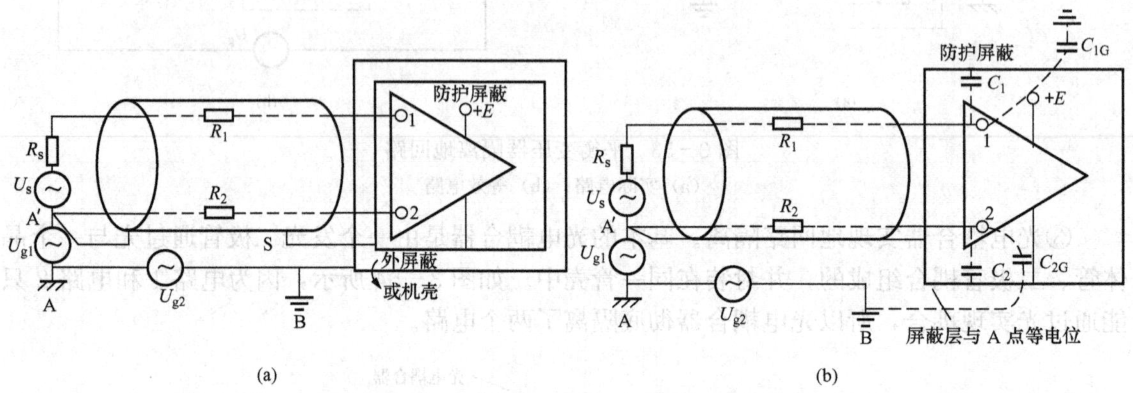

图 3-56 防护屏蔽对地回路实现彻底屏蔽

(a) 防护屏蔽电路；(b) 防护屏蔽电路与漏电容分布

这种防护屏蔽能否充分地发挥作用，关键在于：要有极小的漏电容（C_{1G}和C_{2G}）、防护屏蔽层对机壳（接大地B点）有极高的漏电阻和较小的分布电容，它们对限制屏蔽层中流过的噪声电流是十分重要的。

综上所述，低电平、低频（小于1MHz）信号的屏蔽地子系统可概括为图 3-57 所示的四种情况。

1）当信号源浮空、放大器接地时，输入双芯电缆屏蔽层应仅与放大器的接地点相连，如图 3-57（a）所示。

2）当信号源接地、放大器浮空时，输入双芯电缆屏蔽层应仅与信号源的接地端相连，如图 3-57（b）所示。

3）当信号源和放大器均接地时，输入双芯电缆屏蔽层应在两端分别与信号源的接地点和放大器的接地点相连，如图 3-57（c）所示。

4）当信号源和放大器均接地时，为了进一步抑制由地电位差共模噪声引起的干扰，应用各种隔离技术隔离信号源和放大器的两个接地点，这些技术有隔离变压器、平衡变压器、光耦合器、差动放大器和防护技术等，屏蔽层接地如图 3-57（d）所示。

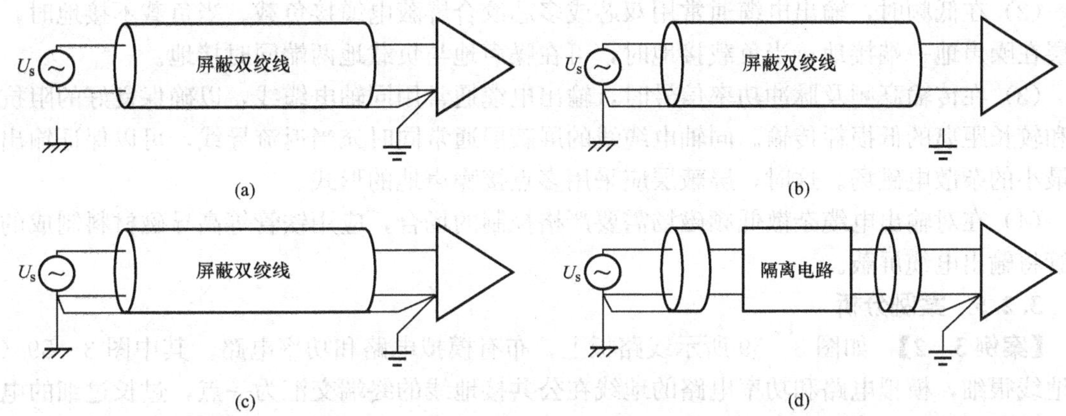

图3-57　低电平、低频（小于1MHz）输入信号屏蔽地子系统

(a) 放大器接地；(b) 信号源接地；(c) 信号源和放大器均接地；(d) 地回路隔离

(2) 低电平、高频信号屏蔽地设计。当频率高于1MHz或者电缆长度超过信号波长的1/10时，常用多点接地方式，以保证屏蔽层上的地电位。从信号或功率传输的角度讲，高频时必须考虑阻抗匹配的问题，否则传输的信号会在负载终端处发生反射，造成波形振荡、严重畸变和加长延迟时间等。因此在传输低电平、高频信号的情况下，常常使用具有固定特性阻抗的同轴电缆线，而不用带双绞芯线的屏蔽线作屏蔽电缆。

由于集肤效应使信号电流沿同轴电缆芯线的外表面，返回电流则集中在同轴电缆屏蔽层的内表面，而干扰源产生的噪声电流只在屏蔽层外表面，因此只要屏蔽层采用多点接地，就可保证外表面处处具有最低电位，从而抑制干扰。一般要求相邻屏蔽接地点之间的距离为0.1λ。在使用同轴电缆线的低电平、高频信号传输电路中，屏蔽地子系统可用图3-58概括。

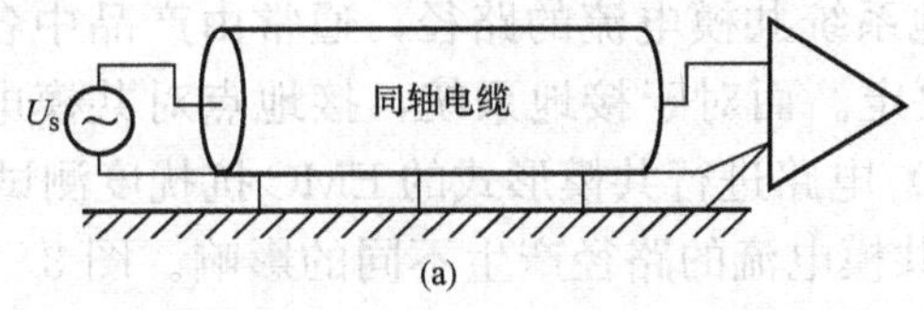

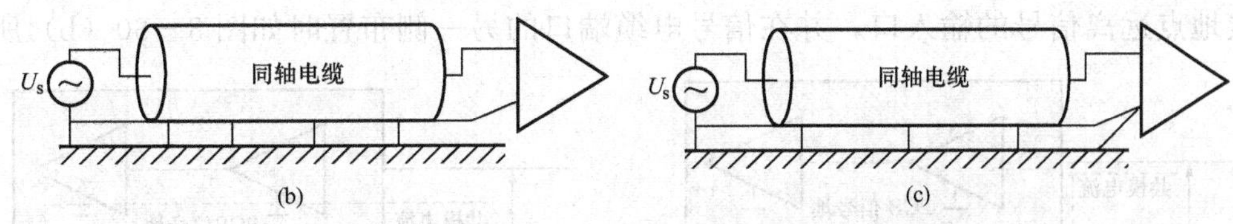

图3-58　低电平、高频输入信号屏蔽地子系统

(a) 放大器接地；(b) 信号源接地；(c) 信号源和放大器均接地

2. 高电平、功率输出部分的屏蔽地设计

高电平、功率输出部分的屏蔽地应采用噪声地。在对设备、系统本身产生的电磁环境污染必须加以严格控制的场合，其高电平、功率输出部分连接到负载端的输出线，也必须采用屏蔽电缆。高电平、功率输出部分的屏蔽地设计原则如下：

(1) 屏蔽体应接噪声地。

（2）在低频时，输出电缆通常用双芯或多芯绞合屏蔽电缆接负载。当负载不接地时，屏蔽层在噪声地一端接地；当负载接地时，可在噪声地与负载地两端同时接地。

（3）在传输高频及脉冲功率信号时，输出电缆通常用同轴电缆线，以确保良好的阻抗匹配和较长距离的低损耗传输。同轴电缆线的屏蔽层通常同时充当返流导线，可以保证输出电缆最小的杂散电磁场。这时，屏蔽层应采用多点接噪声地的形式。

（4）在对输出电缆杂散低频磁场需要严格控制的场合，应用铁管等高导磁材料制成的金属管将输出电缆屏蔽。

3.2.5　案例分析

【案例 3-2】　如图 3-59 所示线路板上，布有模拟电路和功率电路。其中图 3-59（a）中地线很细，模拟电路和功率电路的地线在公共接地线的终端交汇为一点，过长过细的电线使得功率电路的地线电流在公共接地线上产生压降，从而影响模拟电路的工作，地线连接效果最差。图 3-59（b）中模拟电路和功率电路在公共地线的印制电路板的入口处形成单点并联接地，改善了图 3-59（a）接法中带来的公共阻抗干扰问题。图 3-59（c）中将原有公共地线变粗，各电路就近连接公共地，缩短了地线长度，大大降低了地阻抗，减少了功率电路对模拟电路的影响。

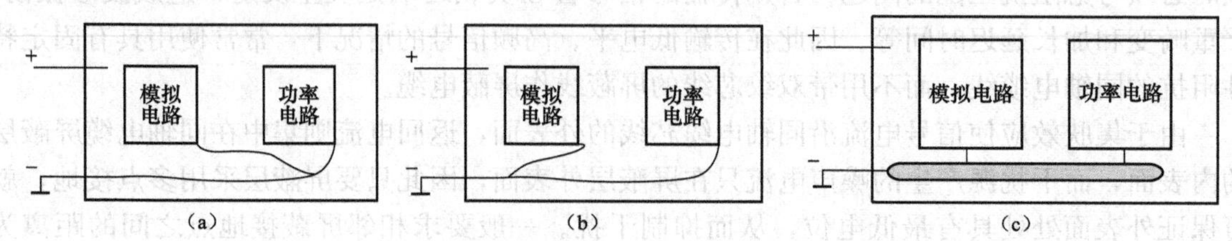

图 3-59　模拟电路与功率电路接地线路

（a）接地方案一；（b）接地方案二；（c）接地方案三

【案例 3-3】　对于浮地系统共模电流的路径，通常由产品中各个部分对地的寄生电容及各部分之间的寄生电容决定。而对于接地系统，接地点对共模电流的路径起着重要的作用。对图 3-60 中（a）、（b）电路进行共模形式的 EMC 抗扰度测试（例如 EFT/B 抗扰度测试），不同的接地点选择对共模电流的路径产生不同的影响。图 3-60（a）中接地点位于靠近信号电缆的输入口，注入信号电缆的共模干扰电流进入信号电缆端口就会流入大地。当电路的接地点远离信号的输入口，并在信号电缆端口的另一侧布置时如图 3-60（b）所示，

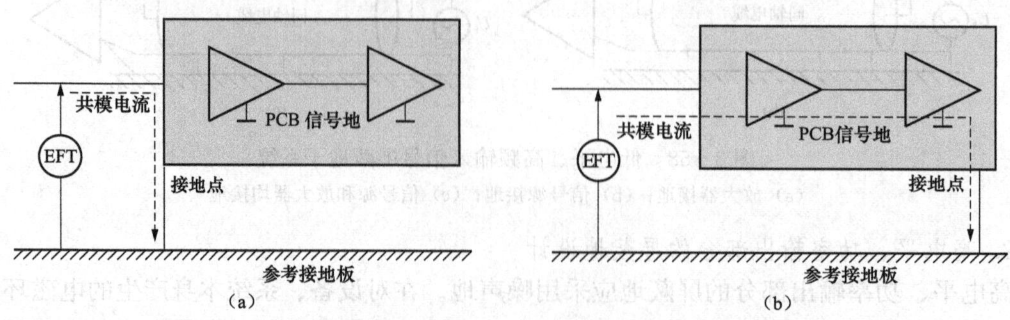

图 3-60　接地点位置对共模电流路径的影响

（a）接地点在信号电缆输入口处；（b）接地点远离信号电缆的输入口

注入信号的共模干扰电流将流经整个 PCB 电路，再经过接地点流入参考接地板（大地），这样 PCB 中电路都会受到共模干扰的影响。

【案例 3-4】 较大型设备机壳接地。

不同类型控制装置和成套设备的组合系统，应根据其所处的电磁、工作环境和它们本身及负载的运行特点，遵照前面讨论的接地原则，设计相应的接地系统。例如：在设计一个电子电气系统时，常常碰到几台独立装置一起运行的情况。有时装置与装置之间、装置与负载之间，可能相距几米甚至几十米。在这种情况下，地线系统的合理设计与连接电缆的设计一样，对系统的安全可靠运行关系极大，对机壳（架）地的设计也要合理。

以图 3-61 为例，说明合理安排设备正确接地的重要性。图 3-61 中两台设备的信号地均采用了并联接地方式，分别引了两条地线，而两台设备的机壳则采用串、并联混合接地方式。如果将设备 2 的信号地错误地直接与其机壳相连［如图 3-61（a）所示］，这是十分有害的。这种接法将给设备 2 带入很大的噪声干扰，因为这时 1-2-3-4-1 会形成一个包含面积很大的地回路，将拾取穿过它的任何电磁场的噪声信号，给设备 2 中的电子电路带来严重的共模干扰。图 3-61（b）为正确接法。

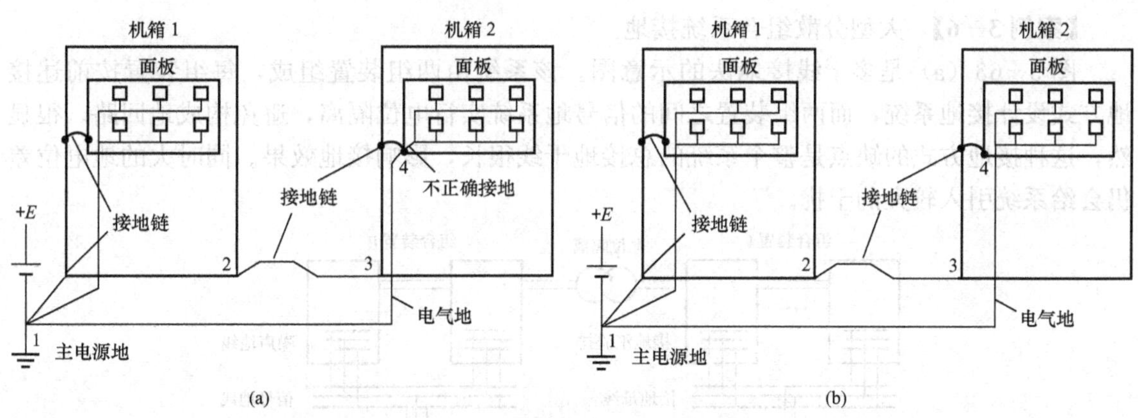

图 3-61　较大型设备机壳接地方式

(a) 不正确接法；(b) 正确接法

【案例 3-5】 集中控制组合装置接地。

集中控制组合装置包括单台大型复杂机械的驱动和控制设备、简单的生产线或者复杂生产线中具有独立功能的生产线的控制设备等。在这类系统中，通常控制设备集中安装在一个控制室中，驱动设备则集中安装在电气室中，受控输出则通过屏蔽电缆线传送给生产现场的电动机或其他功率负载。

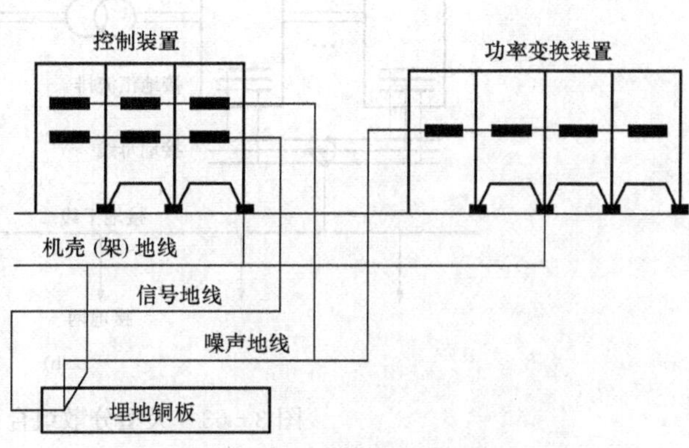

图 3-62　集中控制组合装置接地方式

如图 3-62 所示为机壳（架）地、信号地和噪声地均采用了串、并联混合接地的形式；防雷安全接地没有画出，这是因为通常在这种情况下，厂房本身已采用了一系列的防雷措施，所以没有必要对装置本身再加防雷措施，以降低成本；图 3-62 中机壳（架）地线是装置的安全地，通常又充当保护电路的取样电路，一旦流过的设备漏电流超过预定值，保护电路动作切断主电源。

由图 3-62 可见，在控制装置和功率变换装置中，专门设计了噪声地线，通常供装置中的继电器、接触器、电动机等专用，以免它们造成的瞬态噪声进入控制信号电路造成干扰。控制装置输出到功率变换装置的控制信号线和功率变换装置反馈到控制装置的反馈信号线，均必须采用屏蔽电缆，并与功率变换装置输出电缆和电力电缆尽量远离，其屏蔽层应按前述屏蔽地系统的设计原则接相应接地点。

上述系统的分布范围通常以 15m 为限。而在大型复杂的生产过程自动的生产线上，常常要用到多种装置，如交直流传动装置、加热装置、电磁阀控制站、人机通信装置、现场巡逻检测和监察装置、用于过程控制的可编程序控制器等。有时，上述这样的装置要通过计算机集中监控。这样一个大型系统的分布范围常常远超过 15m，如果用单根信号接地干线或机壳（架）接地干线，其长度会很长，干扰将很大，接地效果很差。这时，就必须按分散的组合系统来设计其地线系统。

【案例 3-6】 大型分散组合系统接地。

图 3-63（a）是多干线接地法的示意图。该系统由两组装置组成，每组装置按前述接地方式设计接地系统，而两组装置之间的信号地系统实行电位隔离，避免构成地回路。很显然，这种接地方式的缺点是整个系统的总接地干线很长，影响接地效果。同时大的地电位差仍会给系统引入较大的干扰。

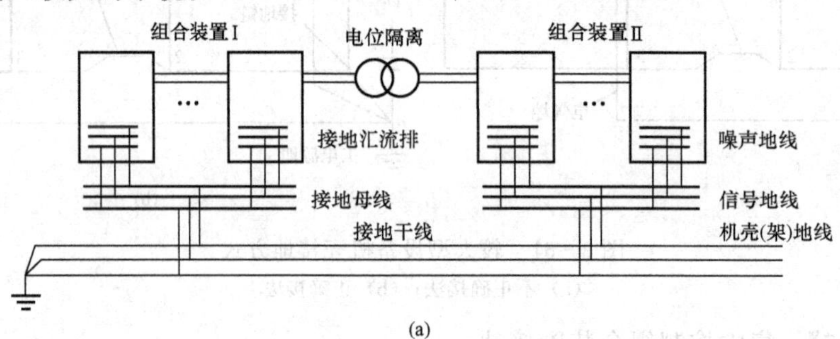

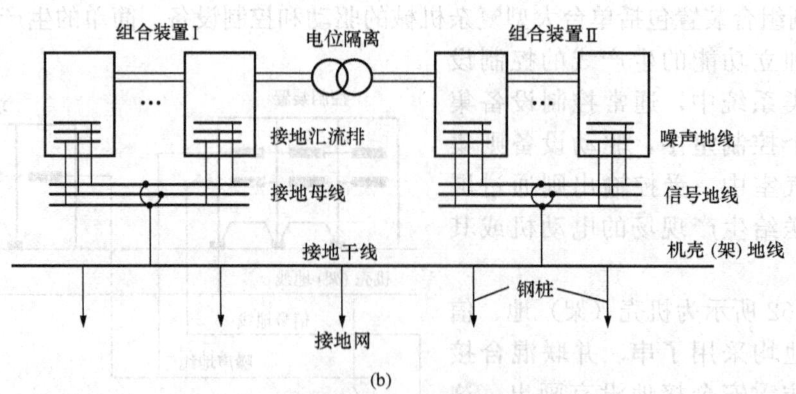

图 3-63 大型分散组合系统接地方式示意

（a）多干线接地法；（b）地网等电位式接法

图3-63（b）是地网等电位式接法的示意图。这种接法基于地平面及地栅网，具有优良接地性能，利用厂房的钢结构和钢地桩，用地网连接线将它们连接成一个类似于地栅网的接地网，保持了极低的地阻抗，然后各组装置则就近与接地网相连。这种接地方式无疑是较好的接地方案，但是，这种方案必须在厂房设计时就要全面考虑好，费用也较高。

无论在集中控制的组合装置中，还是在分散组合系统中，都常常要用到计算机集中监控设备，它通常安装在一个独立的计算机监控室中，所以它本身就是一个独立的组合装置。为了保证计算机系统具有很强的抗干扰功能，保证装置稳定可靠地工作，计算机集中监控系统必须配置专用的计算机接地系统，不允许与其他装置的接地系统相连，并且保持足够远的距离。而计算机和其他装置间的信号传送必须经过信号隔离和良好的屏蔽。

思考与练习

1. 单点接地和多点接地的适用条件是什么？
2. 同轴电缆屏蔽层接地时产生地回路的原因是什么？可以采取哪些措施阻断地回路？

3.3 滤　　波

电磁干扰以电磁波辐射方式从空间传播，或者以电流传导方式沿导体传播。屏蔽可以防护辐射性的电磁干扰，而滤波则可抑制传导性干扰，两种防护技术相互结合、互补使用，阻断电磁能量传播的所有途径来保证电气设备的电磁兼容性。

滤波是压缩信号回路骚扰频谱的一种方法，当骚扰频谱成分不同于有用信号的频带时，可以用滤波器将无用的骚扰波滤除。然而完全消除沿导线传出或传进设备的骚扰通常是不可能的。滤波的目的是将这些骚扰减小到一定的程度，使传出设备的骚扰不至于超过给定的范围，使传入设备的骚扰不至于引起设备的误动作。

滤波器有多种划分方法，按滤波器在电路中所处的位置和作用划分，可分为信号滤波、电源滤波、EMI滤波、电源去耦滤波和谐波滤波等；按滤波器电路中是否包含有源器件来划分，可分为无源滤波和有源滤波；按滤波器的频率特性划分，可分为高通、低通、带通、带阻滤波等；按滤波器的能量损耗特性划分，又可分为反射滤波器和损耗滤波器等。

电磁干扰滤波器与信号滤波器的基本原理相同。通信及信号处理中所讨论的信号滤波器在设计和应用时主要考虑对所选择信号的幅度和相位影响最小，属于信号选择滤波器。相比信号滤波器，电磁干扰滤波器又具有以下特点：

（1）电磁干扰滤波器往往在阻抗失配的条件下工作，电磁骚扰源的频率阻抗特性变化范围很宽，其阻值通常是在整个频段的函数。由于经济和技术上的原因，不可能设计出全频段阻抗匹配的电磁干扰滤波器。普通信号滤波器工作在特定阻抗条件，是针对特定阻抗如50Ω设计的。

（2）骚扰源的电平变化幅度大，有可能使电磁干扰滤波器出现饱和现象。

（3）电磁骚扰源的频带范围很宽，从赫兹（Hz）至吉赫兹（GHz），且高频特性非常复杂，很难用集总参数电路来模拟滤波电路的高频特性。

（4）工作频带内必须具有较高的可靠性。由于骚扰源工作范围宽，具有大电流脉冲，所以必须选择具有良好性能的滤波元件。同时滤波器的布局、滤波器与设备的连接都不能引入附加的电磁干扰。

3.3.1 滤波器的主要特性

在电路中滤波器一般串接在信号源与接收电路之间，为便于分析可以将其等效成一个四端网络，如图 3-64 所示。

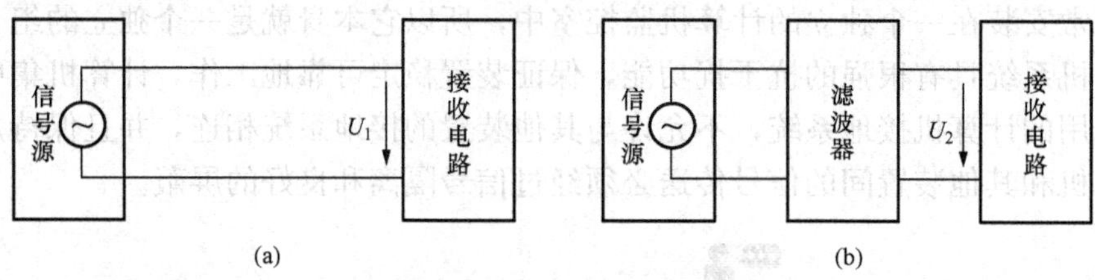

图 3-64 滤波器连接示意图

（a）信号电路；（b）滤波器连接电路

滤波器最主要的特征参数有额定电压、额定电流、频率特性、插入损耗、工作环境条件、输入/输出阻抗、功率损耗、可靠性、质量体积等。

1. 额定电压

是指输入滤波器的最高允许电压值。若输入滤波器的电压过高，则会使滤波器内部元件损坏。

2. 额定电流

是指在额定电压和规定环境温度条件下，滤波器所允许的最大连续工作电流。一般使用温度越高其允许的工作电流越小。同时，工作电流还与频率有关，工作频率越高，其允许工作电流也越小。

3. 频率特性

滤波器的频率特性是描述其选择或对干扰抑制功能的参数，通常用中心频率 f_o、截止频率 f_c 以及上升和下降斜率表示。根据频率特性，可把滤波器分为低通滤波器、高通滤波器、带通滤波器和带阻滤波器四种。

4. 输入/输出阻抗

从信号源到滤波器输入的阻抗称为输入阻抗，滤波器输出到接收电路的阻抗称为输出阻抗。输入阻抗、输出阻抗直接影响滤波器的插入损耗特性。在设计、选用、测试滤波器时，阻抗特性是一个重要的技术指标。使用 EMI 滤波器时，应遵循输入、输出端最大限度失配的原则，以求获得最佳抑制效果。相反地，信号选择滤波器需要考虑阻抗匹配，以防止信号衰减。

5. 插入损耗

插入损耗是衡量滤波器性能好坏的主要指标。它是滤波器插入信号通道后的信号（电压或电流）电平比没有滤波器的信号电平的降低值。当电路未接滤波器时，信号源在接收电路输入端电压为 U_1，接入滤波器后在接收电路输入端电压为 U_2。如果信号源的输出阻抗等于接收电路的输入阻抗时，插入损耗定义为

$$IL = 20\lg \frac{U_1}{U_2}(\text{dB}) \tag{3-44}$$

3.3.2 反射式滤波器

反射式滤波器由电抗元件（如电感器、电容器）组成无源网络。理想情况下，电感器和

电容器视为无耗元件，因此反射式滤波器称为无损滤波器。反射式滤波器的原理是在电磁信号传输路径上形成很大的特性阻抗不连续，将不需要的频率成分的能量反射回信号源或者骚扰源，而让需要的频率成分的能量通过滤波器施加于负载，以达到选择信号和抑制干扰的目的。滤波器的阻抗特性如图 3 - 65 所示。

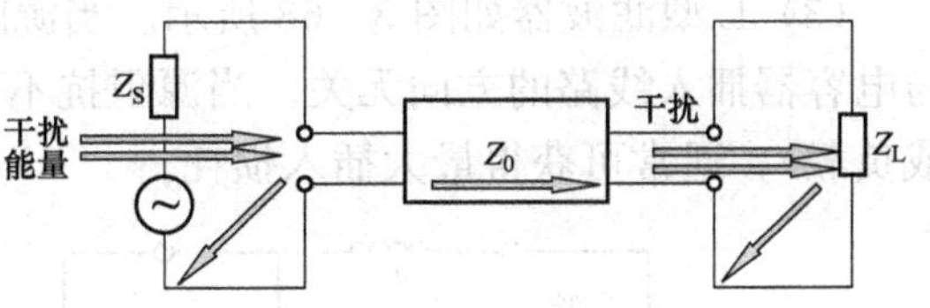

图 3 - 65　滤波器的阻抗特性

源端反射系数　$$\Gamma_S = (Z_S \cdot Z_0)/(Z_S + Z_0) \tag{3-45}$$

终端反射系数　$$\Gamma_L = (Z_L \cdot Z_0)/(Z_L + Z_0) \tag{3-46}$$

对有用信号而言，当 $Z_S = Z_0$，$Z_L = Z_0$ 时，输入端和负载端反射系数为零，能量可以无衰减地进入输入网络和负载。

对骚扰信号而言，当 $Z_S \neq Z_0$，$Z_L \neq Z_0$ 时，输入端和负载端反射系数不为零，而且当两者相差较大，反射系数接近 1 时，骚扰能量几乎被全部反射回源端和网络。

利用电感器与电容器构成的反射式滤波器在通带内提供低的串联阻抗和高的并联阻抗，而在阻带内提供高的串联阻抗和低的并联阻抗，即对骚扰电流建立一个高的串联阻抗和低的并联阻抗，通过阻抗失配将骚扰反射回入射端。

1. 低通滤波器

低通滤波器是电磁兼容工程中使用最多的一种滤波器，主要用来抑制高频传导电磁骚扰。低通滤波器的种类很多，按其电路结构，常见形式有并联电容滤波器（shunt capacitor filter）、串联电感滤波器（series inductor filter）、L 型滤波器（L - section filter）、Π 型滤波器（Π- section filter）、T 型滤波器（T - section filter）等。

(1) 并联电容滤波器是最简单的低通 EMI 滤波器，通常连接于携带干扰的导线与回路地线之间，它用来旁路高频能量，流通期望的低频能量或者信号电流，结构如图 3 - 66 所示。当源阻抗与负载阻抗相等时插入损耗为

$$IL = 10\lg[1 + (\pi f RC)^2](\mathrm{dB}) \tag{3-47}$$

式中　f——频率；

R——激励源电阻或者负载电阻；

C——滤波器电容。

(2) 串联电感滤波器是低通滤波器的另一种简单形式，在其电路构成上，电感器与携带干扰的导线串联连接，如图 3 - 67 所示，当源阻抗与负载阻抗相等时，其插入的损耗为

$$IL = 10\lg\left[1 + \left(\frac{\pi f L}{R}\right)^2\right](\mathrm{dB}) \tag{3-48}$$

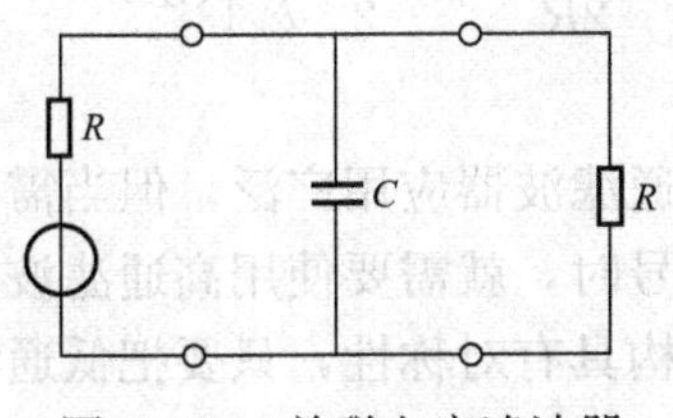

图 3 - 66　并联电容滤波器

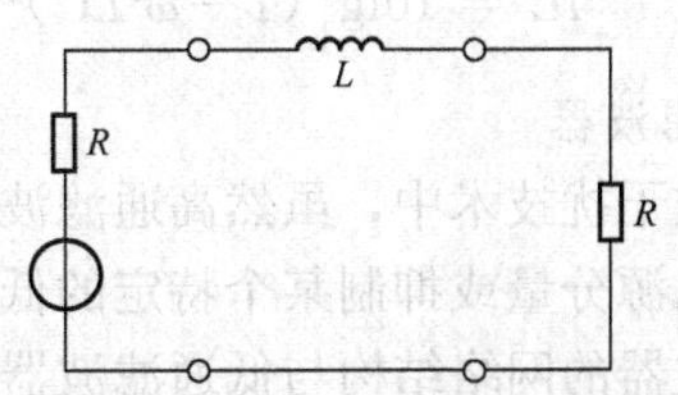

图 3 - 67　串联电感滤波器

（3）L型滤波器如图3-68所示。当源阻抗与负载阻抗相等时，L型滤波器的插入损耗与电容器插入线路的方向无关。当源阻抗不等于负载阻抗时，将电容并接于更高的阻抗（源或负载），通常可获得最大插入损耗。

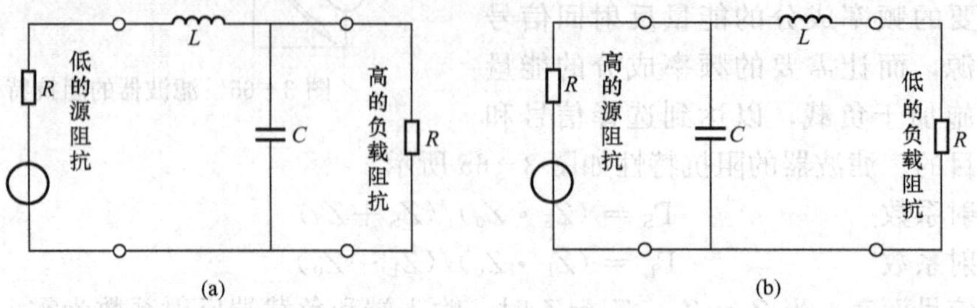

图3-68 L型滤波器

(a) 用于低源阻抗和高负载阻抗的L型滤波器；(b) 用于高源阻抗和低负载阻抗的L型滤波器

当源阻抗和负载阻抗相等均为R时，对于L型滤波器的插入损耗为

$$IL = 10\lg\left\{\frac{1}{4}\left[(2-\omega^2 LC)^2 + \left(\omega CR + \frac{\omega L}{R}\right)^2\right]\right\}(\text{dB}) \qquad (3-49)$$

（4）Ⅱ型滤波器如图3-69所示，是实际中使用最普遍的形式。它具有容易制造、带宽宽、插入损耗高和体积适中等优势。但它对抑制瞬态干扰不是十分有效。当源阻抗与负载阻抗相等时，Ⅱ型滤波器的插入损耗为

$$IL = 10\lg\left[(1-\omega^2 LC)^2 + \left(\frac{\omega L}{2R} - \frac{\omega^2 LC^2 R}{2} + \omega CR\right)^2\right](\text{dB}) \qquad (3-50)$$

采用金属壳体屏蔽滤波器能够改善Ⅱ型滤波器的高频性能。对于非常低的频率，使用Ⅱ型滤波器可提供高衰减，如屏蔽室的电源滤波等。

（5）T型滤波器如图3-70所示。T型滤波器能够有效地抑制瞬态干扰，主要缺点是需要两个电感器，使滤波器的总尺寸增加。

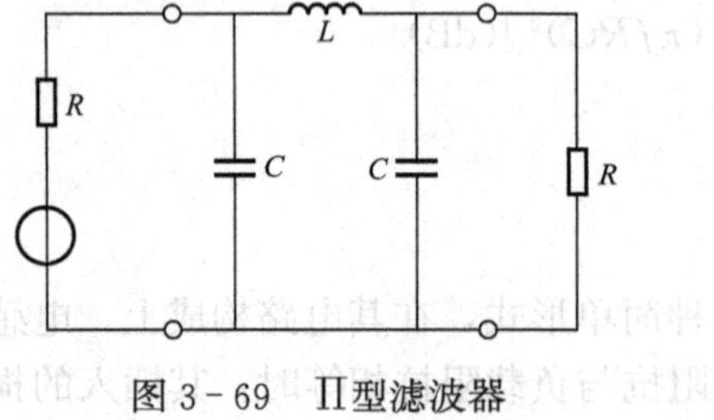

图3-69 Ⅱ型滤波器

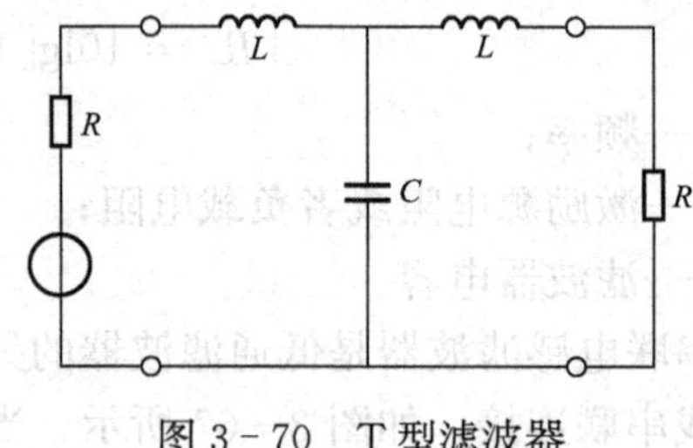

图3-70 T型滤波器

T型滤波器的插入损耗为

$$IL = 10\lg\left[(1-\omega^2 LC)^2 + \left(\frac{\omega L}{R} - \frac{\omega^2 L^2 C}{2R} + \frac{\omega CR}{2}\right)^2\right](\text{dB}) \qquad (3-51)$$

2. 高通滤波器

在抗电磁干扰技术中，虽然高通滤波器不如低通滤波器应用广泛，但当需要从信号通道上滤除交流电源分量或抑制某个特定的低频外来信号时，就需要使用高通滤波器。

高通滤波器的网络结构与低通滤波器的网络结构具有对称性，只要把低通滤波器相应位置上的电感器换成电容器（此电容器的电容值等于电感器的电感值的倒数），把电容器换成

电感器（此电感器的电感值等于电容器的电容值的倒数），低通滤波器就转换成高通滤波器。即把每个电感 L（H）转换成数值为 $1/L$（H）的电容，把每个电容 C（F）转换成 $1/C$（F）的电感。这一过程可用图 3－71 表示，其中

$$C_{\mathrm{H}} = \frac{1}{L_{\mathrm{L}}},\ L_{\mathrm{H}} = \frac{1}{C_{\mathrm{L}}} \tag{3-52}$$

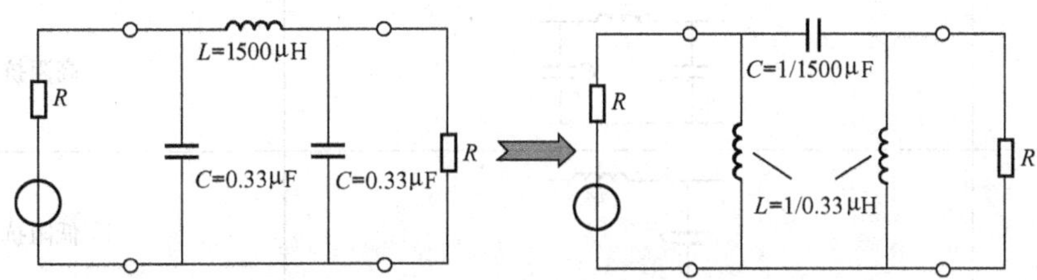

图 3－71　低通滤波器向高通滤波器的转换

3. 带通滤波器与带阻滤波器

带通滤波器是指作用于对特定窄频带外的能量进行衰减的一种滤波器。一般带通滤波器采用 LC 串联谐振电路和 LC 并联谐振电路综合构成，如图 3－72 所示，其中串并联参数 L、C 均由带通滤波器中心频率决定。

带阻滤波器正好和带通滤波器相似，利用 LC 谐振特性，由 LC 串联电路和 LC 并联电路组成，如图 3－73 所示。由图 3－72 和图 3－73 可见，带阻滤波器和带通滤波器的结构具有对称性，即 LC 串联支路与 LC 并联支路调换位置。

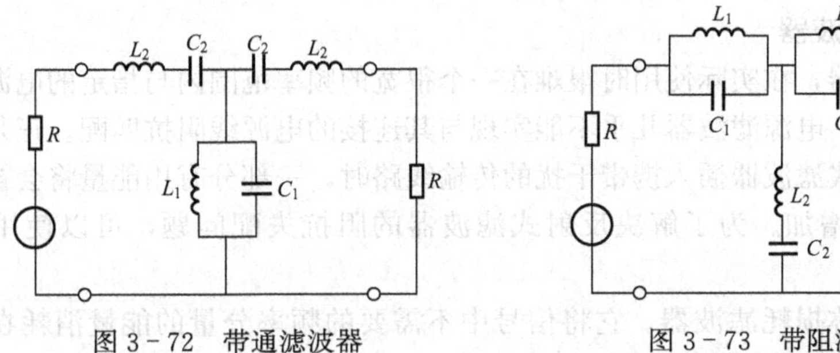

图 3－72　带通滤波器　　图 3－73　带阻滤波器

4. 低通滤波器的阻抗搭配

反射式滤波器滤波效果不仅与其结构有关，还与滤波器的源阻抗和负载阻抗有关。对干扰信号而言，当电磁波传输路径中特性阻抗不连续，滤波器两端阻抗都处于失配状态时，端口反射系数越大，干扰信号产生的反射越强。滤波器对干扰信号的衰减等于滤波器的固有插入损耗加上反射损耗。在滤波器电路设计时先分析滤波器的网络结构和接入电路的等效阻抗，遵循输入端、输出端最大限度失配的原则，来提高干扰信号的抑制效果。

对于低通滤波器可以参考表 3－3 的阻抗搭配方法进行连接。当源阻抗和负载阻抗都比较小时，应选用 T 型或者串联电感型滤波器；当源阻抗和负载阻抗都比较大时，应选用Ⅱ型滤波器或者并联电容滤波器；当源阻抗低，负载阻抗高时选用 LC 的 L 型滤波器；当源阻抗高而负载阻抗小时，选用 CL 的 L 型滤波器。电感总是对应低阻抗，电容总是对应高阻抗。

表 3-3　　低通滤波器的阻抗搭配

源阻抗	滤波器类型	负载阻抗（干扰对象）
低阻抗	L L C	低阻抗
高阻抗	L C C	高阻抗
高阻抗	L C	低阻抗
低阻抗	L C	高阻抗

在实际使用中，源阻抗与负载阻都很复杂很难估算，特别是在高频时，由于电路的分布参数的影响，电路的阻抗变化很大。电路阻抗还与电路的工作状态有关，不同的频率电路阻抗也不同。另外，滤波器的一端或者两端的电抗元件可能会产生谐振，使某些频率点的插入损耗变成插入增益，此时不但不能滤除噪声，反而会将噪声放大。因此使用何种滤波器还要依靠实验结果确定。

3.3.3　吸收式滤波器

对于反射式滤波器，在实际使用时很难在一个很宽的频率范围内与指定的电源阻抗、负载阻抗相匹配。例如：电源滤波器几乎不能实现与其连接的电源线阻抗匹配。正是由于这种失配，当把一个反射式滤波器插入携带干扰的传输线路时，一部分有用能量将会被反射回信号源，从而导致干扰增加。为了解决反射式滤波器的阻抗失配问题，可以使用吸收式滤波器。

吸收式滤波器又称损耗滤波器。它将信号中不需要的频率分量的能量消耗在滤波器中（或被滤波器吸收），而允许需要的频率分量通过，来达到抑制干扰的目的。

吸收式滤波器一般做成介质传输线形式，所用的介质材料可以是铁氧体材料或者其他损耗材料。铁氧体在交变磁场的作用下，会像其他磁性材料一样产生涡流损耗、磁滞损耗和剩磁损耗。这类损耗随着磁场频率的升高而增加，增加的速率与铁氧体材料的配方有关。吸收式滤波器正是利用这一特性来消耗不希望传输的干扰信号。铁氧体能够提供足够高的高频阻抗来减小高频电流，铁氧体芯的阻抗依赖于频率，频率低于 1MHz 时，其阻抗最低，对于不同的铁氧体材料，最高阻抗出现在 10～500MHz。图 3-74 为两个铁氧体管制成的吸收式滤波器的插入损耗特性。两

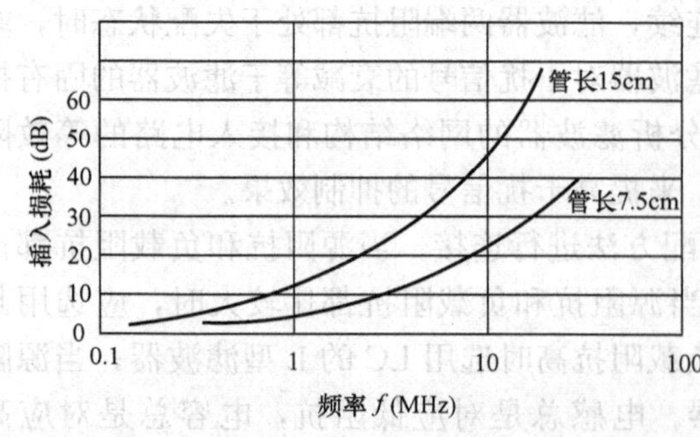

图 3-74　铁氧体管的插入损耗与频率的关系

管的外径均为 1.5cm，内径均为 0.95cm，一个长度为 7.5cm，另一个长度为 15cm。滤波器的截止频率与管长成反比，而插入损耗与管长成正比。

1. 电缆滤波器

铁氧体做的损耗滤波器具有低通滤波特性，将铁氧体材料填充到电缆中就可以制成电缆滤波器。它将具有一定磁导率和电导率的柔软性铁氧体磁心包在载流线上，然后在磁心上再绕一层导线，用来增加正常的集肤效应，提高对高频的吸收作用。外面再加上一层高压绝缘，就构成了电缆滤波器，如图 3－75 所示。

电缆滤波器的特点是体积小，具有理想的高频衰减特性，只需较短的一段有耗同轴电缆就可以获得预期的滤波效果。

2. 滤波连接器

将铁氧体直接组装到电缆连接器就可以构成滤波连接器，如图 3－76 所示。它在 100MHz～10GHz 的范围内可获得 60dB 以上的衰减，耐压达 500V。

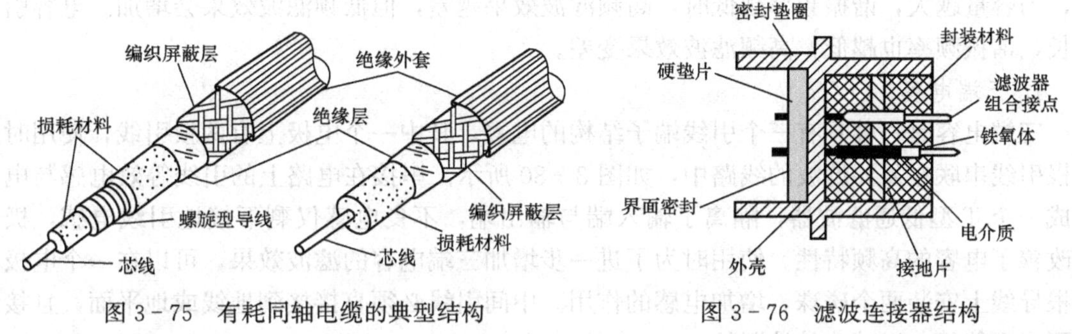

图 3－75　有耗同轴电缆的典型结构　　图 3－76　滤波连接器结构

3. 铁氧体磁环

在载有干扰的导线上加套管状铁氧体磁环使导线中不需要的高频干扰得以抑制，是一种既简便又经济的方法。导线穿过管状铁氧体磁环如图 3－77 所示。铁氧体材料制成环状磁心与从中穿过的导线构成有损电感，等效电路如图 3－78 所示。在磁环附近的一段导线具有单匝扼流圈的特性，低频时主要取决于感抗，高频时阻抗为主要成分，阻抗并将随着线上电流频率的升高而加大。因此在一个宽的高频带内，具有适中的高阻抗，以抑制高频电流的通过。因此，用铁氧体磁环可以构成低通滤波器。

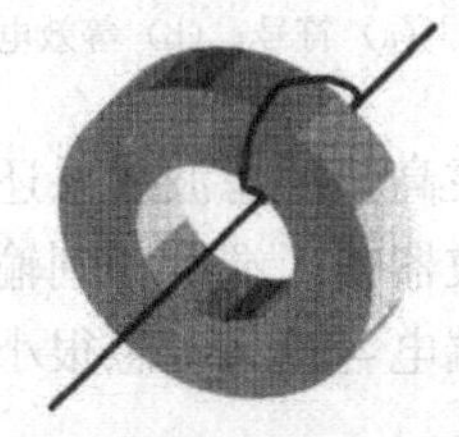

图 3－77　导线穿过管状铁氧体磁环

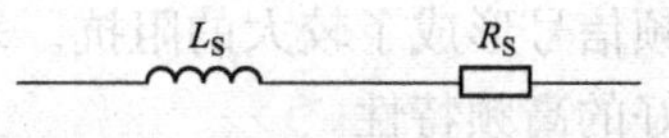

图 3－78　铁氧体磁环等效电路

加长磁环或者将几个磁环同时穿入导线，则这段导线的等效电感值和电阻值将随着环长度的增加而增大。如果将导线绕上几圈穿过磁环，则总电感和总电阻值将随着圈数的平方而增大。但是，圈数增加，由于匝间分布电容的存在和增加，将会导致高频抑制作用随之下降，所以多匝线圈的应用只在相对低的频率上最有效。对不同场合，选择不同形状的磁心材料，如珠形、环形、多孔形、扁平夹条形、表面贴装型等，且磁心尺寸要与导线直径相配合。

铁氧体磁环最适合于用来吸收有开关瞬态或者电路中的寄生响应所产生的高频振荡，也可以用来抑制输入、输出的高频骚扰。当所抑制的信号频率超过 1MHz 时，抑制效果相当明显。当在有直流电流通过的电路上使用铁氧体磁环时，必须保证通过的电流不会使铁氧体材料达到磁饱和，此时必须增大磁心截面及选择具有高饱和值的材料，或在铁氧体磁环的两个半环之间留有一定气隙。

3.3.4 滤波电容器

低通滤波器中利用电容的阻抗特性随频率升高而减小的特性将高频干扰信号旁路，高频阻抗越小，滤波效果越好。但在实际滤波器应用中电容器本身都有引线电感，电容的引线越长，电感越大。电容与电感形成串联结构，因此存在串联谐振点，谐振频率 f_C 为 $1/[2\pi(LC)^{1/2}]$。电容的阻抗特性如图 3－79 所示。滤波器在谐振点处阻抗最小，旁路效果最好，过了谐振点滤波器阻抗随着频率升高，旁路效果变差。在使用电容作为滤波器时应当注意，当容量越大，谐振频率越低时，高频滤波效果越差，但低频滤波效果会增加。电容引线越长，谐振频率也越低，高频滤波效果变差。

1. 三端电容

三端电容是一种具有三个引线端子结构的电容，其中一个电极上有两根引线，使用时这两根引线串联在需要滤波的线路中，如图 3－80 所示。串接在电路上的引线等效电感与电容构成一个 T 型低通滤波器，隔离了输入端与输出端，不良电感仅剩下接地引线电感，极大地改善了电容的高频特性。使用时为了进一步增加三端电容的滤波效果，可以在一个电极的两根导线上安装两个磁珠，增加电感的作用。中间引线必须直接接到地线或地平面，且接地线要尽可能短，以减小接地阻抗。

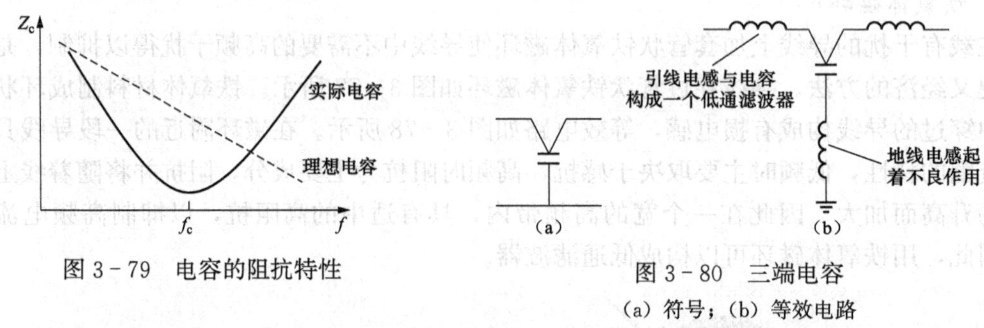

图 3－79 电容的阻抗特性

图 3－80 三端电容

(a) 符号；(b) 等效电路

三端电容比普通电容在滤波效果上有所改善，但在高频的滤波效果还是会受到两根引线之间的分布电容的影响，分布电容会将高频信号从滤波器输入端耦合到输出端，另外接地引线电感对高频信号形成了较大的阻抗。表面贴装的三端电容接地电感很小，相比引线式三端电容具有更好的高频特性。

2. 穿芯电容器

穿芯电容器（见图 3－81）由金属薄膜卷绕而成，其中一个端片和中心导电杆焊在一起，另一端片与电容器外壳焊在一起作为接地端。穿芯电容器是一种短引线电容器，外壳与金属板之间在 360°范围内连接，这种特殊结构使其连接电感非常小，自谐振频率可达 1GHz 以上。另外，金属板可以起到滤波器输入端和输出端的作用，避免高频耦合，因此穿芯电容有很好的高频特性，可以用于高频滤波。

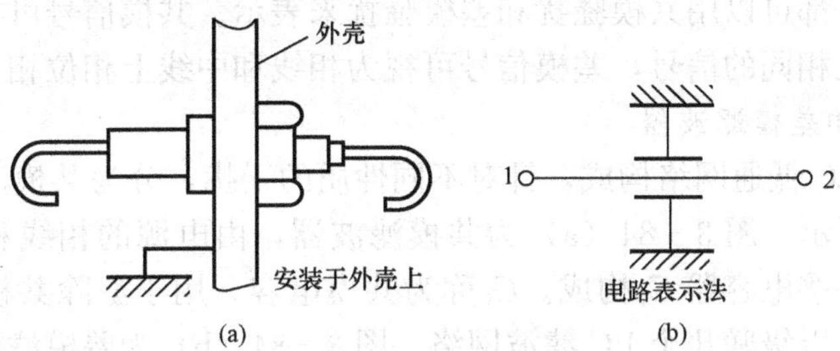

图 3-81　穿芯电容器

(a) 实物连接；(b) 等效电路

穿芯电容器通常安装在用电设备的外壳上，并且将外壳极与接地的金属外壳连接；另一个导电杆串联在导线上，使电容器形成对干扰信号的旁路作用。穿芯电容器和磁环结合构成的高频滤波电路常用于抑制电源中的共模高频干扰，如电动机的电源控制线中，由于电动机电刷滑动接触发出的高频辐射和传导干扰，通过电源线向电源传送，或以公共电源耦合方式向其他电路传导。为防止辐射干扰，应该采用金属屏蔽层将电动机罩起来，然后用穿芯电容器连接电源控制线，并在线上加磁环，这样可以有效地抑制辐射和传导干扰。图 3-82 为铁氧体环与穿芯电容器的组合应用。

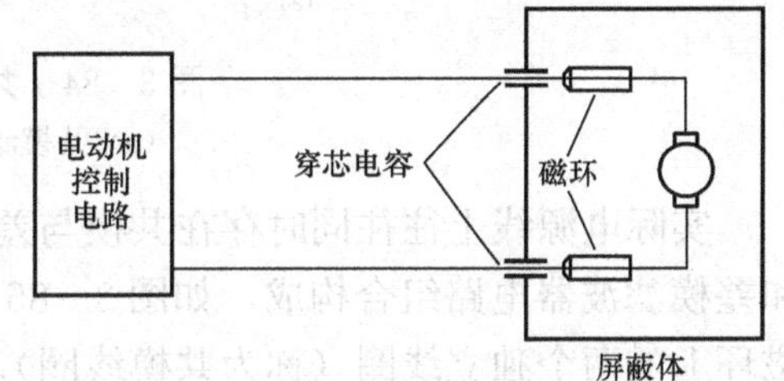

图 3-82　铁氧体环与穿芯电容器的组合应用

3.3.5　电源滤波器

每台电子设备都需要电源供电，有的是由电网提供交流电源，有的是供给直流电压。然而电源线的长度足以达到射频信号波长的 1/4，构成了射频信号的有效被动天线。此外，电网内各种设备的开、关和运行中形成的干扰也可以通过电源线传导给负载设备。通常，抑制电源线的干扰主要且有效的方法是采用电源线滤波器。

电源线滤波器（power line filter）又称为电源滤波器、电源噪声滤波器和在线滤波器等。电源线滤波器实际上是一种低通滤波器，它毫无衰减地把直流、50、60、400Hz 等直流或者低频电源功率传送到用电设备，却显著地衰减经电源线传入的骚扰信号，保护用电设备免受其害，同时又能大大抑制用电设备本身产生的传导骚扰信号，防止其进入电源危害其他设备。

1. 共模干扰和差模干扰

电源线中的干扰包含共模干扰和差模干扰两种，其中又分为共模电流/电压干扰、差模电流/电压干扰。共模干扰（common-mode interference）定义为任意载流导体与参考地之间的不希望有的信号。差模干扰（differential-mode inerference）为任何两个载流导体之间的不希望有的信号。例如，图 3-83 所示三根导线，将相线与地线之间的电压 U_{PG} 和中线与地线之间的电压 U_{NG} 称为共模干扰；相线与中线间的电压 U_{PN} 称为差模干扰。经相线和中线的共模干

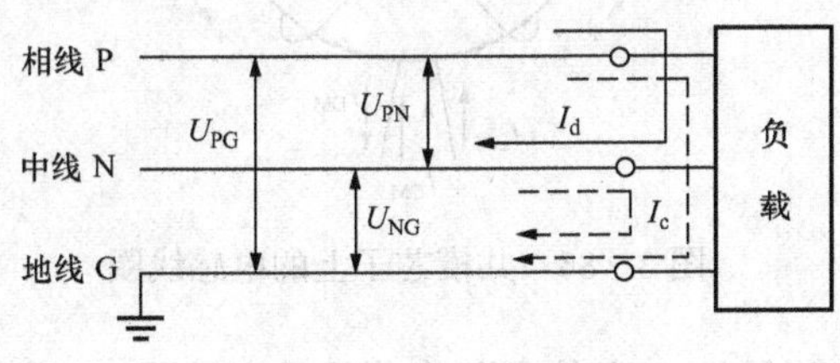

图 3-83　共模干扰和差模干扰

扰电流 I_c经地线离开负载返回，经相线的差模干扰电流 I_d经中线离开负载返回。任何电源系统中的传导骚扰，都可以用共模骚扰和差模骚扰来表示。共模信号可视为相线和中线上传输的大小相等、相位相同的信号，差模信号可视为相线和中线上相位相差 180°的干扰信号。

2. 共模滤波器和差模滤波器

电源滤波器由 LC 低通网络构成，针对不同性质的干扰，分为共模滤波网络和差模滤波网络，如图 3－84 所示。图 3－84（a）为共模滤波器，由电源的相线和中线上分别串接电感，再分别对地线并接电容器 C_y构成。C_y称为共模电容，用于滤除共模干扰信号。为实现理想的频率特性，可以级联几个 LC 滤波网络。图 3－84（b）为差模滤波器，由电源的相线和中线之间跨接差模电容 C_x，同时在相线和中线中分别串接电感 L 构成。其中电感对差模干扰产生衰减，并联电容 C_x旁路差模干扰电流并防止它们到达负载。

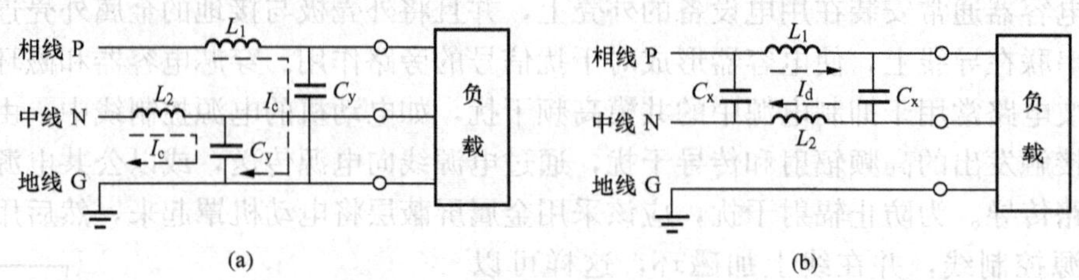

图 3－84　共模滤波器和差模滤波器

（a）共模滤波器；（b）差模滤波器

实际电源线上往往同时存在共模与差模干扰，因此实际电路的电源滤波器由共模滤波器和差模滤波器电路组合构成，如图 3－85 所示。其中的电感 L_1和 L_2（L_a和 L_b）是绕在同一磁环上的两个独立线圈（称为共模线圈）。共模线圈按图 3－86 绕线，两个独立线圈所绕匝数相等，绕向相反，以使小磁芯上对共模电流产生很大的电感值而让两边差模电流感生的磁场相互抵消，避免磁环达到磁饱和状态，这样可保持两线圈的电感值稳定。但是，由于各种原因，如磁环的材料不可能做到绝对均匀，两只线圈的绕制也不可能完全对称。此时两个线圈的电感值之差 L_1-L_2（L_a-L_b）形成了差模电感。差模电感又和 C_x组成相线—中线独立端口间的一个低通滤波器，抑制电源线上的差模干扰，从而实现电源系统骚扰信号的抑制，保护电源系统内的设备不受其影响。

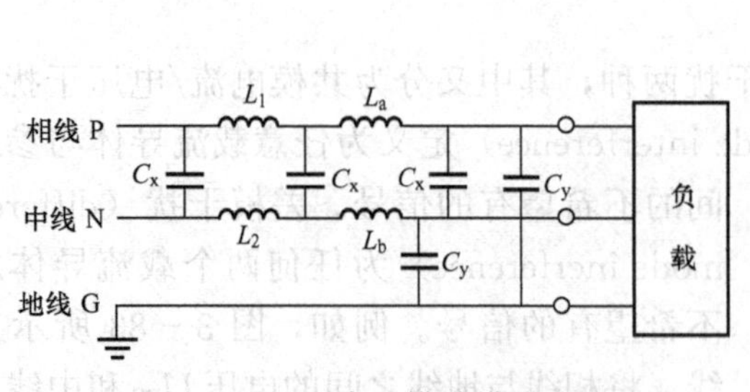

图 3－85　组合差模共模滤波器

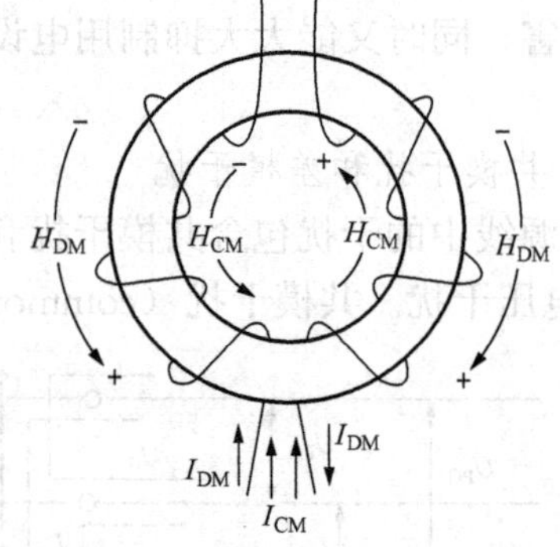

图 3－86　共模芯子上的电感线圈

图 3－85 中的电源滤波电路是无源网络，具有互易性。当其安装在供电电源与电子设备

之间后，它既能有效抑制电源上存在的干扰信号传入设备，又能大大衰减电子设备工作时本身产生的传导骚扰传向电源。一般情况下，电源滤波器的电气参数取值范围：

L_y＝0.3～38mH；

C_y＜0.1μF；

漏电流 I＜3.5mA；

L_x 为几十微亨至几百微亨；

C_x＜0.1μF。

3.3.6　滤波器的安装

滤波器对电磁干扰的抑制作用不仅取决于滤波器本身的设计和它的实际工作条件，而且在很大程度上还取决于滤波器的安装。滤波器安装得正确与否对其插入损耗特性影响很大，只有正确安装才能达到预期的效果。安装滤波器时应考虑如下几个问题：

（1）安装位置。滤波器安装在骚扰源一侧还是安装在受干扰对象的一侧，取决于骚扰的入侵途径。一个骚扰源骚扰多个敏感设备时，应在骚扰源一侧接入一个滤波器。反之，如果将滤波器接入敏感设备一侧，将需要多个滤波器。类似，如果只有一个敏感设备和多个骚扰源，那么滤波器应该安装在敏感设备一侧。此外，将滤波器接入骚扰源一侧，可以使传导骚扰限制在骚扰源的局部。

（2）输入端引线与输出端引线的屏蔽隔离。滤波器的输入端引线和输出端引线之间必须屏蔽隔离，引线应尽量不交叉，以免输入端引线与输出端引线间耦合骚扰。否则，输入端引线与输出端引线之间的耦合将通过杂散电容器直接影响滤波器的滤波效果。图 3－87 列举了四种不正确的安装方法。

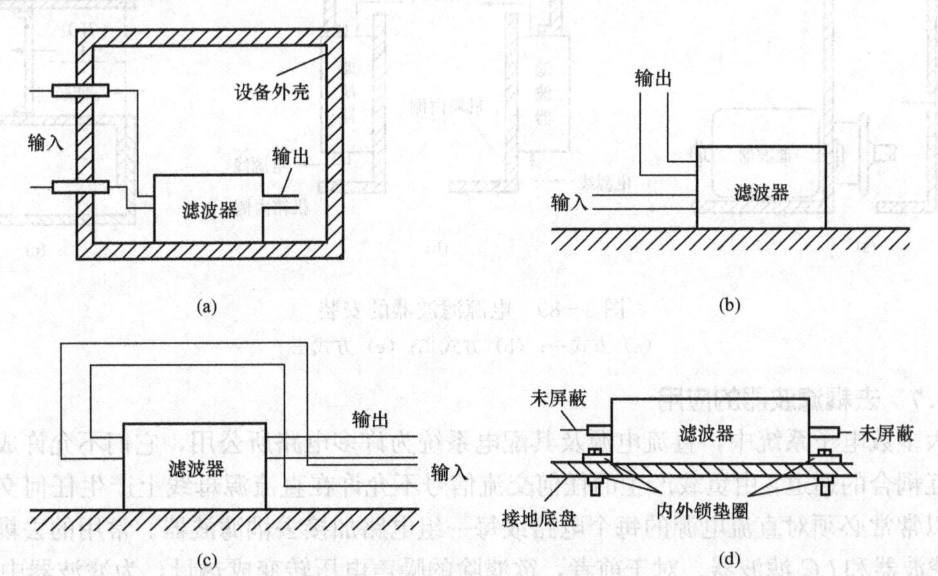

图 3－87　滤波器的不正确安装

(a) 输入、输出线在同一屏蔽体内；(b) 输入、输出线在同一侧；(c) 输入、输出线交叉；(d) 滤波器的输入和输出引线未加屏蔽

（3）高频接地。滤波器应加屏蔽，其屏蔽体应与金属设备壳体良好搭接。否则，高频接地阻抗将直接降低高频滤波效果。当滤波电容与地线阻抗谐振时，将产生很强的电磁骚扰。

因此，滤波器的安装位置应尽量接近金属设备壳体的接地点，滤波器的接地线应尽量短。滤波器的接地点如图 3－88 所示。

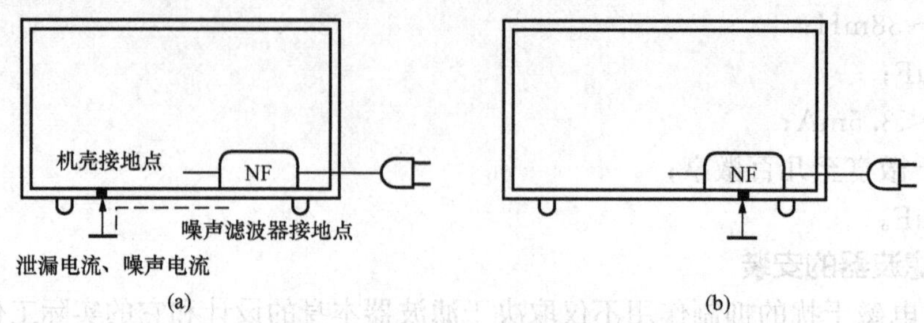

图 3－88　滤波器的接地点

(a) 不正确的安装方法；(b) 正确的安装方法

(4) 搭接方法。一般将滤波器的屏蔽体外壳直接安装在设备的金属外壳上，以降低连接电阻。为了保证在任何情况下均有良好接触，最好采用焊接、螺帽压紧等搭接方法。如果外壳喷过漆，则必须刮去漆皮。若金属外壳的滤波器不能直接接地或使用塑料外壳滤波器时，它与设备机壳的接地线连接并应尽可能短。

(5) 电源滤波器应安装在离设备电源入口尽量靠近的地方，并对滤波器加以屏蔽。电源滤波器的安装如图 3－89 所示。电源滤波器应安装在敏感设备或者屏蔽体的入口处。

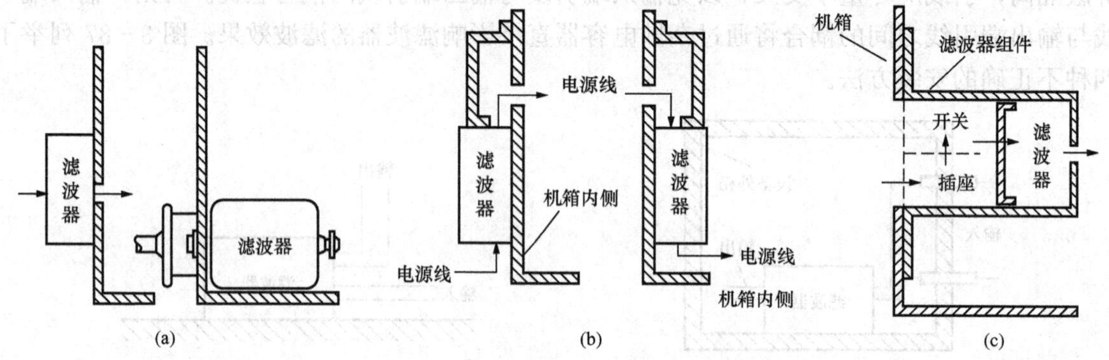

图 3－89　电源滤波器的安装

(a) 方式一；(b) 方式二；(c) 方式三

3.3.7　去耦滤波器的应用

在大多数电子系统中，直流电源及其配电系统为许多电路所公用，它们不允许成为这些电路相互耦合的通道，由负载产生的任何交流信号不允许在直流源母线上产生任何交流电压降。所以常常必须对直流电源的每个电路或每一组电路加接去耦滤波器。常用的去耦滤波器有 RC 滤波器和 LC 滤波器。对于前者，欲滤除的噪声电压转变成热量，为滤波器中的 R 所消耗。对于后者，则必须保证滤波器的固有谐振频率远低于后接电路的频率，这种滤波器的噪声实际并未真正被消除，而是贮存在电感器中，它有可能成为新的辐射噪声源。

1. 放大器的去耦滤波

图 3－90 为一个典型的两级晶体管放大器的电源滤波器电路。当分析这一电路时，通常假设直流电源端与地之间的交流阻抗为零。但是，实际上电源及供电线存在着引线电感 L

和电阻R。由图可见，由电源供给的各级交流电流将在公共电源阻抗元件L、R上产生噪声电压，它将经过R_{b1}在晶体管VT1的基极造成寄生反馈，可能引起寄生振荡。为了解决这一问题，在电源端与地之间应加接一个去耦电容器C_d，要求C_d对放大器交流信号频率的阻抗趋近于零，从而得到极低的电源等效内阻抗。

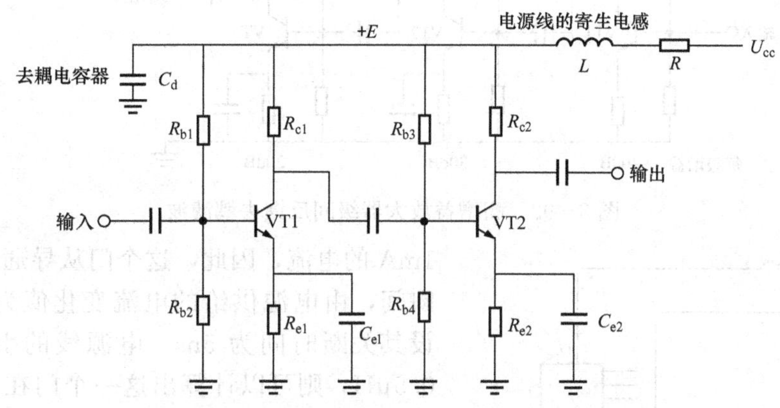

图3-90 两级晶体管放大器的电源滤波器电路

图3-91是一个典型的射极输出器电源去耦滤波电路，若它的输出端接上一个容性负载（如一根传输母线或电缆），则极易产生寄生振荡。这是因为若该电路不接电源去耦滤波电容C_d时，集电极阻抗Z_c主要由电源线的引线电感L_1的感抗组成，且随频率的增高而增大。而射极阻抗Z_e则主要由电缆线的等效电容C_1的容抗组成，随频率的升高而降低。因此在高频下，该射极输出器变成了一个集电极具有高电压增益的放大电路，它的电压增益为$\frac{Z_c}{Z_e}$。

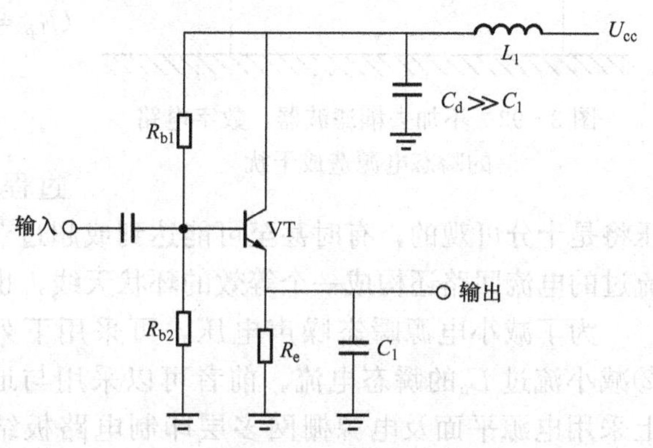

图3-91 射极输出器电源去耦滤波电路

与前例类似，在电源引线电感上产生高的交流电压，可以通过R_b形成反馈。由于电路中存在L、C元件，因此可能产生高频寄生振荡。为了消除电源线寄生电感的影响，可在集电极c点对地之间加接一个去耦滤波电容器C_d，而且要求$C_d \gg C_1$以保证高频时晶体管集电极的电压增益总是小于1。

实际上，仅在电源接入放大器的地方，放置一个去耦滤波电容器还不能保证电源等效内阻抗为零，因为仍有部分信号通过电源公共阻抗反馈到放大器的输入电路。在放大倍数低于60dB的放大器中，这样一点寄生反馈还不致造成寄生振荡，可是在高增益放大器中则不然，必须在第一级放大器的供电电路中再加接一级R、C去耦滤波器，如图3-92所示。

2. 高速数字脉冲电路中的电源去耦滤波

高速数字脉冲电路中的电源去耦滤波特别重要。如图3-93所示的简单电路，图中L_p为电源线的引线电感，ΔI为门电路在开关过程中由电源供给的门电流变化值。对于一个典型的TTL门，设它在导通态时，从直流电源抽取5mA的电流，而在截止态时，只抽取

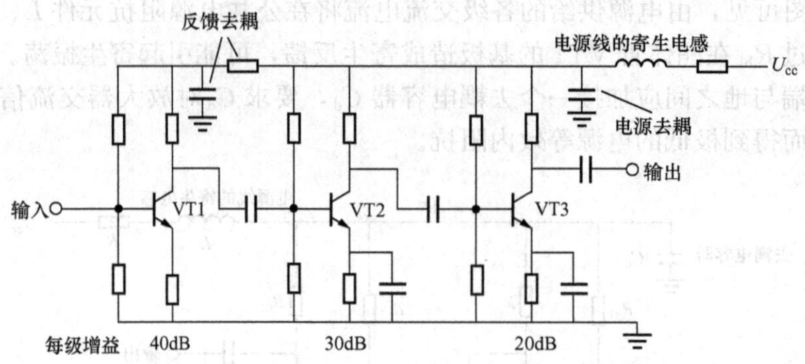

图 3－92　高增益放大器级间反馈去耦滤波

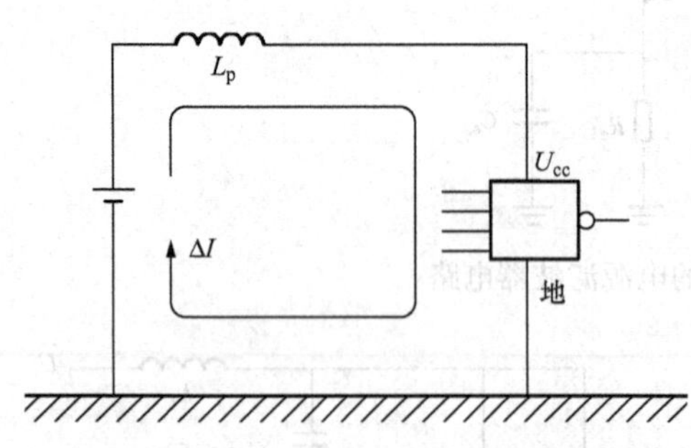

图 3－93　不加去耦滤波器，数字电路的瞬态电源造成干扰

1mA 的电流，因此，这个门从导通到截止的开关瞬间，由电源供给的电流变化值为 $\Delta I = 4\text{mA}$，设其关断时间为 5ns，电源线的引线电感 L_p 为 $0.5\mu\text{H}$，则可以计算出这一个门在开关瞬间在电源线引线电感 L_p 上产生的瞬态电压

$$U_{Lp} = L_p \frac{di}{dt} = 0.5 \times 10^{-6} \times \frac{4 \times 10^{-3}}{5 \times 10^{-9}} = 0.4\ (\text{V}) \tag{3-53}$$

一个实际系统有很多这样的门同时发生开关过程。很显然，它们在 L_p 上产生的总瞬态干扰电压将是十分可观的，有时甚至可能达到或超过 TTL 的供电电源电压（5V）。除此以外，ΔI 流过的电流回路还构成一个等效的环状天线，也会辐射噪声电磁场。

为了减小电源瞬态噪声电压，可采用下列两种办法：①减小电源线的引线电感 L_p；②减小流过 L_p 的瞬态电流。前者可以采用与地平面及地栅网类似的方法，在印制电路板上采用电源平面及电源栅网多层印制电路板结构，同时采用专用低感电源专用母线的方法。显然这比较麻烦，也是昂贵的解决方案，在要求特别高或特别高速的情况下才采用这样的方案。而减小瞬态电流是比较常用、经济、有效的解决方案，其示意图如图 3－94 所示。

图 3－94 中，C_d 为去耦滤波电容器。这时门电路要求的 ΔI 靠 C_d 放电来提供，如果 C_d 的容量足够大，电源线引线电感 L_p 中流过的瞬态电流将大大减小。特别值得注意的是，如果将 C_d 与门电路紧紧靠在一起，图 3－94 中 ΔI 所流过的回路面积可以做得很小，使它由此产生的辐射噪声大大降低。

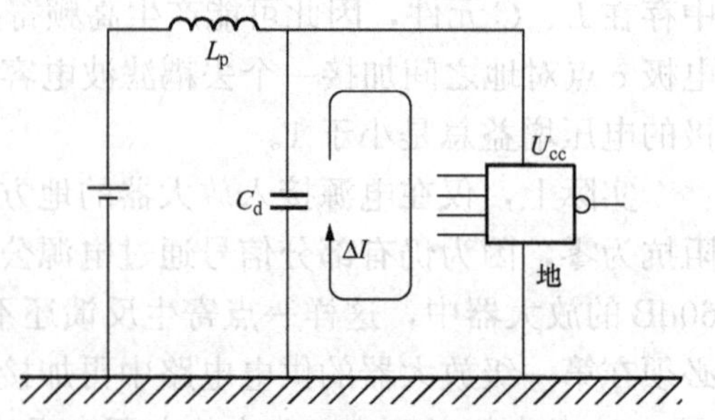

图 3－94　利用去耦滤波器减小流过 L_p 的瞬态电流

（1）去耦滤波电容器的选择。用于数字脉冲电路中的单个去耦滤波电容器，必须能提供 15～150MHz 的高频电流。所以它们必须是等效串联电感极小的高频用的电容器。最适合用于数字脉冲电路的去耦滤波电容器是片状或多层陶瓷

电容器。为了保证该电容器能提供足够大的瞬态电流，其最小容量必须满足下列条件：

$$C \geqslant \frac{\Delta I \Delta t}{\Delta U} \tag{3-54}$$

式中　ΔU——开关时允许的瞬态电压降；

Δt——开关时间；

ΔI——瞬态电流变化值。

一味地增大去耦滤波电容器的容量，并不能得到好的滤波效果，因为通常电容量大的电容器，它的等效串联电感也大，其固有谐振频率也就较低，造成电路谐振。但电容器的容量也不能太小，否则 ΔU 会过大。实践证明，对 14 脚和 16 脚的集成电路，最佳的去耦滤波电容器值为 470～1000pF。对于工作主频在 20MHz 以下的建议使用 0.1μF 的去耦电容，20MHz 以上的器件用 0.01μF 的去耦电容或更小。而在逻辑集成电路中，通常只有 50％的门电路经常工作。所以在设计去耦滤波电容器的容量时，只要考虑这些经常工作的门电路就可以了。但是，在设计动态 RAM 的集成电路时必须注意，由于它的所有单元需要同时刷新，因此就有必要配备比较大容量的去耦滤波电容器。

（2）去耦滤波电容器的位置安排。去耦滤波电容器必须紧靠集成电路安装，力求最短的电容器引线和最小的瞬态电流回路面积。图 3－95 是去耦滤波电容器位置安排示意图，其中图（a）所示的安置是不正确的，因为电容器 C 的引线太长，而且由 C 构成的回路面积过大，采取图（b）布置是比较合理的，如果电源母线采用专用电源母线排则更加理想。

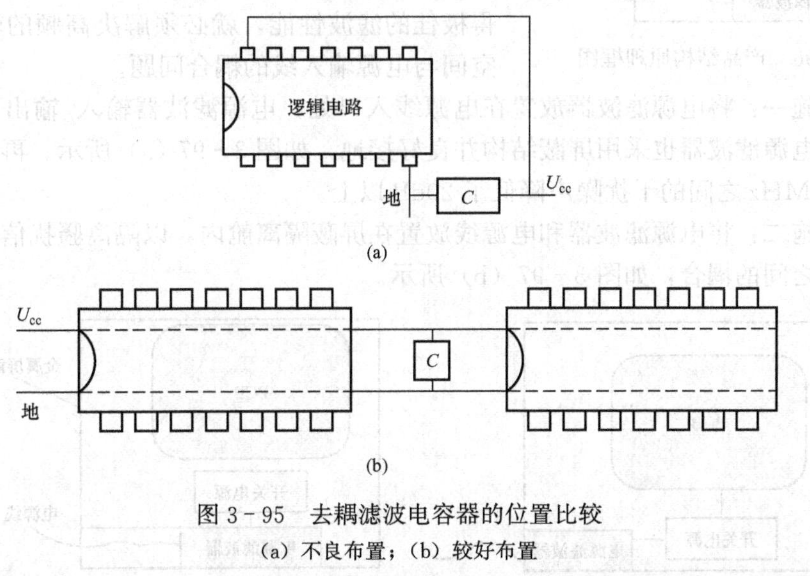

图 3－95　去耦滤波电容器的位置比较

（a）不良布置；（b）较好布置

（3）总体去耦滤波电容器。每块集成电路最好配备一只去耦滤波电容，那么一块印制电路板上就必然接有若干只去耦滤波电容器，它们在每次开关过程后，都必须重新充电。这个重复充电的任务通常是由总体去耦滤波电容器来承担的，而总体去耦滤波电容器再由电源对它充电。总体去耦滤波电容器对每个去耦滤波电容器充电的电流频率通常要比单个去耦滤波电容器的放电频率低得多。总体去耦滤波电容器的电容量大小通常为所有单个去耦滤波电容器容量总和的 10 倍以上。如果一块印制电路板上的集成门电路超过 20 块，则每隔 15～20 个集成电路都要安装一个总体去耦滤波电容器，并应安装在电源母线进入印制电路板的地方。

总体去耦滤波电容器也必须选择等效串联电感小的电容器，例如，钽电解电容器或金属膜聚碳酸酯电容器，而铝电解电容器的等效串联电感要高一个数量级，不能采用。此外，在设计电源母线系统时，还必须考虑到应将高频瞬态电流尽量局限于数字逻辑印制电路板上，而不允许它们流到直流电源母线中去污染系统外电路。因此，可在总体去耦滤波电容器再串接一个 1～10μH 的电感器，或在电源母线上加一粒磁珠，然后再将其接到外部电源母线上去。

3.3.8 案例分析

【案例 3-7】 电源滤波器的安装位置对产品电磁兼容性能的影响。

某产品在交流电源端口进行传导骚扰测试时不能通过。观察传导骚扰频谱图发现，在 13、21MHz 附近的传导骚扰比较严重并超标。

该产品采用金属屏蔽体结构设计，电源端口使用了滤波处理，结构如图 3-96 所示。由图 3-96 可以看出，电源线进入屏蔽体后经过长度约 40cm 的导线传输进入滤波器。来自 PCB 和开关电源中的高频信号通过空间传输（容性耦合和感性耦合）耦合到电源传输线上，使电源滤波器无法达到预期的效果。实际电子产品中 13、21MHz 时钟发生电路普遍存在，且辐射较强。如果想使电源滤波器在高频获得极佳的滤波性能，就必须解决高频的辐射骚扰通过空间与电源输入线的耦合问题。

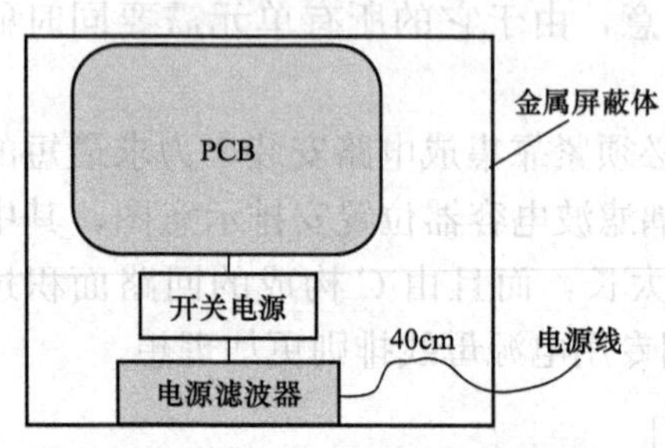

图 3-96 产品结构原理框图

处理措施一：将电源滤波器放置在电源线入口处，电源滤波器输入/输出导线都要采用屏蔽结构，电源滤波器也采用屏蔽结构并良好接地，如图 3-97（a）所示。再次进行测试后原有 10～20MHz 之间的干扰噪声降低了 20dB 以上。

处理措施二：将电源滤波器和电源线放置在屏蔽隔离舱内，以隔离骚扰信号与电源滤波器及电源线之间的耦合，如图 3-97（b）所示。

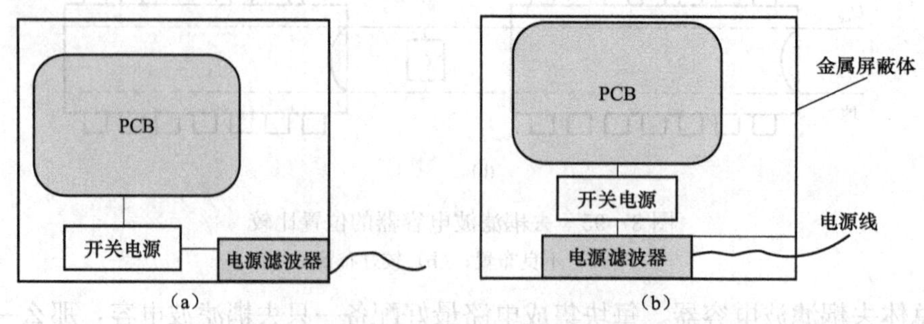

图 3-97 产品改进结构图

(a) 电源滤波器放置在电源入口；(b) 电源滤波器放置在隔离舱内

安装电源滤波器时，一定要注意电源滤波器输入/输出信号的隔离，不仅包含滤波器两端线缆的隔离，还包含电源滤波器两侧所有电路的隔离。

【案例 3-8】 电容值的大小对电源去耦效果的影响。

某设备电路使用时钟驱动芯片 49FCT3807 电路工作时发现 3.3V 电源引脚上出现峰-峰

值为 1.8V、频率接近 100MHz 的噪声，超出电源 5%的要求。

经过分析电路原理图（见图 3－98）发现，时钟芯片电源网络 V3.3 去耦的电容为三个表贴电容：一个 10μF，位于图 3－99 的 A 点处；两个 0.1μF，位于图 3－99 的 B 点和 C 点处。经过初步检查后问题定为：PCB 电源线布线较长，电容布局不合理，去耦电容没有靠近电源引脚，导致引线电感较大；电容值选择不合理，0.1μF 电容的自谐振点远低于 100MHz。

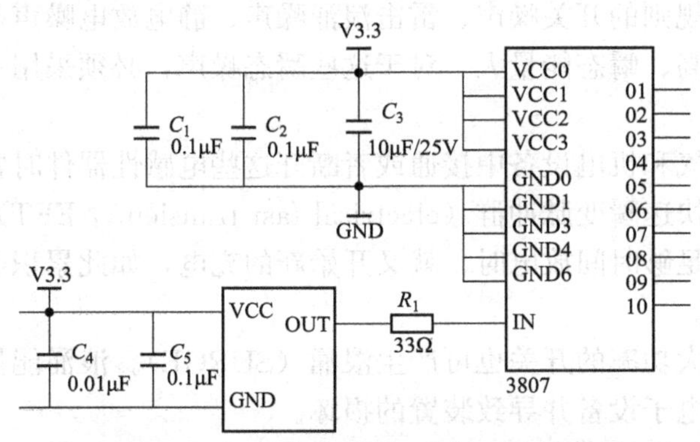

图 3－98　时钟及驱动部分电路原理图

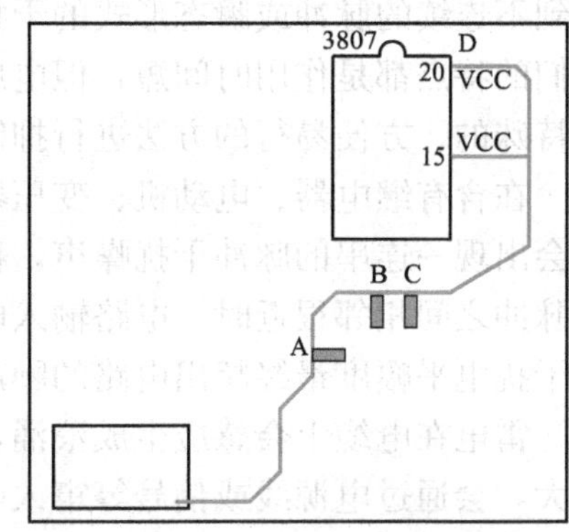

图 3－99　PCB 布线示意图

为了验证以上判断做以下实验：

（1）在 3807 的电源引脚 D，以及电源线 C 和 D 之间加焊了三个 0.1μF 的小电容，以达到器件电源引脚就近处放置去耦电容的目的。重新测试，电源波形几乎没有变化，说明在没有改变电容大小的情况下，只改善引线电感并不能解决大部分问题。

（2）经过分析，10μF 和 0.1μF 电容的自谐振点远低于 100MHz，而 0.01μF 瓷片电容的谐振频率才比较接近 100MHz。于是又做补充实验，先将两个较小的 0.1μF 电容改为 0.01μF，重新实验，发现电源线引脚的纹波幅度减小为 0.8V。已经可以满足电源质量要求，再在芯片电源 15 引脚加焊一个 0.01μF 的电容，电源线引脚的纹波幅度减小为 0.4V，取得了更好的电源信号质量。

处理措施：将原有电路中的 0.1μF 电容改成 0.01μF 电容，并保证平均每个电源引脚有一个以上去耦电容（经验值是 1.5 个），并在 PCB 布局上靠近电源引脚放置。

0.1μF 电容和 0.01μF 电容是当今高速电路中最常用的去耦电容。一般表贴裸电容的自谐振点基本不会超过 500MHz，0.01μF 的表贴裸电容的自谐振点基本在 50～150MHz，而且 PCB 中引线电感、过孔等的存在会进一步降低去耦电路的谐振点。实际应用中由于引线电感的存在使得再小电容的去耦上限不会超过 300MHz。这也是很多电路即使工作频率再高，去耦电容也只选用 0.01μF 的原因。对于相同容量的电容并联，引线电感和寄生电感都会下降，使得整体阻抗下降，有利于去耦电容工作频率的升高。

思考与练习

1. 如何理解反射式滤波器工作中遵循的阻抗失配原则？
2. 安装滤波器时有哪些注意事项？

第4章 瞬态噪声的抑制

电子、电气设备与系统中经常会在受到雷击、静电放电，或者在接通、断开电感负载时遇到不连续的脉冲或瞬态形式的干扰。不规则的开关噪声、雷击浪涌噪声、静电放电噪声等它们的特点都是作用时间短，但电压幅度高、瞬态能量大。对于这些瞬态噪声，必须采用一些特殊的、方便易行的方法进行抑制。

在含有继电器、电动机、变压器等电气和机电设备中接通或者断开这些电感性器件时常常会出现一连串的脉冲干扰噪声，称为电快速瞬变脉冲群（electrical fast transient，EFT）。当脉冲之间相邻很近时，电路输入电容没足够时间放电时，就又开始新的充电，如此累积会使干扰电平幅度最终超出电路的噪声门限。

雷电在电缆上会感应生成浪涌，以及大功率的开关也可产生浪涌（SURGE）。浪涌能量很大，会通过电源线或信号等窜入电气、电子设备并导致装置的损坏。

静电放电（ESD）是由两个不同静电电位的物体直接接触或者静电场感应所引起的，会产生强大的尖峰脉冲电流，并包含丰富的高频成分，频率可以超过1GHz。静电放电电流可以直接通过电路造成电路损坏，也可以由放电电流产生的磁场通过电容、电感或空间辐射等途径对电路造成干扰。在高频时电缆线和PCB上的走线会变成有效天线来接收静电产生的高频噪声。

表4-1给出了电快速瞬变脉冲群、浪涌和静电放电3种瞬态干扰的性能比较。

表4-1　　瞬态干扰性能比较

瞬态干扰特性	电快速瞬变脉冲群	浪涌	静电放电
脉冲上升时间	很快，约5ns	慢，μs量级	极快，小于1ns
能量	中等（单个脉冲）	高	低
电压（负载阻抗高）	10kV及以下	10kV及以下	15kV及以上
电流（负载阻抗低）	数十安培	数千安培	人体放电数十安培；装置放电可达数百安培

4.1 触点开关噪声及抑制

一个载流的触点开关在断开或闭合的瞬间，两个触点之间可能会发生短时间的电击穿现象——辉光放电和弧光放电。这些由电击穿所引起的放电过程，一方面会损伤开关的触点，降低使用寿命；另一方面会同时产生短时间的高频辐射，瞬变的干扰脉冲电流、电压又可能干扰其他电路。因此必须采用相应的措施对开关进行防护。

4.1.1 开关噪声及触点防护的基本原理

在辉光和弧光气体放电过程中，两触点之间的距离和触点电压降之间的关系如图4-1所示。弧光放电过程是在外界电场的作用下，电子由阴极射向阳极。由于局部电流很大，使触点局部温度升高，并可能使金属汽化形成一个金属气体桥。弧光放电特性为一条斜率为

0.5MV/cm 的直线，存在一个最低弧光放电维持电压 U_A。辉光放电过程是当气体上的电场强度较强时，气体中的自由电子或离子会获得足够的能量，撞击其他原子和分子，产生更多的自由电子和离子，气体被电离形成导电气体。气体电离后只需要较低的电压就能够维持电离，另外，还需要大约为几毫安的维持电流。辉光放电特性则为一条底部电压高于辉光放电维持电压 U_g 的曲线，空气中 U_g 大约为 300V。

图 4-1 中的粗实线表示了产生触点间隙气体击穿的综合特性。当实际触点的触点电压——触点距离特性处于该综合特性曲线的右侧，即触点之间的实际电压低于综合曲线对应的电压值，则触点间不会产生气体击穿；反之，如果处于曲线的左侧，即触点之间的实际电压高于综合特性曲线对应的电压值，则会产生气体击穿。根据触点分离（或闭合）的线速度将图 4-1中横轴参数改成触点分离（闭合）时间，可得到触点气隙击穿特性，如图 4-2 所示。

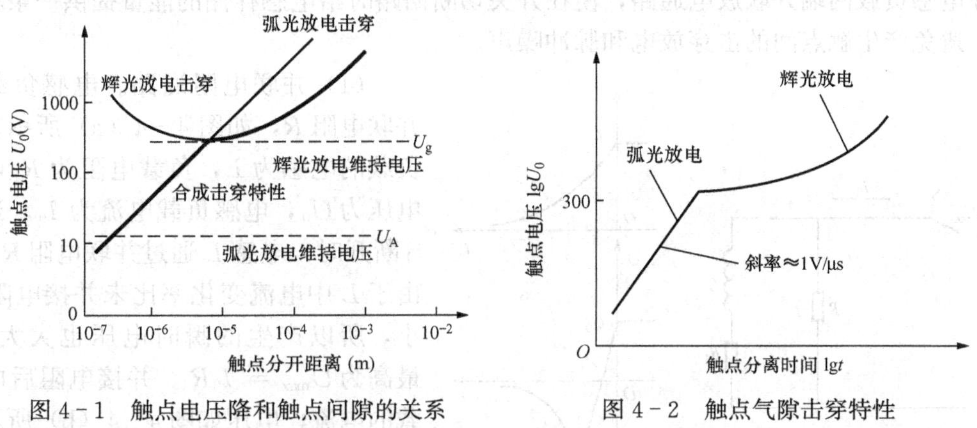

图 4-1 触点电压降和触点间隙的关系　　图 4-2 触点气隙击穿特性

为了避免触点闭合或分离时在气隙间产生气体击穿，必须满足以下两个条件：

(1) 使触点间电压始终保持低于 300V，可以防止产生辉光放电。

(2) 使触点电压的起始上升率低于产生弧光放电的临界值（对大多数触点来说，该值大约为 1V/μs），则不会产生弧光放电。

4.1.2 电感负载情况下的开关瞬态噪声抑制

在某些特定场合下，不可避免地在触点闭合或分离时会产生触点气隙击穿。例如图 4-3 中一个带电感负载的开关电路，I_0 为流过电路的电流，C 为线圈的杂散电容。当断开开关 S 时，感性负载 L 上的电流不能突然消失，为了维持原有电流，电感上会产生一个很高的反向电动势。这个反向电动势向电容 C 反向充电，随着充电电压的升高，触点 S 两端压降也升高。当 U_c 高于击穿特性中的临界电压时，触点间就可能产生击穿。一旦触点两端产生击穿，击穿电流通过电容 C 放电，电压开始下降。当电压降到维持触点空气导通所需电压以下时通路断开。电容又重复充电、放电反复上述过程，直到随着触点之间距离增加，电容上的电压不能再击穿为止，如此形成一组脉冲波。当 U_c 低于击穿临界电压时，就通过电感回路放电，直到电感中的能量耗尽为止。

为了保护电感负载的开关触点，减小因触点间瞬时击穿而引起的辐射和传导噪声，需要设计合理的保护电路。通常在电感负载两端、开关触点两端或同时在二者两端并接各种防护网络，使电路电流低于维持弧光放电（或辉光放电）所需的最低电流，或者使触点间的电压低于弧光放电维持电压 U_A（或辉光放电维持电压 U_g）而防止触点击穿。

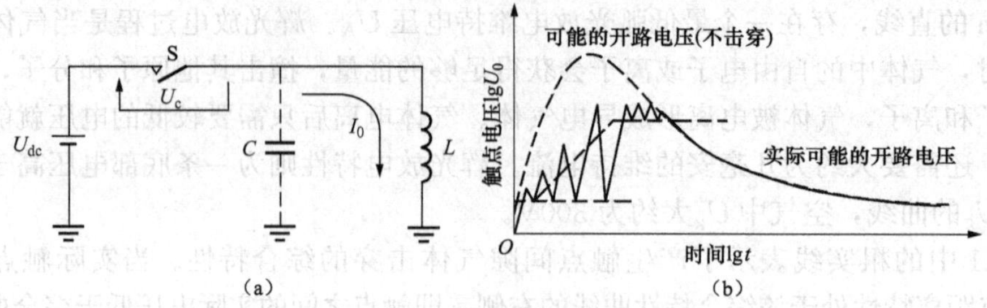

图 4-3　电感负载开关电路

(a) 等效电路；(b) 触点电压

1. 接在电感负载两端的瞬态噪声抑制网络

在电感负载两端并联放电通路，使在开关切断回路时给电感存储的能量提供一条释放的通路，避免产生触点间的击穿放电和脉冲噪声。

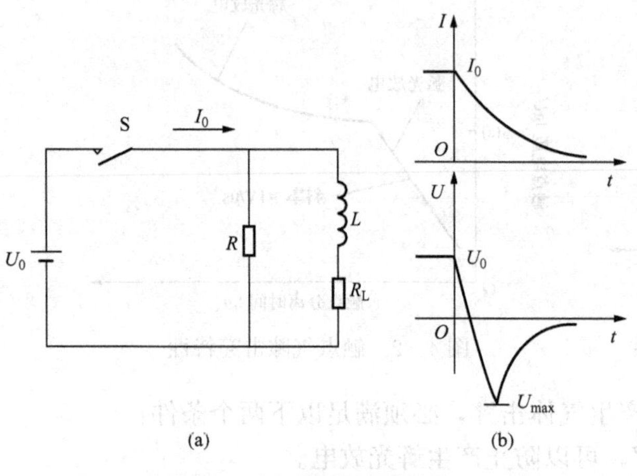

图 4-4　并联电阻通路

(a) 电路；(b) 电感负载上的电流和电压

(1) 并联电阻通路。电感负载两端并联电阻 R，如图 4-4（a）所示。其中负载的电感为 L，负载电阻为 R_L，电源电压为 U_0，电感负载电流为 I_0。当开关 S 断开时，电感 L 通过并联电阻 R 放电。由于 L 中电流变化率比未并接电阻 R 时小，所以产生的瞬时电压也大大降低，最高为 $U_{max}=I_0R$。并接电阻后电感负载的电流、电压如图 4-4（b）所示。当 $R=R_L$ 时，$U_{max}=U_0$，这时开关 S 两端的瞬时最高电压等于电源电压的两倍，并联电阻 R 越大，该电压也越大，对保护开关不利，但如果并联电阻过小，则平时开关没断开，电路正常工作时，R 上也要损耗功率，即稳态功耗增加，增加电源负担，所以 R 的值一般取 1～3 倍的 R_L。

这种抑制电路结构简单，电路无极性要求，交/直流电路都能使用，通常在小电流电动机绕组和一般继电器中使用。其缺点是稳态功耗较大，并且释放电感储能所需的时间较长。

(2) 并联压敏电阻通路。为了降低稳态损耗，电感负载两端并联压敏电阻 VR，如图 4-5（a）所示。当外加电压超过阈值电压 U_U 时压敏电阻阻值很小，并且将端电压箝位在 U_U 上。若外加电压小于 U_U，则压敏电阻呈现高阻。所以当 S 开关闭合，电路正常

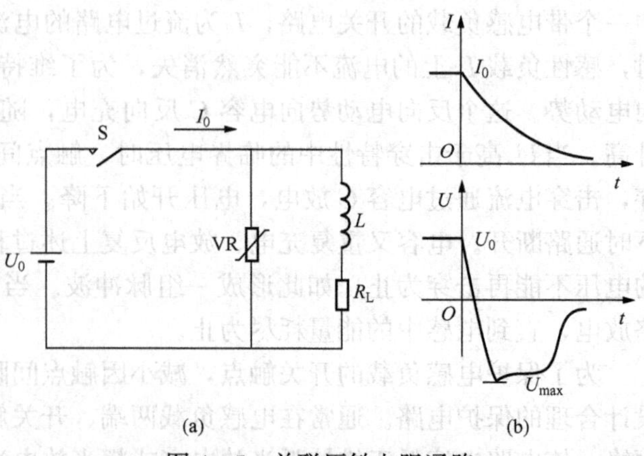

图 4-5　并联压敏电阻通路

(a) 电路；(b) 电感负载上的电流和电压

工作时，压敏电阻阻值很大，从而使稳态功耗降低。当开关S断开时，电感产生的反向电压高于U_U，压敏电阻阻值变小，流过很大的电流，感性负载两端的电压也被箝位到U_U，电感负载上的电流、电压波形如图4-5（b）所示。此时开关触点两端电压仅为U_0与U_U之和。并联压敏电阻保护电路结构简单、成本低、稳态功耗较小，常用于交/直流电动机绕组、开关设备、变压器及一些功率较大的场合。

（3）并联R-C网络。图4-6（a）为并联RC串联网络，它是具有较好瞬态噪声抑制效果的电路，稳态时它们不消耗任何功率，而当在开关断开瞬间，R-C网络和L、R_L串联，产生自由阻尼振荡，依靠电阻R抑制瞬态电流峰值。适当选择R和C可以控制振荡频率在100Hz左右，C的最高电压小于2倍的U_0，经过几个振荡周期后使电感的存储能量耗尽，从而降低瞬态电磁干扰。该电路可用于直流电路。

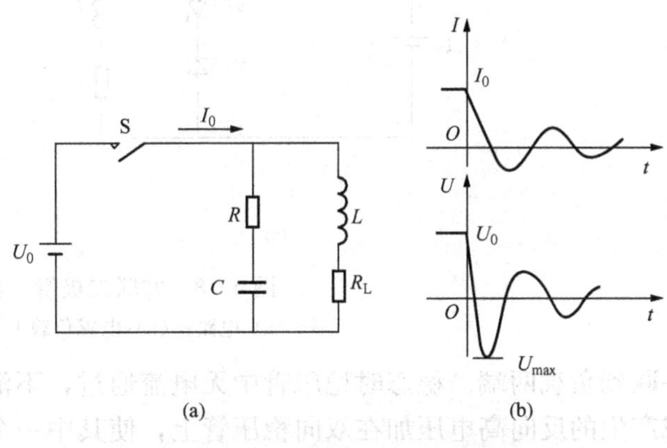

图4-6 并联R-C网络

（a）电路；（b）电感负载上的电流和电压

（4）并联二极管通路。用一个二极管VD代替并联电阻R，如图4-7（a）所示。稳态时二极管反向偏置，不消耗任何能量，开关断开时，电感产生的反向电压使二极管导通，L通过二极管VD续流。开关S两端的开路电压近似等于电源电压，该电路能非常有效地抑制瞬态电压。但是，电感器放电时间较长，再加上二极管VD反向恢复时间的影响，有时可能会影响电路的正常工作。这种电路只适用于直流电路，并应注意二极管的极性。

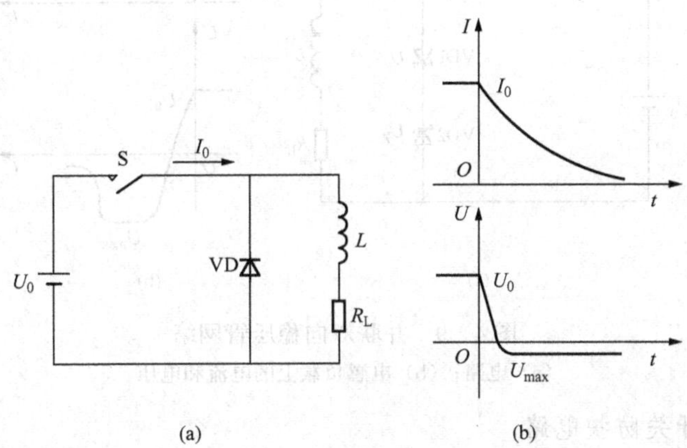

图4-7 并联R-C网络

（a）电路；（b）电感负载上的电流和电压

（5）并联二极管和稳压管通路。将二极管和稳压管串联起来并联在电感负载两端，如图4-8（a）所示。该电路提高了释放通路的箝位电平，加快了电感器中能量的释放，它也只适用于直流电源，可用于直流供电高压绕组和直流快速调节绕组上。

（6）并联双向稳压管通路。如图4-9（a）所示，将两个反向串接的特性相同的稳压管

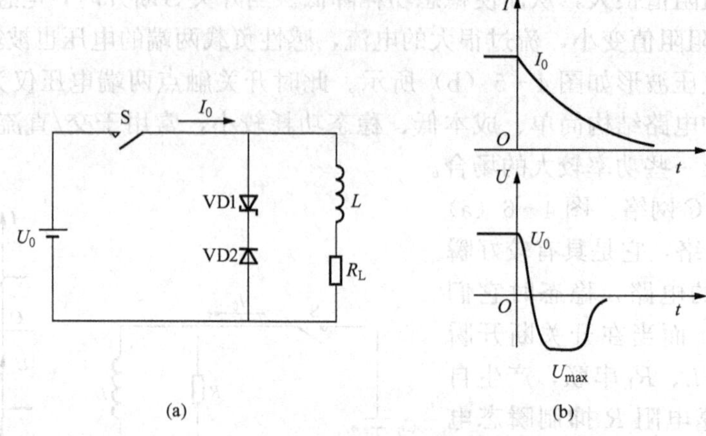

图 4-8　并联二极管—稳压管网络

（a）电路；（b）电感负载上的电流和电压

并联到负载两端。稳态时稳压管中无电流通过，不消耗电源功率。当开关 S 断开时，电感负载产生的反向高电压加在双向稳压管上，使其中一个稳压管正向导通，另一个稳压管反向击穿，处于稳压状态，稳压电压为 U_Z。因此 S 的电压近似为 U_0 和 U_Z 之和。该电路适用于交流和直流电源，由于稳态功耗较小，可用于交/直流电动机绕组、开关设备、变压器和一些功率较大的场合。

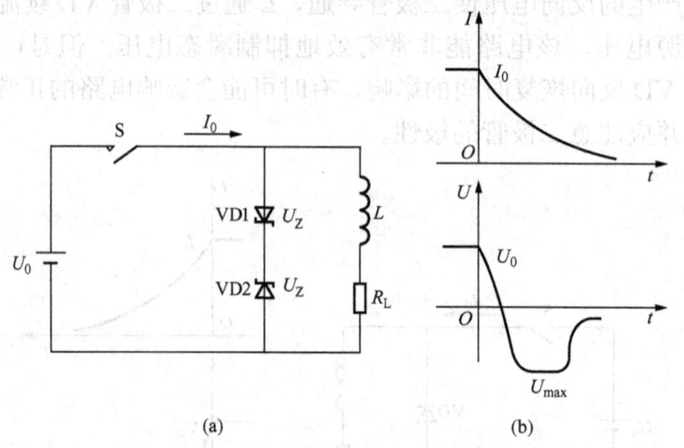

图 4-9　并联双向稳压管网络

（a）电路；（b）电感负载上的电流和电压

2. 开关两端的开关防护电路

除了在电感负载两端并联能量释放通路外，也可以在开关触点上加保护网络，防止触点瞬时击穿。图 4-10 是常用开关两端的防护电路。图 4-10（a）中在开关两端并联一个电容器 C，如果该电容器的电容量足够大，当开关 S 断开时，瞬态负载电流将流过该电容对电容充电，直到电源电压为止，防止了两触点间击穿。但当开关再次闭合时，充满电的电容器 C 将通过接线电阻和开关触点放电，电容器 C 的电容量越大、电源电压越高，造成的电弧冲击电流将越大，危及开关触点。所以在一般情况下，多采用图 4-10（b）、（c）所示的 R-C 网络或 R-C-D 网络。

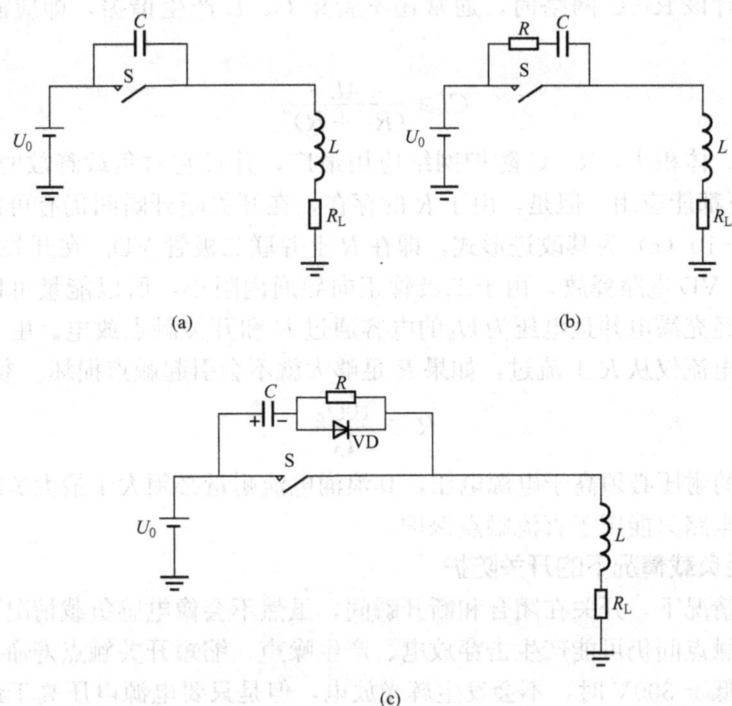

图 4-10 开关触点防护网络

(a) 并联 C 网络；(b) 并联 R-C 网络；(c) 并联 R-C-D 网络

图 4-10 (b) 中的电阻 R 用于限制开关闭合时 C 的放电电流，但是它的接入又使得在开关断开时，开关两端的开路电压升高，降低了该电路对开关在关断瞬间的防护效果。为了防止触点间击穿，应控制触点间电压低于 300V；触点起始电压上升率应不超过 1V/μs，并把触点间最小瞬态电流控制在 0.4A 以下。依据以下原则可以选择 R 和 C：

R 的最大值取决于开关断开限制条件。限制开关两端的瞬态峰值电压。如果取 $R=R_L$，那么开关断开瞬间，开关两端的瞬态峰值电压等于电源电压，因此可取

$$R \leqslant R_L \tag{4-1}$$

R 的最小值取决于开关闭合限制条件。限制 C 的放电峰值电流小于开关触点的最小弧光放电维持电流 I_A，即

$$R \geqslant \frac{U_0}{I_A} \tag{4-2}$$

所以 R 值应满足：

$$R_L \geqslant R \geqslant \frac{U_0}{I_A} \tag{4-3}$$

开关断开时 C 的峰值电压 $U_P = I_0\sqrt{L/C}$ 不能超过 300V，所以：

$$C \geqslant \left(\frac{I_0}{300}\right)^2 L \tag{4-4}$$

同时要求电容起始电压上升率不超过 1V/μs，根据 $I_0 = C\dfrac{du_0}{dt}$ 可知，C 应满足：

$$C \geqslant I_0 \times 10^{-6} \tag{4-5}$$

此外，在设计该R－C网络时，通常还不希望C、L产生谐振，即应满足下述过阻尼条件：

$$C \geqslant \frac{4L}{(R_L + R)^2} \tag{4-6}$$

由于成本低、体积小，R－C防护网络应用最广，并且它对负载释放时间的影响很小，在交/直流情况下都能应用。但是，由于R的存在，在开关断开瞬间仍有可能会产生断续的弧光放电。图4－10（c）为其改进形式，即在R上并联二极管VD。在开关断开时，电感中能量通过C、R、VD电路释放。由于二极管正向导通内阻小，所以能量可以快速释放。当开关闭合时，已经充满电并且电压为U_0的电容通过R和开关触点放电。由于二极管反向偏置不导通，释放电流仅从R上流过，如果R足够大就不会引起触点损坏。参数要求为

$$R \geqslant \frac{10U_0}{I_A} \tag{4-7}$$

二极管VD的耐压必须高于电源电压，其浪涌电流耐量必须大于最大负载电流。由于二极管的存在，该电路只能用于直流触点保护。

4.1.3 电阻负载情况下的开关防护

在电阻负载情况下，开关在闭合和断开瞬间，虽然不会像电感负载情况那样产生瞬态电压，但是在开关触点间仍可能产生击穿放电、产生噪声、缩短开关触点寿命。

当电源电压低于300V时，不会发生辉光放电，但是只要电源电压高于最低弧光放电维持电压U_A（大约为12V），开关在断开或闭合时均会产生弧光放电。这时，是否需要应用防护网络取决于电路条件：如果负载电流小于最小弧光放电维持电流I_A，一旦发生弧光放电，电弧即熄灭。但由于电路中寄生电容或触点弹跳的关系，有时可能会发生断续的弧光放电，仍会产生辐射噪声。在上述这种情况下，触点可不接防护网络。但在对干扰要求特别苛刻的场合仍要采用防护网络；如果负载电流大于最小弧光放电维持电流I_A，在开关动作时会产生电弧，这时必须加防护网络。只有在触点的允许额定电流远高于负载电流时才可以考虑不加防护网络。

4.2 浪涌噪声及其防护

电源线受到雷击，或者当电力系统出现短路故障，或投切大负荷时都会产生电源浪涌。信号系统由于受到感应雷击、静电干扰、电磁干扰等产生信号系统浪涌。浪涌电压（或电流）会通过电源、信号线或地线进入系统。雷电和静电所产生的瞬态噪声电压可高达数万伏，电流可高达几百乃至几万安培。对于这样强大的浪涌噪声，必须在浪涌输入通道的端口上采取特殊的防护措施来有效地抑制瞬态噪声，防止电子元件、线路、部件或整台装置与系统受到严重损伤乃至损坏。

4.2.1 浪涌保护器件

抑制浪涌的主要手段是采用浪涌保护器件。利用这些器件对瞬态电涌电压进行限幅，或者对瞬态电涌电流进行分流，将电涌能量通过这些特殊器件泄放掉。目前，常用的器件有气体放电管、金属氧化物压敏电阻、瞬态电压抑制二极管，以及它们的组合等。

1. 气体放电管

气体放电管是由金属电极和陶瓷管壳组成的密封气体放电器件，分为二极和三极气体放

电管，可分别用于电源的线间和线－地之间过电压保护。其中二极基本结构如图 4－11 所示，它包含两个金属电极，三极则包含三个金属电极。当电极间的电压超过一定值时气隙就会击穿，产生电弧。静态时电极间的绝缘电阻高达 10^9～$10^{10}\Omega$，击穿时下降至约 0.1Ω，近似短路。

气体放电管通常充以惰性气体，如氩气、氮气等。其击穿电压一般为 0.1～1kV。气体放电管的放电电压-电流特性可以用图 4－12 来描述。

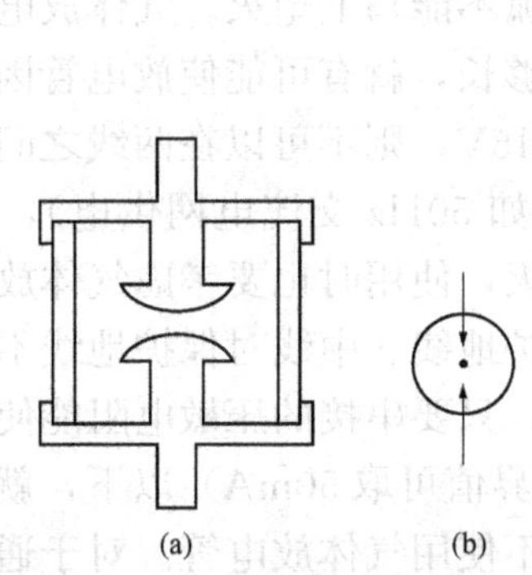

图4－11 气体放电管结构与符号

（a）结构示意图；（b）符号

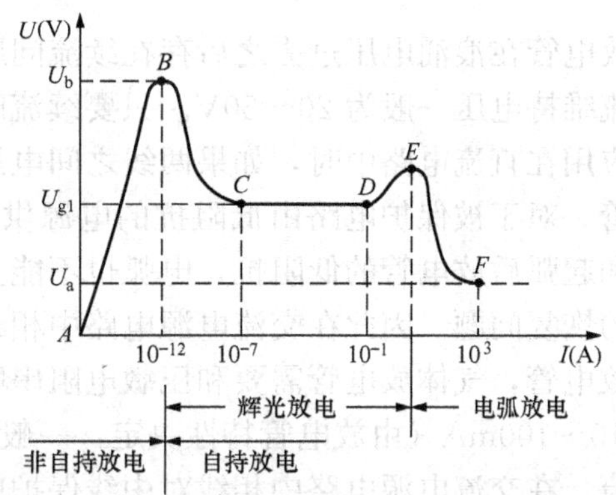

图 4－12 气体放电管的放电电压-电流特性

一旦加在气体放电管两端的电压超过击穿电压时，内部气体就被电离，气体放电管开始放电。放电管两端的压降迅速下降至辉光放电电压（70～150V），管内电流开始升高。随着放电电流的进一步增大，放电管进入弧光放电状态。在这种状态下，管子两端电压跌至很低（10～35V），且在相当宽的电流变化范围内保持稳定。因此，外界的高电压浪涌干扰，由于气体放电管的放电作用，被化解成低电压和大电流。而且这个电流通过气体放电管本身返回到干扰源里，免除了干扰对设备可能带来的危害。随着浪涌电压的消退，气体放电管的电流降到维持弧光放电状态所需的最小值以下（10～100mA），弧光放电便停止，并再次通过辉光放电状态后，结束整个放电状态（熄弧）。

图 4－13 为一个变化缓慢的正弦电压加在气体放电管时，两电极之间电压和电流的波形。从图 4－13 可以看出，该器件的动作时间要比外加电压延迟 t_r，响应速度较慢。t_r 即为器件的响应时间，它应越小越好。

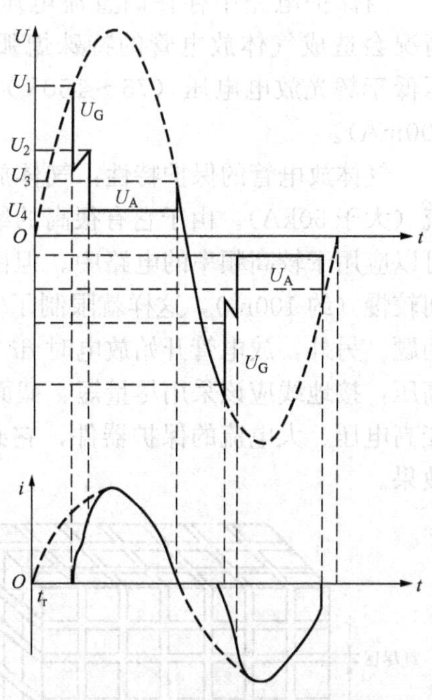

图 4－13 气体放电管时电压与电流的关系

U_1—击穿电压；U_2—辉光电压；U_3—弧光电压；U_4—熄弧漏电压；U_G—辉光放电压；U_A—弧光放电压

气体放电管的放电特性，犹如在线路上接入了电子开关。线路上的过电压冲击直接控制着这种开关的通断，从而起到限制过电压的作用，如图 4－14 所示。

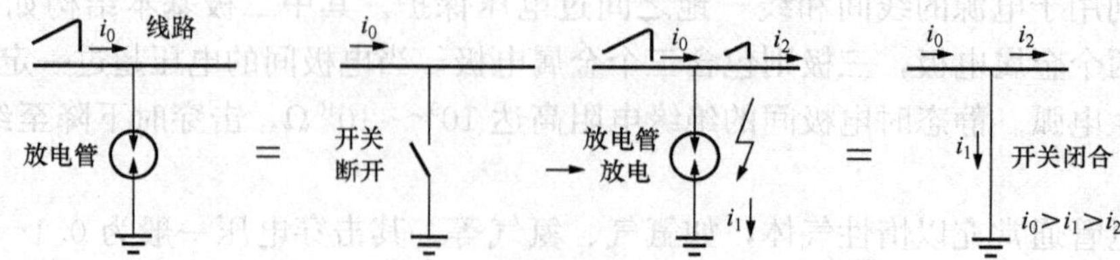

图 4-14 气体放电管等效电子开关的作用

气体放电管在浪涌电压过去之后存在续流问题，电弧不能马上熄灭。气体放电管在导电状态下续流维持电压一般为 20～50V。只要续流时间足够长，就有可能使放电管因过载而产生爆裂。应用在直流电路中时，如果两线之间电压超过 15V，则不可以在两线之间直接使用气体放电管。对于被保护电路由低阻抗的电源供电时（如 50Hz 交流电网供电），由于电路的低阻抗和起弧后放电管的低阻抗，电弧也不能立即熄灭，使用时也要考虑气体放电管在击穿短路后的恢复问题。因此在交流电源电路中相线对保护地线、中线对保护地线不适合单独使用气体放电管，气体放电管需要和压敏电阻串联使用，只要串接的压敏电阻能使后续的电流减小到 10～100mA（由放电管特性决定，一般情况临界值可取 50mA）以下，就能有效切断后续电流。在交流电源电路中相线对中线保护中基本不使用气体放电管。对于通信系统一般采用直流电源，但在浪涌过去后，放电管通常都能自动熄弧，原因在于通信线路具有高阻特点。

当保护电路中存在高直流电压或低阻抗时，都必须对放电管的熄弧进行确认。下列情况会造成气体放电管的特殊熄弧：直流电压低于弧光放电电压（10～35V）或直流电压低于辉光放电电压（75～150V），同时线路中的电流低于弧光放电的维持电流（10～100mA）。

气体放电管的保护特性：气体放电管可以允许高的过冲电压（1～2kV）和大的放电电流（大于 50kA）。由于它有很高的绝缘电阻（$10^9\sim10^{10}\,\Omega$）及很小的固有电容（1～7pF），可以应用于较高频率的电路中。但由于气体放电管的击穿电压较高（0.1～1kV），响应时间较慢（约 100ns），这样就限制了它们的使用。放电管存在续流，使用时必须考虑其恢复问题。另外，放电管开始放电时 di/dt 很大，可达 10^{11} A/s，电极引线寄生电感会产生瞬间高压，接地线应该采用尽量短、截面积要尽可能大的导线。气体放电管往往被用作第一级瞬变高电压、大电流的保护器件，它必须和其他保护器件组合使用，才可能达到较好的防护效果。

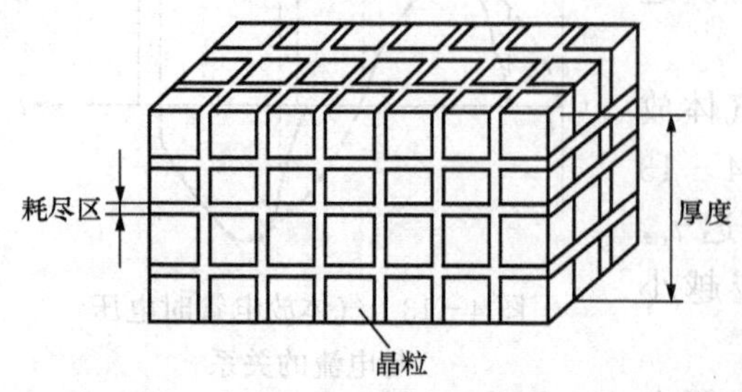

图 4-15 压敏电阻的微观结构示意图

2. 金属氧化物压敏电阻

金属氧化物压敏电阻以氧化锌为主要成分，并掺有少量铋、钴、锰等其他氧化物。器件内由许多导电的氧化锌晶粒晶界隔离构成，晶界处具有 P-N 结半导体特性。金属氧化物压敏电阻的微观结构示意图如图 4-15 所示。

晶粒晶界决定了它低压下的阻断特性及高压下的非线性导电特性。其伏安特性与背对背稳压管的特性类似。但是，当它承受瞬态高电压时，它的等效阻值将变化好几个数量级，能吸收损坏性的瞬态电涌能量，从而达到电压箝位、电涌防护的目的。图 4-16 (a) 是这种变阻器的伏安特性示意图，图 4-16 (b) 是这种变阻器的电路符号。

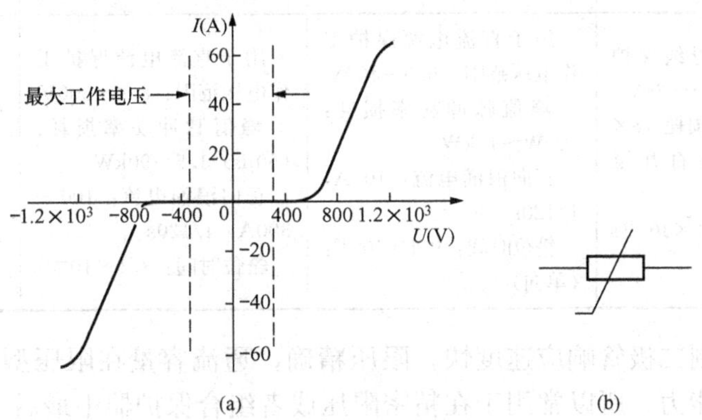

图 4-16 金属氧化物压敏电阻伏安特性与符号

(a) 伏安特性；(b) 符号

压敏电阻对瞬态信号的吸收能力与压敏电阻的体积成正比。由于氧化锌颗粒是一种良好的导电材料，因此在正常工作时压敏电阻温度较低，散热条件较好，过载能力也较强。与气体放电管相比，氧化锌压敏电阻有以下特点：

(1) 启动电压范围广（6V～1.5kV）。

(2) 反应速度快（ns 级）。

(3) 通流容量大（$2kA/cm^2$）。

(4) 无续流。

(5) 寿命长。

(6) 极间电容大。

氧化锌晶粒晶界的介电常数决定了压敏电阻有较大的寄生电容，会对 1MHz 以上信号进行衰减，这影响到它在高频、超高频领域的应用。

3. 瞬态电压抑制二极管

硅瞬态电压抑制二极管（transient voltage suppressors，TVS）是一种具有极快响应速度（小于 1ns）和较高浪涌吸收能力的限压保护器件。是一种专门抑制过电压的齐纳二极管，核心部分是具有较大截面积的硅 PN 结，该 PN 结工作在雪崩状态，具有较强的脉冲吸收能力。瞬态电压抑制二极管的工作原理与常用半导体稳压二极管的工作原理相似，稳压二极管常用作调节稳态电压和小电流箝位，而硅瞬态电压抑制二极管则是专门用于抑制瞬态过电压的保护器件。与稳压二极管相比，TVS 有更为优越的保护特性：

(1) 具有大面积的 PN 结，使其通流能力较强。

(2) 管内有特殊材料（钼或钨）制成的散热片，故散热条件较好，有利于管子吸收较大的暂态功率。

(3) 由于结面积增大，故管子的寄生电容相应增大，其值可达几百甚至数千皮法，使它在高频下的使用受限。

表 4-2 列出了几种典型 TVS 特性。

表 4-2 典型 TVS 特性

特性	TVS 器件类别			
	TVS 阵列	分立 TVS 组件	功率 TVS 部件	固体放电管 TSS
特点	用于信号及母线保护工作电压范围：5～24V 峰值脉冲功率损耗（8×20μs 脉冲）几百瓦至 8250W 箝位时间：<1×10^{-12}s（单向）	用于直流电源保护工作电压范围：5.0～400V 峰值脉冲功率损耗：500W～15kW 正向浪涌电流：100A，1/120s 箝位时间：<1×10^{-12}s（单向）	用于直流电源保护工作电压范围：8.4～500V 峰值脉冲功率损耗：（50μs）1.5～90kW 正向浪涌电流：100～300A，1/120s 箝位时间：<1×10^{-8}s	用于交流电源差模及共模保护工作电流范围：6～30A 瞬态电压峰值：6000V 瞬态电流峰值：3000A 相—中线电压：低于 750V 响应时间：1.2/50s

硅瞬态电压抑制二极管响应速度快，限压精确，通流容量在限压型浪涌保护器中最小，一般达到几百安培能力，所以常用于在精密限压或者组合保护器中最后一级（靠近被保护电路的一级）。由于 TVS 存在一定的静态结电容，在高速传输电路中使用时会造成信号的畸变，作为改进措施，可以在硅瞬态电压抑制二极管电路中串联一个高速二极管。由于高速二极管的结电容较小，当两个电容串联时等效电容为 $C_1C_2/(C_1+C_2)$，电容值取决于电容最小值，从而减小瞬态保护电路总电容。改进电路方案如图 4-17 所示。

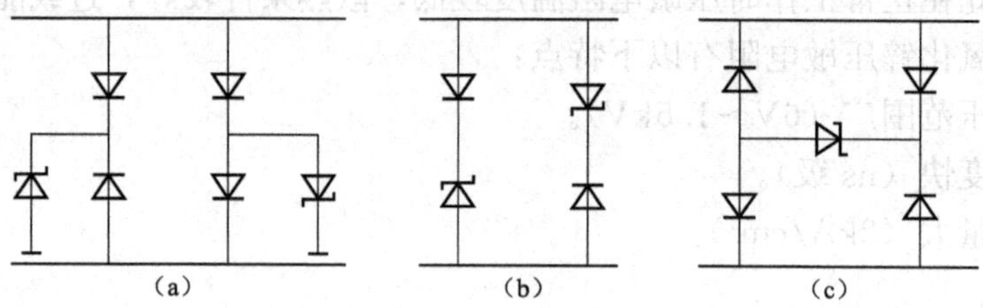

图 4-17 减小 TVS 结电容对高速传输电路影响的方案

(a) 方案一；(b) 方案二；(c) 方案三

另外，在使用 TVS 时要注意：

(1) 根据可能出现的瞬态电压极性，选用单向极性管或是双向极性管。

(2) 管子的最大箝位电压应低于被保护电子元件或设备的最高耐压。

(3) 应估计管子在抑制瞬态过电压时可能吸收的最大功率，并根据此来选择二极管的脉冲功率。

4. 几种瞬态干扰抑制器的比较

几种常用的瞬态干扰抑制器的共同特点是在阈值电压以下器件都呈现高阻抗，一旦超过阈值电压则阻抗急剧下降，都对尖峰电压有一定的抑制作用。但各个器件在性能上有着较大的差异，应用场合也有所不同。气体放电管通流量大，响应速度慢，冲击击穿电压高；TVS 通流量小，响应速度快，电压箝位特性好；压敏电阻特性介于二者之间。浪涌保护器件特性如图 4-18 所示。表 4-3 给出了三种保护器件的性能比较。可以看出，压敏电阻峰

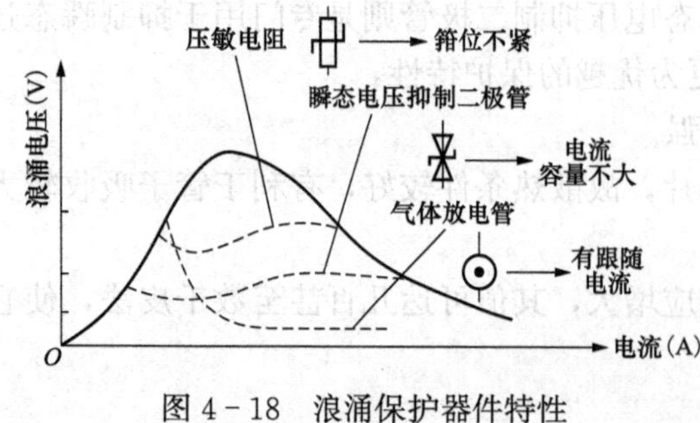

图 4-18 浪涌保护器件特性

值电流承受能力较大，但箝位电压较高，随着受到浪涌冲击次数的增加，漏电增加。瞬态电压抑制二极管箝位电压低，但承受峰值电流较小。而气体放电管工作时器件变为短路状态，从而将浪涌泄放掉，承受电流大，由于导通续流维持电压很低，会有跟随电流。

表4-3　浪涌保护器件比较

器件名称	气体放电管	氧化锌压敏电阻	硅瞬态电压抑制二极管
工作方式	能量转移	箝位吸收	箝位吸收
泄漏电流	无	小	非常小
续流	有	无	无
箝位电压	低	中等	低
通流容量	大（10^3～10^5A）	大（10^2～10^5A）	小（10^1～10^2A）
静态电容	小	大	较大
响应时间	慢（10^{-6}s）	快（10^{-9}s）	极快（10^{-12}s）
损坏形式	开路	短路	短路
价格	低	低	高
老化现象	有	有	无
应用	由于响应速度慢、后续有续流、档次稀疏，因此适合用作多级保护组件中的一次粗保护；在交流或直流电源系统中使用必须要采取减小续流的措施	依据容量的不同，可以是一次粗保护，也可以是组合保护器中的一次或二次保护。静态电容大，不宜在高频电路中使用。此外，还有过载老化问题	电流载荷能力较差，但电压档次密集，比较适合PCB级保护。在多级保护中常用作最后一级精密保护。存在静态电容，在高速电路中使用应有特殊措施

4.2.2　浪涌保护电路

浪涌主要通过信号通道的输入端和电源两个通道进入电子系统。如果浪涌直接从信号通道进入系统，将导致整个系统的严重损坏或烧毁；如浪涌通过电源进入系统，将导致电源损坏或引起和电源相连接的所有电路产生严重干扰乃至损坏。为了防止电路受到过大的过载冲击而设置的浪涌保护电路应当具备如下特性：

（1）正常工作时，保护电路对系统的影响可忽略不计，即它的并联电阻应足够大，而串联电阻和并联电容应尽量小。

（2）对过载电压应有良好的箝位能力，即在大瞬变电压进入电路期间，被保护电路的两端电压应接近或低于系统的最大工作电压。

（3）应具有强的分流能力，保护电路能吸收瞬变最坏情况下的瞬变过程能量，而自身又不致损坏。

（4）对过载电压应有尽量短的响应时间。

（5）在瞬变过程结束后应恢复正常，不应是不可恢复的、一次性的，并能对持续不断或连续的过载过程起保护作用而不致损坏。

（6）体积小，价格低，易于维护。

浪涌保护电路的一般形式如图4-19所示，图中Z_1为串联阻抗，通常是电阻器，Z_2为并联阻抗，通常是非线性元件，如气体放电管、压敏电阻、瞬态电压抑制器和齐纳稳压二极管等。在实际装置和系统中，保护电路往往使用保护器件的组合形式，以实现有效、可靠的防护目的。

电子线路中的浪涌保护系统通常采用由气体放电管、压敏电阻和瞬态电压抑制二极管组合而成的二级或三级保护电路，充分发挥各种浪涌保护器件的特点，实现可靠保护，如图4-20所示。气体放电管放在线路输入端，作为一级浪涌保护器件，承受大的浪涌电流。二级保护器件采用压敏电阻，在微秒级时间范围内很快响应。对于高灵敏的电子线路，可采用硅瞬态电压抑制二极管构成第三级保护，在纳秒级时间范围内产生响应。当雷电等浪涌到来时，TVS首先启动，把瞬间过电压精确控制在一定水平；如果浪涌电流继续增大，并且在瞬态电压抑制二极管烧毁之前，压敏电阻启动，并泄放一定的浪涌电流，则随着浪涌电流增加电阻两端电压有所提高，直至推动前级气体放电管导通，把大电流泄放到地，转移大部分瞬变能量，从而保护后端电路免遭破坏。

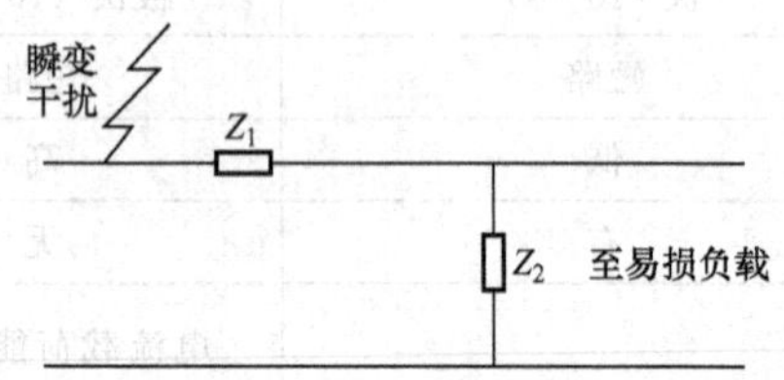

图4-19 浪涌保护电路的一般形式

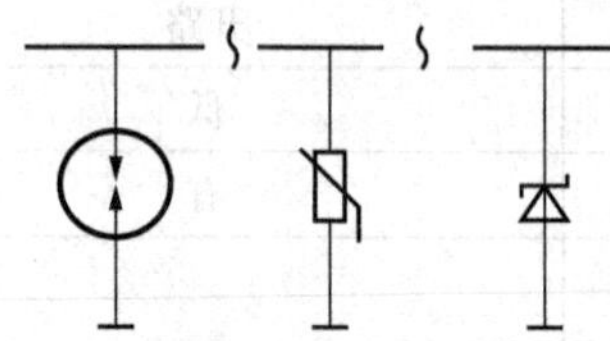

图4-20 浪涌保护三级组合电路

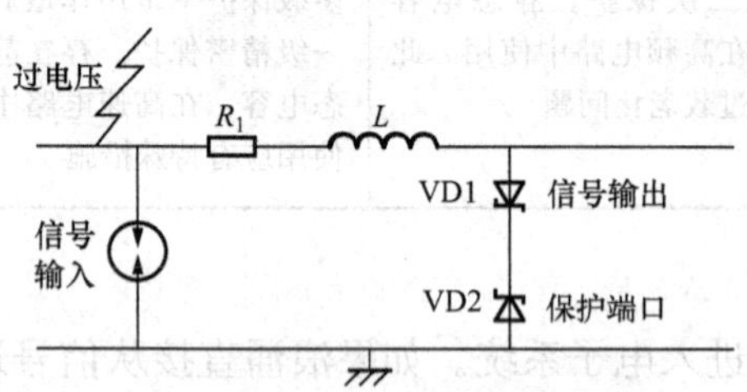

图4-21 信号通道输入端的基本保护电路

1. 非平衡线路信号通道输入端的保护

图4-21为气体放电管和瞬态电压抑制二极管组合的两级混合输入端保护电路。当浪涌不太高时，由于气体放电管的击穿电压高，因此不动作，此时过电压直接加到瞬态电压抑制二极管VD1、VD2上，端电压被箝制在一定电平，以保护信号电路。为确保正常工作时瞬态电压抑制二极管不导通，其击穿电压值应比最大工作电压高几伏。当输入过电压大于气体放电管的击穿电压时，放电管击穿导通，浪涌电流由放电管分流泄放。因此，瞬态电压抑制二极管用以直接保护负载，而气体放电管则是用以保护瞬态电压抑制二极管，间接保护输入电路。电阻R_1主要用于限制流过二极管的电流，其阻值为

$$R_1 = \frac{(U_G - U_d)U_d}{P} \tag{4-8}$$

式中 U_G——气体放电管的直流击穿电压；

U_d——瞬态电压抑制二极管的反向击穿电压；

P——二极管的最大稳态功率额定值。

增大R_1，可减小二极管的功耗，但由于R_1与负载构成对信号源的分压器，使有用信号衰减也增大。为了解决这个矛盾，当信号中最高频率分量低于100kHz时，可以串联一个电感器L。但电感器会引起高频振荡，引入附加的高频干扰，因此应采用磁珠有损耗滤波器效果更佳。磁珠电感值为1～10μH。

2. 平衡线路信号通道输入端的保护

平衡线路保护电路如图 4－22 所示，气体放电管采用三电极结构。R_1、R_2 仍为瞬态电压抑制二极管的限流电阻。因为三电极气体放电管的击穿电压至少是 300V，平衡线路需要电感 L。为保证电路平衡，该电路中上下两边的 R_1、R_2 和 L 的数值都必须完全相同。瞬态电压抑制二极管 VD1、VD2 和 VD3、VD4 使信号线上的共模电压箝位到 $+U_d \sim -U_d$。VD5、VD6 则用以限制最大差模电压。

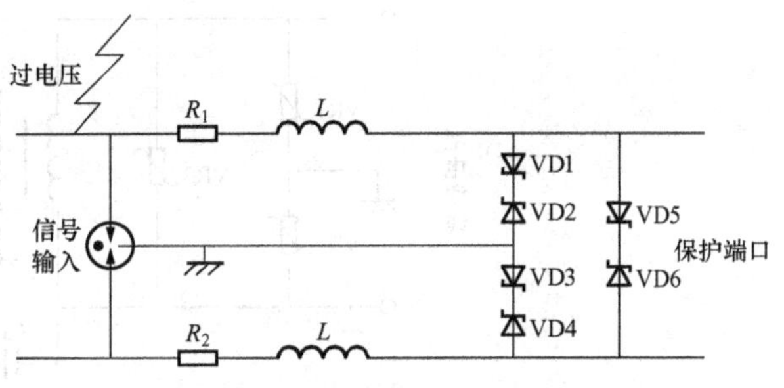

图 4－22　平衡线路的基本保护电路

由气体放电管、压敏电阻和瞬态电压抑制二极管构成的平衡式计算机数据线三级防护电路如图 4－23 所示。第一级为击穿电压为 300V 的气体放电管；第二级为压敏电阻，保护电压为 53V，保护时流过电流为 30A；反向击穿电压为 4.7V 的瞬态电压抑制二极管为最后一级。

这种电路具有较大的并联寄生电容（其中压敏电阻的寄生电容量为 8.5nF，二极管的寄生电容量为 2nF），会使数字脉冲的上升沿变缓，因此该电路的输出必须经施密特触发器整形，恢复其逻辑波形。

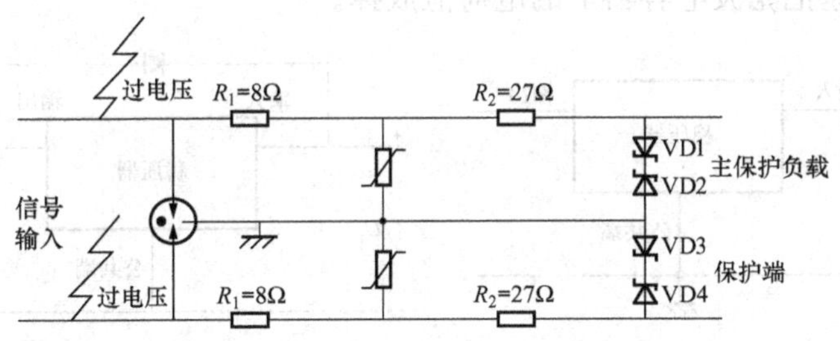

图 4－23　平衡线路的三级保护电路

3. 直流电源的保护

当瞬变干扰通过电网或通过数据线进入电源时，有可能导致电源及所有与其连接的其他负载损坏，其示意图如图 4－24 所示。一个典型的直流电源包括变压器、整流器和稳压器三部分。下面将分别讨论各部分的保护方法。

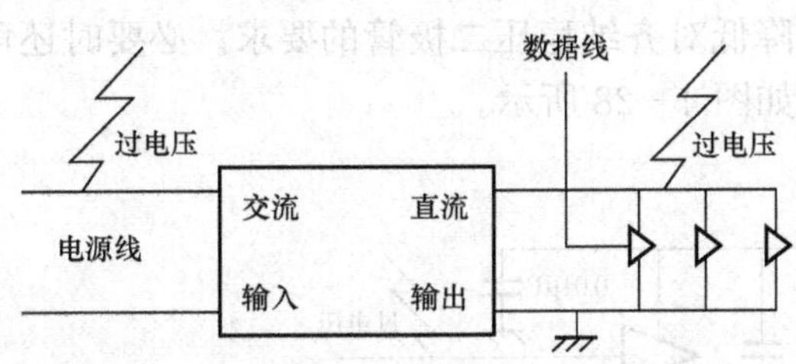

图 4－24　过电压引入直流电源的途径

(1) 变压器和整流器的保护。为了提高对来自电网的瞬态干扰的抑制能力，一般采用隔离变压器或 C 型变压器。同时还经常采用压敏电阻和旁路电容器以抑制过电压的危害，其基本保护电路如图 4－25 所示。图中 VR1、VR2 用来抑制过大的共模干扰电压，VR3 用来抑制过大的差模干扰电压，共同保护变压器的一次绕组免受过电压危害和防止过电压瞬态脉冲进入后级电路。

二次绕组上连接旁路电容器 C_3 用于抑制差模干扰，C_3 的典型值为 0.01～0.1μF。C_1、C_2 用于抑制共模干扰，C_1 和 C_2 的典型值为 0.01μF 左右。

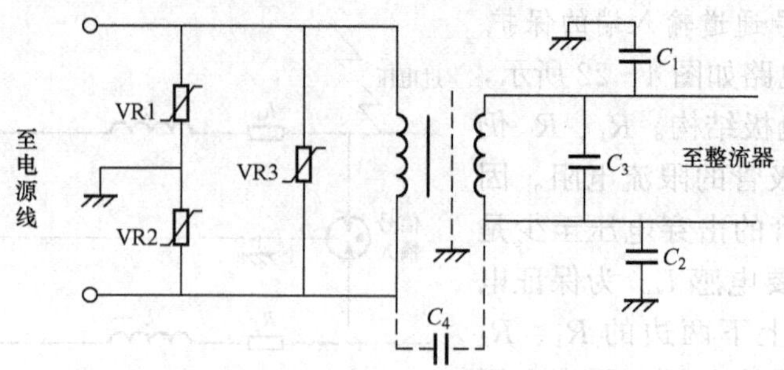

图 4－25　变压器和整流器保护

注意：为了降低同并联电容相串联的寄生电感，压敏电阻或旁路电容器的引线都应尽量短。

（2）集成电路稳压器的保护。为了能确保完全抑制过电压，特别是当整流器和稳压器之间有长电缆时，在稳压器的输入端还可采用一个瞬态电压抑制二极管进行箝位，以进一步防止过电压，如图 4－26 所示。

为了防止输入端短路或电压下降使输入电压 U_i 较之输出端的电压 U_o 低 0.6V 以上时，稳压器受到损坏，可以在稳压器输入输出端接入二极管，如图 4－27 所示。随着输入端电压降低，二极管可迅速把滤波电容器上的电荷泄放掉。

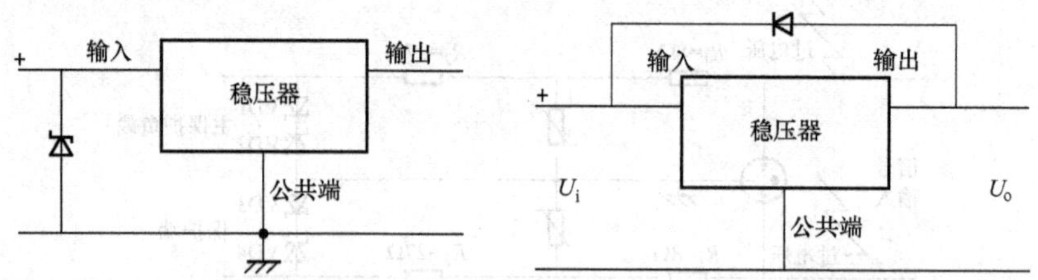

图 4－26　稳压器输入端过电压保护　　图 4－27　稳压器输入端短路保护

对稳压器负载端瞬变干扰的保护，可以在稳压器的输出端加瞬态电压抑制二极管，其最小击穿电压应比稳压器的最大输出电压略大（约 1.2 倍），以保证正常工作时二极管不致导通。当负载的瞬变干扰电压超过瞬态电压抑制二极管的击穿电压时，输出电压被箝位。为了增加输出直流电压的稳定性，还可以再并联滤波电容器。为防止大的瞬变过电压通过负载进入稳压器，可以再增加限流电阻 R 及电感 L，以降低对齐纳稳压二极管的要求。必要时还可以采用气体放电管。直流稳压器的负载保护电路如图 4－28 所示。

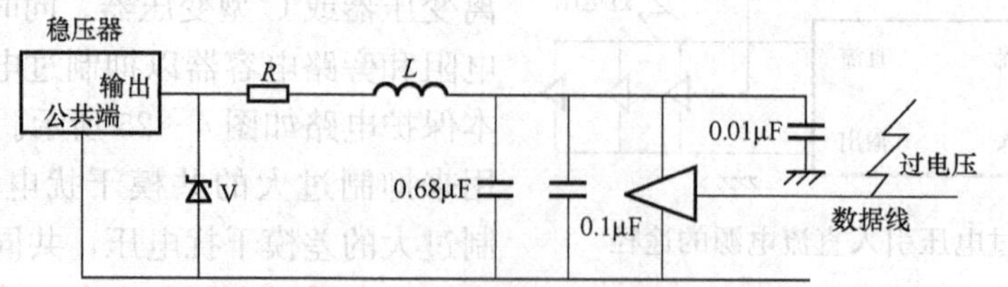

图 4－28　直流稳压器的负载保护电路

（3）直流电源端口防护电路。图 4－29 给出了一种防护等级较高的直流电源端口的防浪涌保护电路，是一个串联式两级防护电路。第一级是由两个压敏电阻并联的差模保护，标称放电电流可达5kA。第二级由压敏电阻和TVS保护，将残压降低到后级电路能够承受的水平。两个气体放电管并联构成共模一级防护电路。该电路输出残压较低，适用于后级电路抗过电压水平很低的情况。

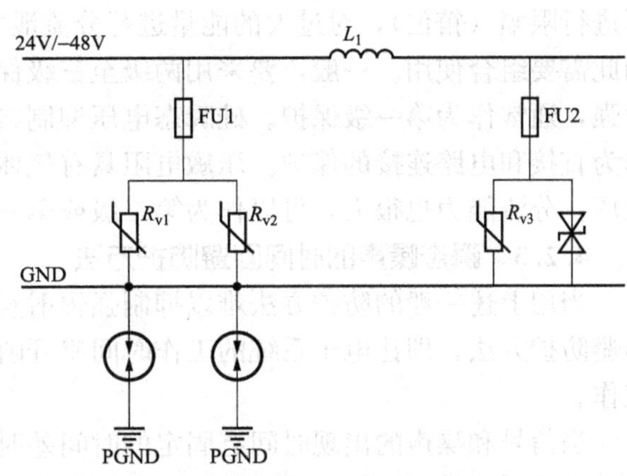

图 4－29　直流电源端口防护电路

4. 运算放大器的保护

运算放大器通常连接到模拟输入端和模拟输出端，因此对信号输入和输出端的实际保护主要是为了保护运算放大器。

图4－30为运算放大器用于反相端输入的放大器时的保护电路。在正常工作时，二极管VD1和VD2上的电位差不会超过几毫伏，因此不导通。当过电压进入输入端时，先后受到气体放电管和二极管VD1和VD2的限幅，使运算放大器输入端的电压限制在±0.7V左右。为了提高放大器的带宽，VD1和VD2常用开关二极管。

对于同相端输入的运算放大器，其保护电路如图4－31所示。该电路的最主要缺点是不能工作于高频情况。因为对低频而言，R_s为数千欧时对电压增益的影响可以忽略不计，但对高频而言，R_s和瞬态电压抑制二极管VD3、VD4的寄生电容组成的低通滤波器会严重衰减高频信号。

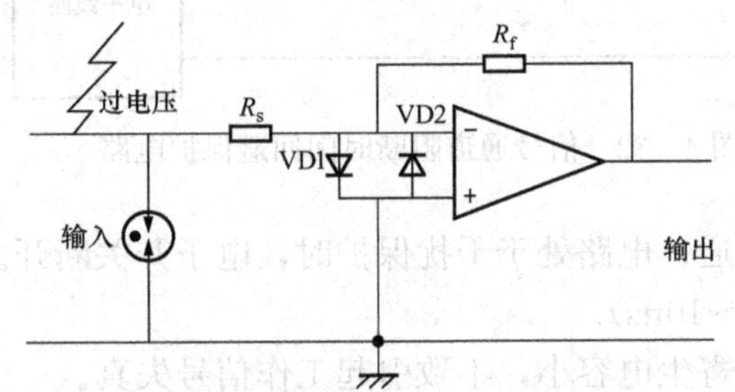

图 4－30　反相端输入的放大器时的保护电路

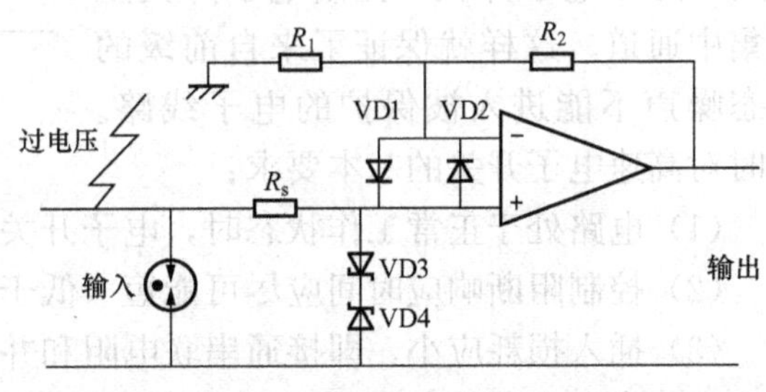

图 4－31　同相端输入的放大器的保护电路

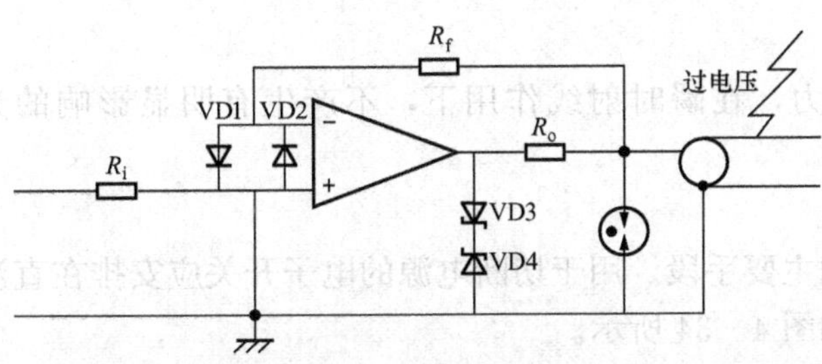

图 4－32　输出端出现过电压时运算放大器的输入端及输出端保护电路

破坏性的过电压有时也可能通过运算放大器的输出端加到运算放大器，因此运算放大器的输出端也应进行保护，如图4－32所示。输出端串接的电阻R_o既用以限制瞬态电压抑制二极管VD3、VD4的电流，同时它也会影响到输出的衰减，所以设计时必须折中考虑。二极管VD1、VD2用于输入端保护，防止输出端电缆上的过电压通过R_f传递到反相输入端。

实际应用中，对保护的要求常常是各式各样的。但是对浪涌的防护归根到底是要对过电压进行限幅（箝位），对过大的能量进行分流泄放。每一种保护器件都有一定的应用局限性，因此需要组合使用。一般，要采用两级至三级保护。气体放电管由于其保护电压高、分流能力强，通常作为第一级保护。硅瞬态电压抑制二极管由于其保护电压低，且可精确箝位，可作为直接和电路连接的保护。压敏电阻具有气体放电管和硅瞬态电压抑制二极管之间的保护电压，分流能力也很大，可以作为第二级或第一级保护。

4.2.3 瞬态噪声的时间回避防护方法

当用上述一般的防护方法难以抑制强辐射直接作用所引起的瞬态噪声时，可以采用时间回避防护方法，即让电子系统的工作时间避开瞬态噪声，待瞬态噪声消失后，再让系统恢复工作。

当信号和噪声的出现时间有固定的时间差时，可以采用主动的时间回避方法，即让信号主动避开瞬态噪声，要么在噪声出现之前，要么在噪声出现之后才进行信号的传输或处理。

瞬态噪声抑制电路的主要组成部分：高灵敏度的传感器及高速电子开关。高灵敏度传感器的作用首先是甄别到来的噪声，即辨别电路是否处于受瞬态噪声干扰的状态，如果确定处于受瞬态噪声干扰状态，抑制电路即执行保护的功能；高速电子开关是执行控制的电路，它的工作性能及控制位置是否得当都是十分重要的。

1. 阻断信号通道

信号通道阻断时间回避保护电路如图 4-33 所示。高速电子开关串联在输入信号通道上。传感器拾取瞬态噪声经甄别后，送至电子开关，控制电子开关阻断集中通道。这样就保证了来自前级的瞬态噪声不能进入被保护的电子线路。这时对高速电子开关的基本要求：

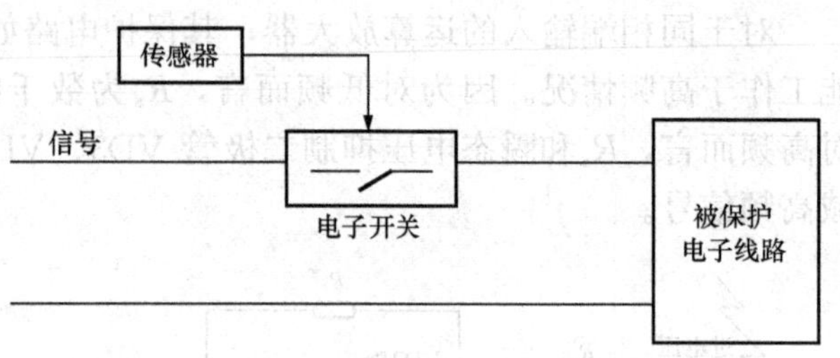

图 4-33 信号通道阻断时间回避保护电路

（1）电路处于正常工作状态时，电子开关接通；电路处于干扰保护时，电子开关断开。

（2）控制阻断响应时间应尽可能短（低于 1～10ns）。

（3）插入损耗应小，即接通串联电阻和并联寄生电容小，不致引起工作信号失真。

（4）当电子开关断开时，不应产生过冲振荡波，即要求寄生电感小，并加有适当的过冲补偿。

（5）本身的功耗及体积应小。

（6）具有一定的抗射线和抗中子能力，在瞬时射线作用下，不产生有明显影响的光电流。

2. 切断电源

切断电源是电子线路（设备）关机的主要手段。用于切断电源的电子开关应安排在直流稳压电源至被保护电子线路负载之间，如图 4-34 所示。

电子开关被安排在电源的输出滤波电容器至被保护电子线路中间。这样，被保护电子线路的电源电压的切断只取决于保护电路的响应时间。如果电子开关的位置放在直流电源和滤波电容器之间，或在直流电源的前级，这时即使电子开关断开，加于被保护电路的电压由于滤波电容器上的电荷不能马上泄放掉，仍将维持一个较长的时间（ms 量级），因此不能立即关机。

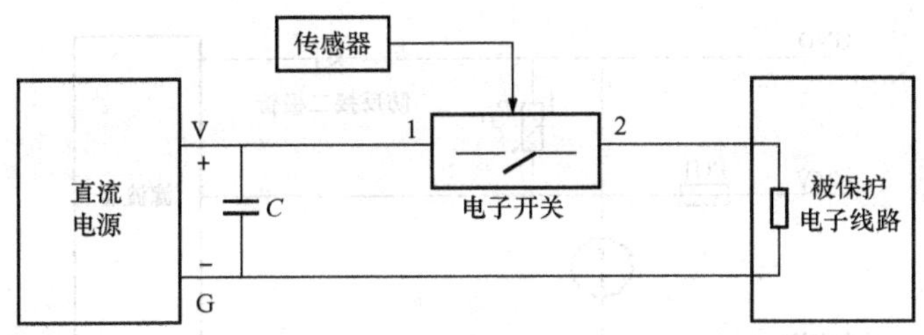

图 4－34 直流电源切断保护电路示意图

对用于切断电源、电压的电子开关的基本要求和对用于控制信号通道的电子开关的要求相似，具体如下：

(1) 电路在正常工作状态时，电子开关接通；电路处于干扰状态保护时，电子开关断开。

(2) 控制开关的响应时间应尽可能短（低于 1～10ns）。

(3) 电子开关平时要流过电源提供的电流，因此对电流额定值及功耗有一定要求。

(4) 电子开关断开时，不应有过冲振荡电压，即要求电感要小。

(5) 电子开关断开时，在开关两端会有 2～3 倍于电源的电压，因此要求电子开关两端能耐较高的电压。

(6) 体积要小。

(7) 具有一定的抗辐射能力。

4.2.4 案例分析

【案例 4－1】 如图 4－35 所示，某直流 24V 供电电路，在直流电源端进行浪涌测试后发现熔丝被烧断。更换较大的熔丝后测试仍然出现同样的现象。直接用粗导线短接熔丝后再进行测试出现“冒烟”现象。

通过现象分析应当在对电源端测试过程中发生了短路现象。观察电源端口电路，该电路是由气体放电管和压敏电阻构成的较高等级的浪涌防护。一个直流击穿电压为 90V 的气体放电管直接连接在＋24V和 PGND之间。气体放电管在浪涌保护过程中存在续流问题，当浪涌保护结束后继续导通会造成设备短路。气体放电管导通后两端电压维持 20V 以上就能使其一直导通。本案例中，气体放电管短路状态时两极电压为 20～25V，所以当浪涌通过后气体放电管继续导通使电源短路造成熔断器烧毁。然而在正常工作状态下，该电路在＋24V 和 PGND 间电压始终不会超过气体放电管的击穿电压，气体放电管开路，并不会暴露问题。

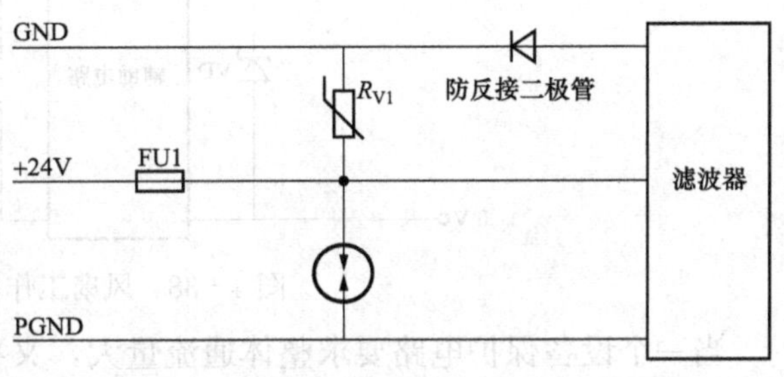

图 4－35 电源端入口电路

处理措施：更改气体放电管两端放置位置，如图 4－36 所示。

气体放电管在使用时要特别注意其续流特性，在交流电源电路中通常与压敏电阻串联使用，限制后续电流小于气体放电管的维持电流；在直流电路中只能并联在很低的电压之间。

【案例 4－2】 某设备电源输入端口进行浪涌测试，当进行±1kV 的差模浪涌信号测试时，设备中的冷却风扇转速降低，而且不能恢复。实验结束后检查电路，发现风扇工作电路

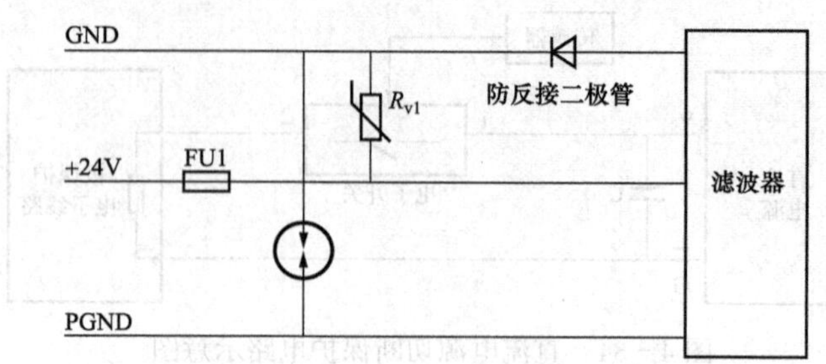

图 4-36　更改后电源端入口电路

的电源输入端的保护二极管被烧损。

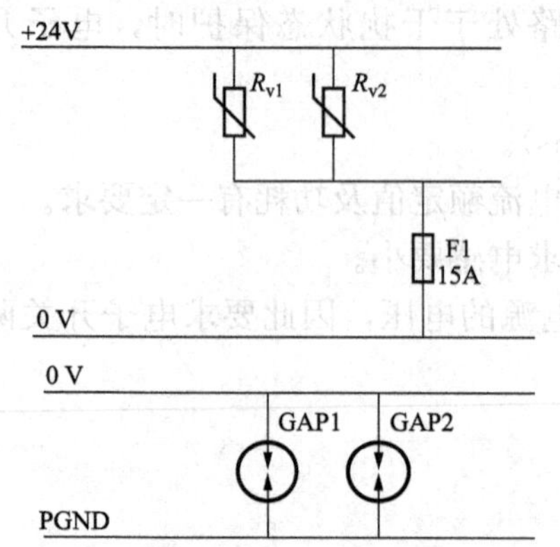

图 4-37　设备总电源入口浪涌保护电路

设备总电源入口浪涌保护电路如图 4-37 所示，采用两个压敏电阻并联的差模保护，共模保护采用两个气体放电管并联构成的一级保护。风扇工作电路中为了进一步进行浪涌保护，在直流 24V 电源输入端口并联了一个 TVS 进行差模保护，如图 4-38 所示。设备总电源与风扇工作电源电路之间直接用导线连接，电缆长度小于 0.4m。原理上，相当于压敏电阻 R_{v1}、R_{v2} 与 TVS VD 直接并联。TVS 通流量小，当通过电流超出其承受能力将导致保护二极管的过电流损坏。损坏后，后一级电路将不能受到保护从而导致风扇损坏现象。

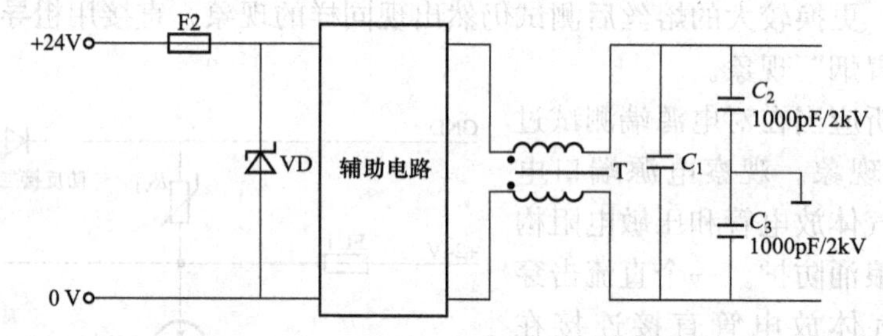

图 4-38　风扇工作电源入口电路

当一个设备保护电路要求整体通流量大，又要实现精确保护时，往往需要气体放电管、压敏电阻和 TVS 之间的很好配合使用。如果电流等级相差较大的压敏电阻和 TVS 直接并联，即使压敏电阻的通流量可以满足设备总浪涌保护要求，在浪涌的作用下也会导致 TVS 损坏。原因是 TVS 导通较快，而在 TVS 导通之后，在压敏电阻导通之前，如果没有保护来阻挡大电流的“侵袭”，将会导致 TVS 不能承受过大的浪涌电流而损坏。

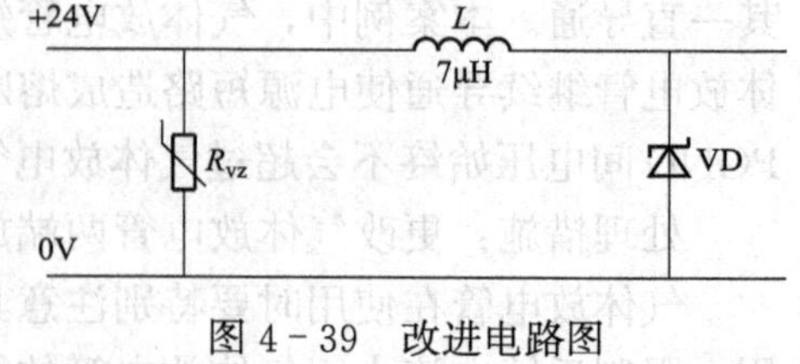

图 4-39　改进电路图

处理措施：在压敏电阻和风扇电源输入端口处（TVS 前级）串联电感，电感量为7μH，如图 4-39 所示。

在直流电源的浪涌保护电路设计中，在几种保护器件配合使用的场合，经常需要电感、导线等在两种保护器件之间配合。经验值，1m 长导线的寄生电感为 1～1.6μH。

思考与练习

1. 电子线路中触点开合时产生瞬态噪声的原因是什么？

2. 气体放电管作为浪涌保护器件有哪些特点？如何解决其续流问题？

3. 在气体放电管、压敏电阻、瞬态电压抑制二极管构成的三级保护电路中，各保护器件之间如何配合以实现对后级电路的浪涌保护？

第 5 章 电力电子装置的谐波干扰与抑制

5.1 电力电子装置的谐波干扰

非线性负载是谐波产生的根本原因。电力电子元器件构成的电力电子装置如整流器、逆变器和斩波器等，对于电网都属于非线性负载。当电流经过非线性负载时，与两端所加电压呈非线性关系，就形成非正弦电流，引起电流畸变，注入电网后产生了谐波，对电网造成严重污染。谐波造成电力电子装置的功率因数下降，电网无功功率增加，造成设备过热，加速器件老化，对弱电系统带来严重干扰。大功率高频开关器件造成电流电压的陡峭变化会产生很宽频带的电磁干扰信号。

5.1.1 谐波的基本概念

一个周期性的非正弦波可以用傅里叶级数分解成基波和一系列谐波，傅里叶级数的一般表达式：

$$F(\omega t)=\frac{A_0}{2}+\sum_{n=1}^{\infty}[A_n\cos(n\omega t)+B_n\sin(n\omega t)]$$

式中：

$$\begin{cases}A_0=\dfrac{1}{\pi}\displaystyle\int_0^{2\pi}F(\omega t)\mathrm{d}(\omega t)\\A_n=\dfrac{1}{\pi}\displaystyle\int_0^{2\pi}F(\omega t)\cos(n\omega t)\mathrm{d}(\omega t)\\B_n=\dfrac{1}{\pi}\displaystyle\int_0^{2\pi}F(\omega t)\sin(n\omega t)\mathrm{d}(\omega t)\\n=1,\ 2,\ 3,\cdots\end{cases}\tag{5-1}$$

谐波，是指一个周期量的傅里叶级数中次数高于 1 的分量。图 5－1 所示为含有 3 次谐波的电流波形及其波形分解。

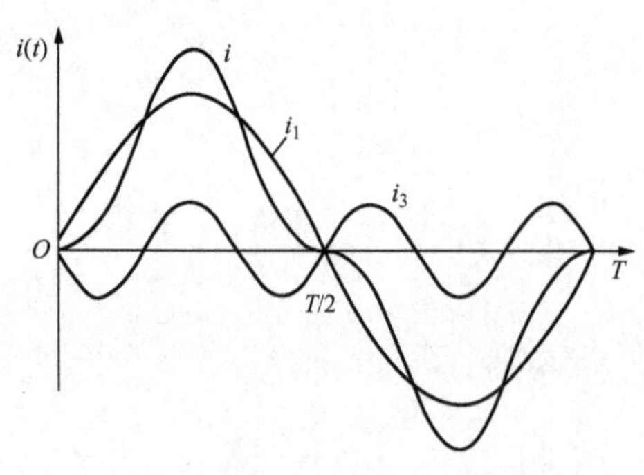

图 5－1 含有 3 次谐波的电流波形及其波形分解

谐波造成正弦波形畸变，会使电能质量下降，给发供电设备及用户用电设备带来严重危害。波形的畸变程度常用正弦波形的畸变率表示。各次谐波有效值的平方和的均方根值和其基波的有效值的百分比称为正弦波的畸变率，简称畸变率，又称为总谐波畸变率。例如，电压波形畸变率：

$$D_u=\frac{\sqrt{\sum\limits_{n=2}^{\infty}U_n^2}}{U_1}\times100\%\tag{5-2}$$

式中 U_n——第 n 次谐波电压的有效值；

U_1——基波电压的有效值。

电力电子设备工作电压高，电流大。电力电子器件的开关特性的强非线性，使电力电子装置在运行时会产生大量的谐波干扰。这些都是产生电磁骚扰的主要来源。

5.1.2　电力电子装置中谐波的主要来源

1. 单相整流电路

单相大功率桥式整流器的电路如图 5-2 所示。若负载为纯电阻 R，电感 $L=0$，则整流后电压 U_d的波形如图 5-3 所示，负载电流的波形与 U_d相同。显然，U_d和 i 都是非正弦波，含有大量谐波。如果电感量很大，$L/R \gg T$，则负载电流 i 近似为直流电流不变，用符号 I_d 表示。

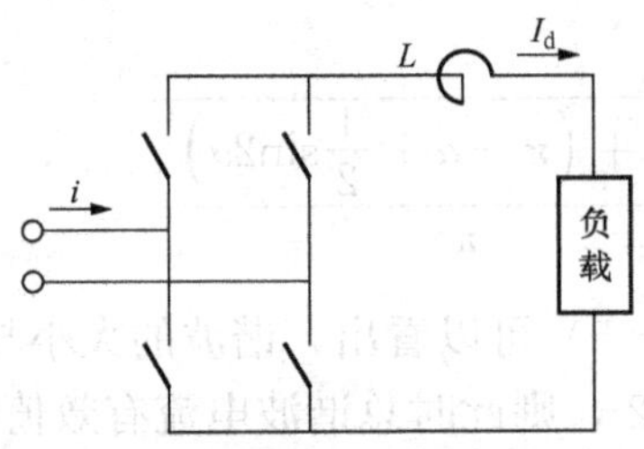

图 5-2　单相大功率桥式整流电路

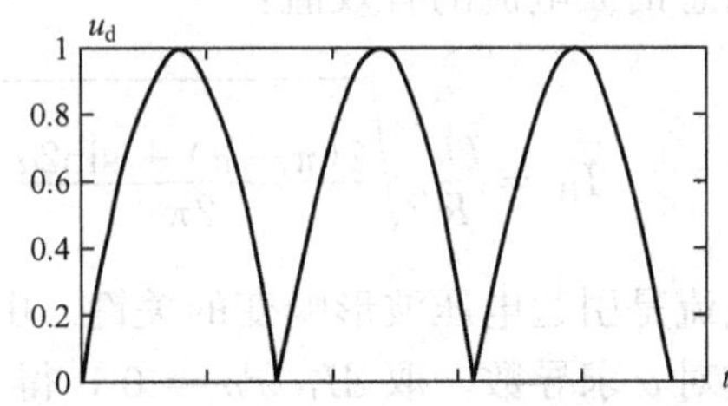

图 5-3　负载电压波形

当不考虑整流器换流重叠角 γ，交流侧电流 $i_\sim$ 为矩形波，幅值为 I_d，周期为 T 时（见图 5-4）的傅里叶级数分解：

$$i_\sim = \frac{4}{\pi} I_d \left(\sin\omega t + \frac{1}{3}\sin 3\omega t + \frac{1}{5}\sin 5\omega t + \frac{1}{7}\sin\omega t + \cdots \right) \tag{5-3}$$

式（5-3）表明：从电网取得的交流电流中，除了基波之外，还有大量谐波次数 $k=4l\pm1$，l 为正整数的奇次谐波。谐波的幅值与谐波次数成反比，谐波次数越高，幅值越小，其中三次谐波幅值最大。谐波虽然随次数增加呈衰减趋势，但衰减的速度不快，如 99 次谐波幅值仍有基波幅值的 1%左右。

2. 晶闸管交流调压器

单相晶闸管交流调压器利用相控原理，控制不同的延迟角（触发角、移相角）α，改变输出电压的大小。当电路中没有外接电感，忽略电路自身电感时，调压器的主电路原理图如图 5-5所示。

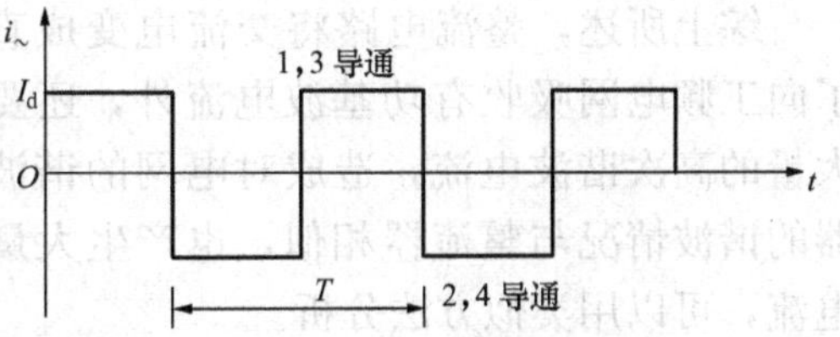

图 5-4　矩形波电流

由图 5-6 中电压波形可以看出，输出电压 u_o是周期性的非正弦波形，则其中必然包含高次谐波，从而产生干扰。对输出电压进行傅里叶级数分解得：

$$\begin{aligned} u_o = \frac{\sqrt{2}U_i}{\pi} \Bigg\{ & -\sin^2\alpha\cos\omega t + \left(\pi - \alpha + \frac{1}{2}\sin 2\alpha\right)\sin\omega t \\ & + \sum_{n=3,5,7}^{\infty} \left[\frac{\cos(n+1)\alpha - \cos(n+1)\pi}{n+1} + \frac{\cos(n-1)\pi - \cos(n-1)\alpha}{n-1} \right] \cos n\omega t \\ & + \sum_{n=3,5,7}^{\infty} \left[\frac{\sin(n+1)\alpha}{n+1} - \frac{\sin(n-1)\alpha}{n-1} \right] \sin n\omega t \Bigg\} \end{aligned} \tag{5-4}$$

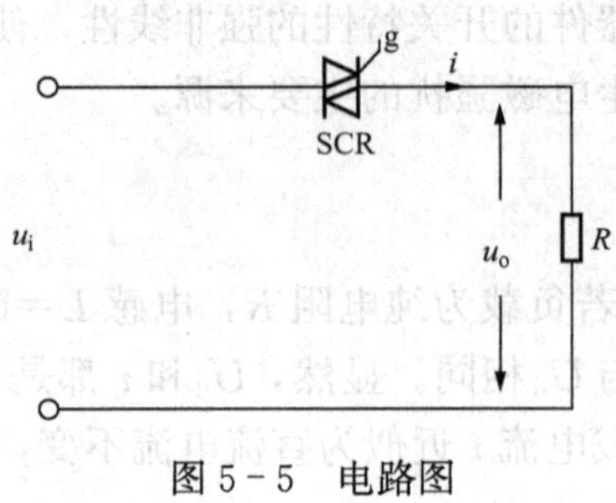

图 5－5　电路图

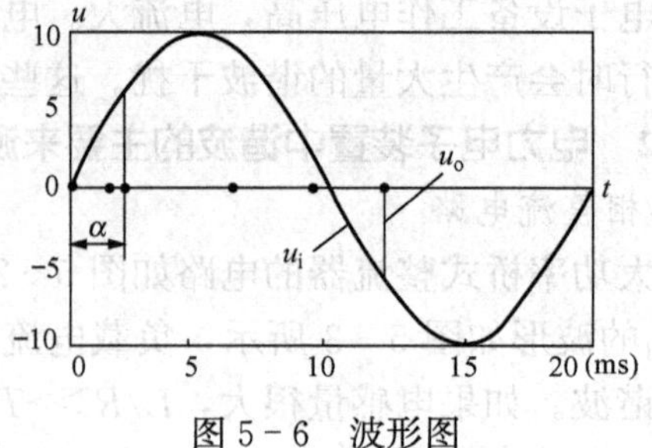

图 5－6　波形图

该电路总谐波电流的有效值：

$$I_H = \frac{U_i}{R}\sqrt{\frac{2(\pi-\alpha)+\sin 2\alpha}{2\pi} - \frac{\sin^4\alpha + \left(\pi - \alpha + \frac{1}{2}\sin 2\alpha\right)^2}{\pi^2}} \tag{5-5}$$

谐波电流是引起电压波形畸变的关键。由式（5－5）可以看出，谐波的大小与延迟角相关。将上式对 α 求导数，取 $dI_H/d\alpha = 0$，得 $\alpha = \pi/2$，则此时总谐波电流有效值的最大值：$I_{N\max} = 0.386U_i/R$，电流的总谐波畸变率将达到 65.1%，电流的畸变是相当严重的。

如果将总谐波电流有效值 I_H 中幅值最大的 3 次及其倍数次谐波（简称 3 倍频）电流有效值用 I_{3k} 表示，其余 $6k\pm1$ 次谐波用 $I_{6k\pm1}$ 表示，则有

$$I_H^2 = I_{3k}^2 + I_{6k\pm1}^2$$

纯电阻负载下谐波电流与 α 的关系如图 5－7 所示。由图可见，$39^\circ < \alpha < 145^\circ$ 范围内 $I_{3k} > I_{6k\pm1}$，即 3 倍频谐波电流是主要的。如果能抑制 3 倍频谐波电流，则电网干扰将大大减小，在总谐波电流最大的 $\alpha \approx \pi/2$ 时尤为明显。

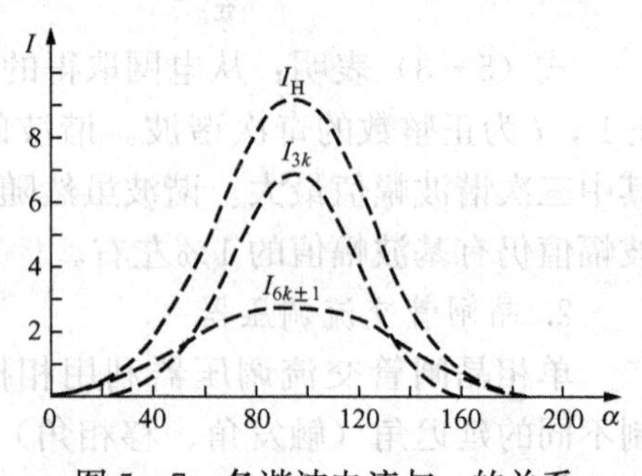

图 5－7　各谐波电流与 α 的关系

综上所述，整流电路将交流电变成直流电时，除了向工频电网吸收有功基波电流外，还要向电网馈送大量的高次谐波电流，造成对电网的谐波干扰。逆变器的谐波情况与整流器相似，也产生大量的高次谐波电流，可以用类似方法分析。

5.2　谐波干扰的危害

随着硅整流及晶闸管换流设备的广泛应用和各种非线性负载的增加，大量的谐波电流注入电网，造成电压正弦波畸变，使电能质量下降，给发供电设备及用电设备带来危害。这些危害主要有以下几方面：

1. 电气设备增加损耗和过载

（1）铜耗。电流流过导体产生损耗。若只有基波电流 I 流过直流电阻为 R 的导体，由于集肤效应，谐波使交流电阻比直流电阻增加为 C 倍，则损耗：

$$P_1 = C_1 I^2 R \tag{5-6}$$

有谐波后，损耗增加为 $$P=\sum_{k=1}^{\infty}I_k^2R_K=\sum_{k=1}^{\infty}I_k^2C_kR \quad (5-7)$$

增加的损耗为 $$\Delta P=P-P_1=\sum_{k=2}^{\infty}I_k^2C_kR \quad (5-8)$$

因此，无论是变压器、电动机，还是输电线等，谐波都会增加电阻损耗，俗称铜耗，不利于节能。

(2) 铁耗。谐波存在也使铁磁物质中的磁通产生谐波，造成附加的磁滞损耗和涡流损耗。由于磁滞损耗和涡流损耗都随频率的增加而增加，因此损耗加大较快。铜耗和铁耗共同影响，使电气设备的损耗增加。

(3) 过载。由于增加了谐波损耗，而损耗变成热能。所以在同样输出功率时，电气设备的发热增加了，导致温升增加。也就是说，同一设备在输出功率不变时，温升增加了，形成过载。温升增加会加速绝缘的老化，降低绝缘强度，加大泄漏电流，从而降低了绝缘的寿命。为了降低温升到规定允许数值，电气设备往往不得不降低输出功率，即降低负荷运行，这是不经济的。

2. 降低功率因数

功率因数 λ 定义为有功功率 P 与视在功率 S 之比，用公式表示为 $\lambda=P/S$。在正弦波情况下，有 $\lambda=\cos\varphi$。而在有谐波的情况下，总功率因数 $\lambda=P/S=\nu\cos\varphi$；$\cos\varphi$ 为位移因数；ν 为畸变因数。畸变因数 ν 的存在，使功率因数下降。

3. 使电动机性能变差

谐波对电动机来说可以引起附加损耗，产生附加的谐波转矩，产生机械振动和噪声等。谐波引起的附加损耗包括集肤效应引起的附加铜耗和附加谐波铁耗。附加铁耗包括转子谐波附加铁耗和定子端部附加铁耗等。除了基波对电动机产生转矩做功之外，谐波也会产生附加的谐波转矩。k 次谐波的同步转速是基波同步转速的 $1/k$，因此在电动机低速时可能使转矩有较大的改变。

4. 电容器过载、膨胀和损坏

电容器损耗与工作频率成正比，由于谐波频率比基波高 k 倍，因此使电容介质损耗增加，导致电容额外发热增加，加速电容器老化，甚至膨胀炸裂。另外，电力电容器还可能和电力系统中的感抗构成谐振电路。当存在谐振时，谐波被放大，最终导致电压高于额定值，造成电气故障。例如：电容器过热、电路跳闸、过电压和绝缘击穿等。

5. 测量仪表和继电器附加谐波误差

常规的测量仪表是设计并工作于正弦电压、正弦电流波形的，这时它的精度符合精度等级要求。但这些仪表用于非正弦波测量时会附加误差，使精度变差。

同理，由于谐波电流的作用，产生的力附加在基波电流产生的力上，使继电器会产生附加误差，甚至发生继电器保护误动作。

6. 对通信和电子设备的干扰

谐波电流使供电电源的正弦波形畸变，供电质量下降，因而连在同一电源（如变压器）上的其他用电设备受到干扰。例如：电网的谐波电压可耦合到通信线路，降低通信质量，甚至使信息错误；谐波耦合到音响设备的扬声器中导致发出“嗤嗤”的声音；晶闸管调光设备在运行中产生的干扰脉冲，电流通过灯泡的灯丝缩短白炽灯的寿命和引起荧光灯的故障。

5.3 电力电子系统谐波干扰的抑制

减小谐波影响应优先对谐波源本身或在其附近采取适当的技术措施，主要措施见表 5－1。实际措施的选择要根据谐波达标水平、措施的效果、经济性和技术成熟程度等综合比较后确定。

表 5－1　电力电子系统谐波干扰抑制的主要措施

序号	名称	内容	评价
1	加换流装置的脉冲数（相数）	改造换流装置或利用相互间有一定移相角的换流变压器	①可有效地减小谐波量； ②换流装置容量应相等； ③使装置复杂
2	加装交流滤波装置	在谐波源附近安装若干单调谐及高通滤波支路，以吸收谐波电流	①可有效地减小谐波量； ②应同时考虑功率因数补偿和电压调整效应； ③装置运行维护简单，但需要专门设计
3	改变谐波源的配置或工作方式	具有谐波互补性的装置应集中，否则应适当分散使用，适当限制谐波量大的工作方式	①可有效地减小谐波量； ②对装置的配置和工作方式有一定的要求
4	加装串联电抗器	在用户进线处加串联电抗器，以增大和系统的电气距离，减小谐波的相互影响	①可减小和系统的谐波相互影响； ②应同时考虑功率因数补偿和电压调整效应； ③运行维护简单，但需要专门设计
5	改善三相不平衡度	从电源电压、线路阻抗、负荷特性等找出三相不平衡原因，加以消除	①可有效地减小 3 次谐波的产生； ②有利于设备的正常用电，减小损耗； ③有时需要用平衡装置
6	加装静止无功补偿装置（或称动态无功补偿装置）	采用 TCR（晶闸管控制电抗器）、TCT（晶闸管控制高漏抗变压器）或 SR（自饱和电抗器）型静补装置时，其容性部分设计成滤波器	①可有效地减小波动谐波的谐波量，有效地抑制快速变化谐波； ②有抑制电压波动、闪变、三相不对称和补偿功率因数的功能，具有综合的技术经济效益； ③一次投资较大，需专门设计
7	增加系统能承受谐波的能力	将谐波源由较大容量的供电点或由高一级电压的电网供电	①可以减小谐波的影响； ②在规划和设计阶段考虑
8	避免电力电容器组对谐波的放大	改变电容器组的串联电抗器，或将电容器组的某些支路改为滤波器，或限定电容器的投入容量	①可有效减小电容器组对谐波的放大并保证电容器组安全运行； ②需要专门设计
9	提高设备或装置抗谐波干扰能力，改善谐波保护性能	改进设备或装置性能，对谐波敏感设备或装置采用灵敏的谐波保护装置	①适用于对谐波（特别是暂态过程中谐波）较敏感的设备或装置； ②需要专门研究
10	采用有源滤波器等新型抑制谐波的措施	研制和逐步推广应用	适用于小容量谐波源的补偿，且造价较高

5.3.1　增加换流装置的脉冲数

1. 三相 6 脉整流

三相 6 脉整流电路如图 5－8 所示，6 个晶闸管整流器组成 6 个桥臂，每个桥臂的导通角为 $\pm\frac{2}{3}\pi$。由一个桥臂导通换为另一个桥臂导通的过程称为换相过程。该电路中电源电压在一个周期内有 6 次换相，所以称为 6 脉动整流。各个桥臂的导通情况以及交、直流电压和交流的变化波形，如图 5－9 所示。

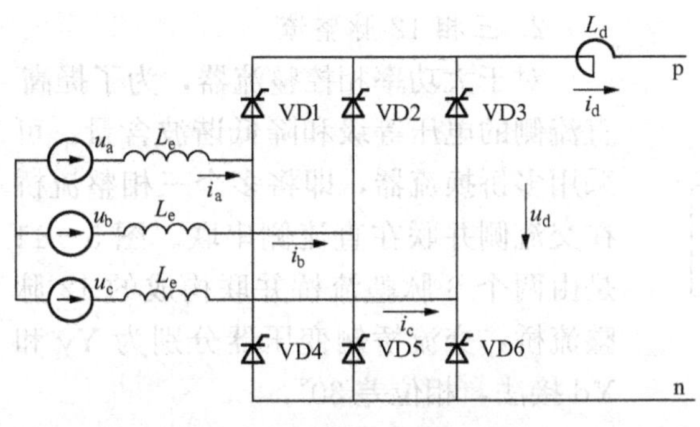

图 5－8　三相 6 脉整流电路

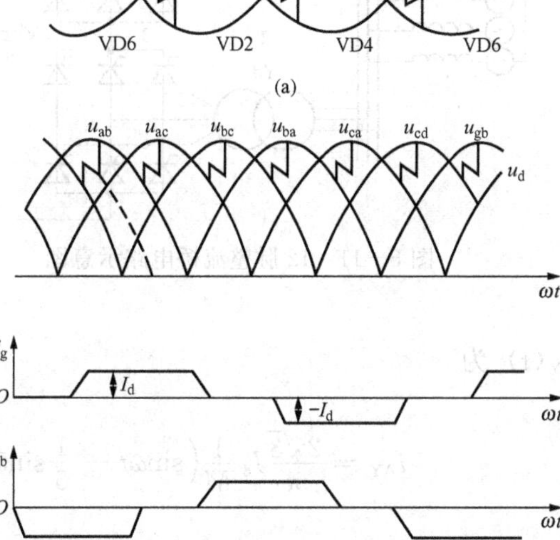

图 5－9　三相 6 脉动整流中电压和电流波形

(a) 交流电压；(b) 直流电压、交流变化波形

为了便于分析交流侧电流特性，假设理想条件如下：

(1) 电源为理想的三相平衡系统，并以 a 相为基准；

(2) 整流器为理想元件，其正向电阻为零，反向电阻为无穷大；

(3) 交流电路的电感为零，即换相重叠角 $\gamma=0$；

(4) 控制角 $\alpha=0$，即相当于不可控整流。

其中，a 相电压和简化后的电流波形如图 5－10 所示。i_a是一个周期函数，对其进行傅里叶级数展开，得

$$i_a=\frac{2\sqrt{3}}{\pi}I_d\Big(\sin\omega t-\frac{1}{5}\sin5\omega t-\frac{1}{7}\sin7\omega t+\frac{1}{11}\sin11\omega t+\frac{1}{13}\sin13\omega t-\frac{1}{17}\sin17\omega t-\frac{1}{19}\sin19\omega t+\cdots\Big)\tag{5-9}$$

与式（5－3）相比较，式（5－9）所示的电流中消除了幅值最大的 3 次及其倍数次谐波，除了基波外，只有 $6l\pm1$ 次谐波存在，有效地降低了总谐波畸变率。b 相和 c 相的电流与 a 相相同，只是相位相差 $\pm\frac{2}{3}\pi$。

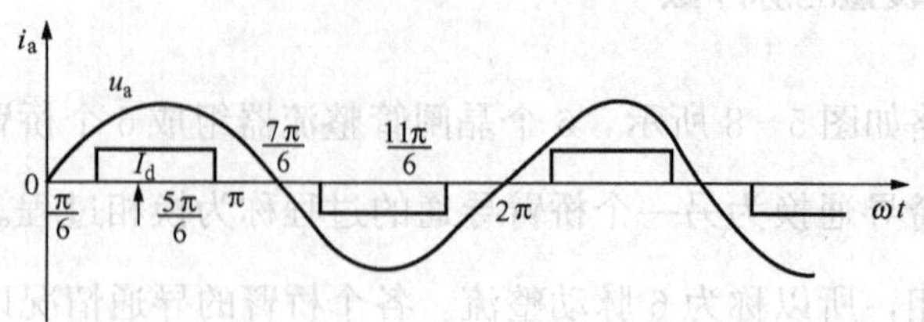

图 5-10　a 相电压和简化后 a 相电流的波形

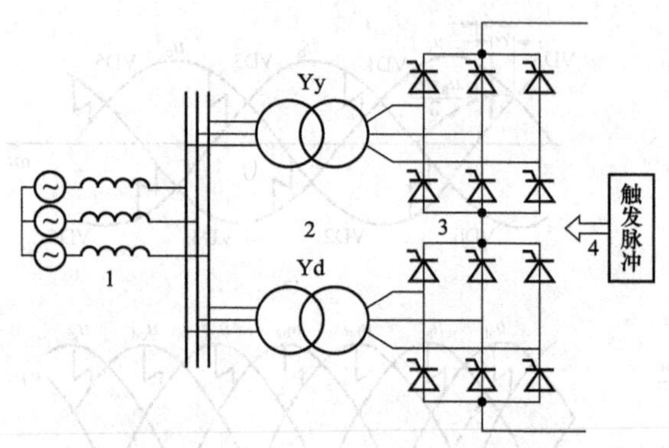

图 5-11　12 脉整流桥电路示意图

2. 三相 12 脉整流

对于大功率相控整流器，为了提高直流侧的电压等级和降低谐波含量，可采用多桥换流器，即将多个三相整流桥在交流侧并联在直流侧串联。图 5-11 是由两个 6 脉整流桥并联构成的 12 脉整流桥，交流桥侧变压器分别为 Yy 和 Yd 接法，相位差 30°。

对于三相 6 脉整流电路，如果变压器一次、二次侧都接成星形，则绕组的二次侧负载反映到变压器一次侧的电流 $i_{AY}(t)$ 为

$$i_{AY}=\frac{2\sqrt{3}}{\pi}I_d\frac{1}{M}\left(\sin\omega t-\frac{1}{5}\sin5\omega t-\frac{1}{7}\sin7\omega t+\frac{1}{11}\sin11\omega t+\cdots\right)\quad(5-10)$$

其中，M 为变压器的变比。其波形与图 5-10 相同，重绘于图 5-12。如果变压器一次侧接成星形、二次侧接成三角形，则绕组的二次侧负载反映到一次侧的电流

$$i_{Ad}=\frac{2\sqrt{3}}{\pi}I_d\frac{1}{M}\left(\sin\omega t+\frac{1}{5}\sin5\omega t+\frac{1}{7}\sin7\omega t+\frac{1}{11}\sin11\omega t+\cdots\right)\quad(5-11)$$

其波形如图 5-13 所示。

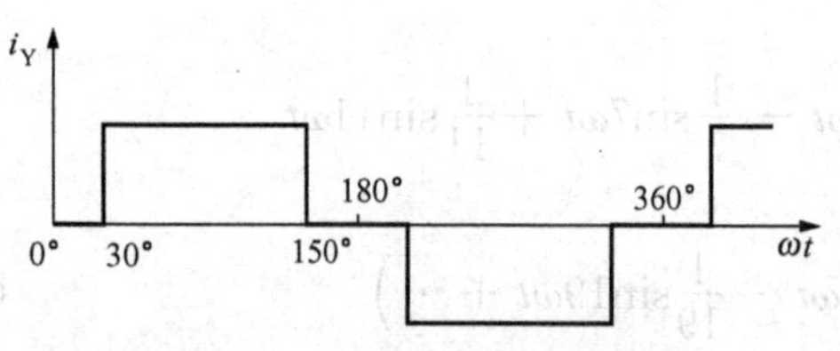

图 5-12　Yy 接法电流波形

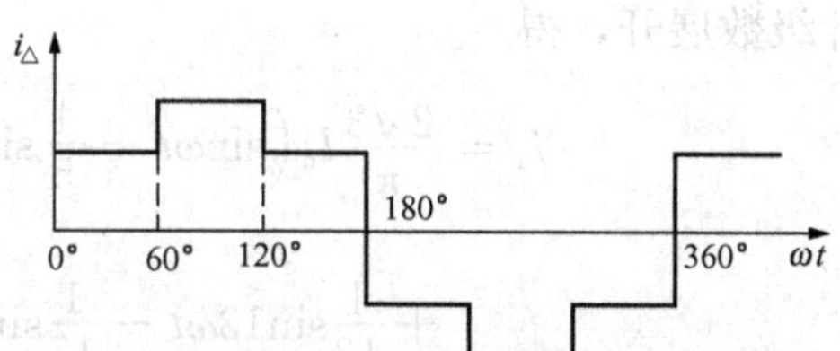

图 5-13　Yd 接法电流波形

如果将整流变压器一次侧接成星形，二次侧有两个绕组，分别接成星形和三角形，其线电压相等，同时供给两个整流器，若两个整流器的功率相同，则二次侧负载反映到变压器一次侧的总电流

$$i_{AYd}=i_{AY}+i_{Ad}=\frac{4\sqrt{3}}{\pi}I_d\frac{1}{M}\left[\sin\omega t+\frac{1}{11}\sin 11\omega t+\frac{1}{13}\sin 13\omega t+\frac{1}{23}\sin 23\omega t+\frac{1}{25}\sin 25\omega t+\cdots\right] \tag{5-12}$$

由式（5－12）可以看出，除了基波电流之外，只有 $12l\pm1$ 次谐波存在，称为 12 脉整流电路，它与 6 脉整流相比较，谐波电流明显减小了。

从波形图也可以看出减少谐波的效果，图 5－14 表示两者合成的 Yyd 一次侧 12 脉电流波形，它比 6 脉更接近正弦波形。

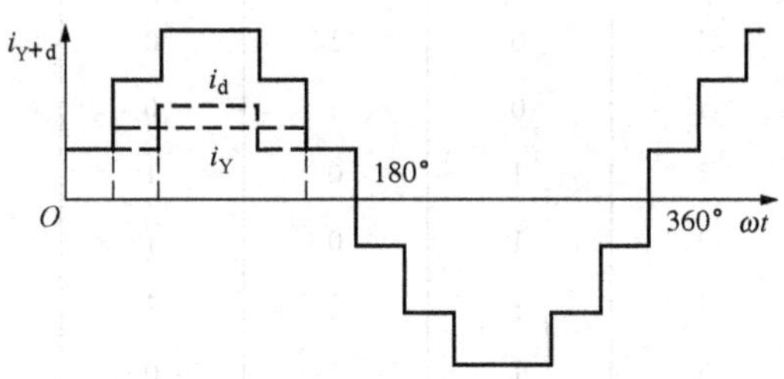

图 5－14　Yyd 接法电流波形

3. 多脉和准多脉整流器

由以上分析可得三相 6 脉整流的谐波电流小于单相整流，而三相 12 脉整流的谐波电流又比三相 6 脉小。表 5－2 为 2 脉、6 脉和 12 脉衰减系数 F 与谐波次数 k 之间的关系。其中 $F=\left|\frac{C_{k0}}{C_{10}}\right|\cdot k$，$C_{k0}$ 为 k 次谐波幅度，C_{10} 为基波幅度。

表 5－2　　2 脉、6 脉和 12 脉衰减系数 F 与谐波次数 k 之间的关系

k	F		
	2 脉	6 脉	12 脉
1	1	1	1
3	1	0	0
5	1	1	0
7	1	1	0
9	1	0	0
11	1	1	1
13	1	1	1
15	1	0	0
17	1	1	0
⋮	⋮	⋮	⋮
总正弦畸变率	0.45	0.3	0.14

由此可见，电流谐波会随着整流脉数的增加而减小。多脉整流又称多重化技术，是抑制谐波干扰的有效手段，12 脉以上的多脉整流的衰减系数 F_{MUL} 与谐波次数 k 的关系见表 5－3。

表 5-3 多脉整流的衰减系数 F_{MUL} 与谐波次数 k 的关系

k	F_{MUL}						
	12 脉	24 脉	36 脉	48 脉	72 脉	96 脉	192 脉
1	1	1	1	1	1	1	1
11	1	0	0	0	0	0	0
13	1	0	0	0	0	0	0
23	1	1	0	0	0	0	0
25	1	1	0	0	0	0	0
35	1	0	1	0	0	0	0
37	1	0	1	0	0	0	0
47	1	1	0	1	0	0	0
49	1	1	0	1	0	0	0
⋮	⋮	⋮	⋮	⋮	⋮	⋮	⋮
71	1	1	1	0	1	0	0
73	1	1	1	0	1	0	0
⋮	⋮	⋮	⋮	⋮	⋮	⋮	⋮
95	1	1	0	1	0	1	0
97	1	1	0	1	0	1	0
⋮	⋮	⋮	⋮	⋮	⋮	⋮	⋮
191	1	1	0	1	0	1	1
193	1	1	0	1	0	1	1
⋮	⋮	⋮	⋮	⋮	⋮	⋮	⋮

多脉整流的优点是谐波随着脉数的增加而减小，但是 24 脉及 24 脉以上的多脉整流器，其变压器连接复杂，容量也不能充分利用，成本也较高，因此在实用中脉数有一定限制。

5.3.2 PWM 控制整流器的谐波

用可关断电力电子器件和 PWM 技术构成整流器来解决谐波污染问题，是最具前景的技术之一。一台采用大功率晶体管 GTR 元件作为开关组成三相桥式整流电路如图 5-15 所示。输入端的电感 L 和电容 C 用于滤除高次谐波。其基本工作波形如图 5-16 所示。

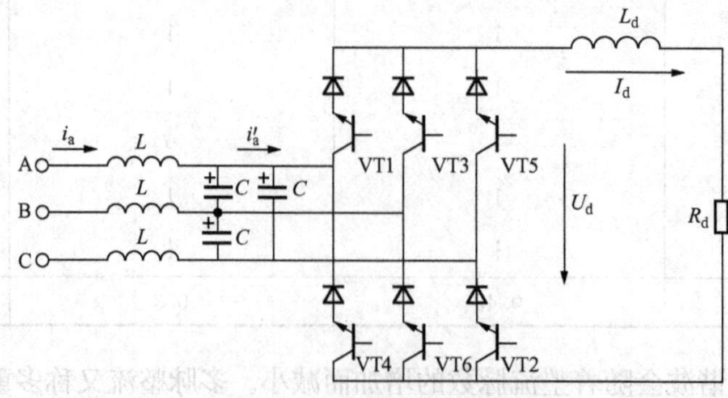

图 5-15 整流装置主电路

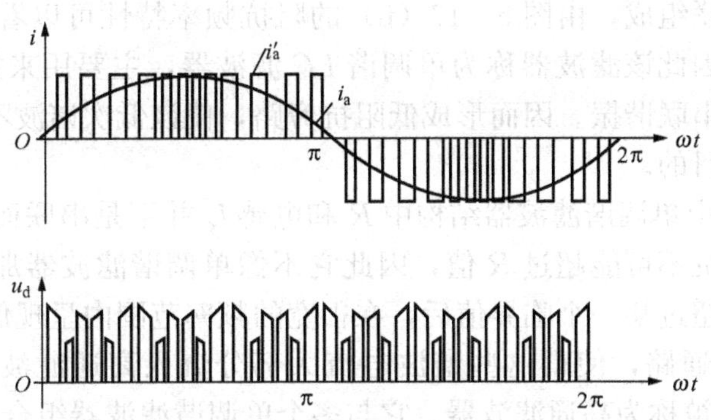

图 5-16　基本工作波形

图 5-15 中交流电网 PWM 波形线电流如下：

$$i_d = I_d \sum_{n=1}^{\infty} a_n \sin n\omega t = I_d a_1 \sin\omega t + I_d \sum_{l=1}^{\infty} a_{6l\pm1} \sin(6l \pm 1)\omega t \tag{5-13}$$

其中

$$a_1 = \frac{4\sqrt{3}}{\pi} \sum_{k=1}^{\infty} \left[\cos\left(\theta_{2k-1} + \frac{\pi}{6}\right) - \cos\left(\theta_{2k} + \frac{\pi}{6}\right)\right]$$

$$a_{6l\pm1} = \frac{4\sqrt{3}}{\pi(6l \pm 1)} (-1)^l \sum_{k=1}^{\infty} \left\{\cos\left[(6l \pm 1)\left(\theta_{2k-1} + \frac{\pi}{6}\right)\right] - \cos\left[(6l \pm 1)\left(\theta_{2k} + \frac{\pi}{6}\right)\right]\right\}$$

电压：

$$u_d = (3/\sqrt{2})U_a a_1 + (3/\sqrt{2})U_a \sum_{l=1}^{\infty} (a_{6l+1} - a_{6l-1}) \cos 6l\omega t \tag{5-14}$$

输出直流平均电压：

$$U_d = (3/\sqrt{2})U_a a_1 \tag{5-15}$$

直流电压谐波分量：

$$b_{6l} = (3/\sqrt{2})U_a (a_{6l+1} - a_{6l-1}) \tag{5-16}$$

PWM 等效开关频率：

$$f_c = (6m + 3) f_m = (1.5NP + 3) f_m \tag{5-17}$$

式中　f_m——基波频率；

NP——每半周的脉冲数目。

PWM 整流技术网侧电流可以成正弦化，可实现网侧电流单位功率因数高，具有极小的总谐波畸变率，以减少对电网的谐波干扰。PWM 控制具有较高的等效开关频率，可以有效地消除低次谐波，而注入电网的开关频率附近的高次谐波一般采用交流侧 LCL 型滤波器滤除。

5.3.3　无源功率滤波器

无源功率滤波器（passive power filters，PPF），是抑制谐波的有效方法，利用 L、C 串联谐振的原理，使其对单个频率或在一个频率范围内呈现较低阻抗，吸收电网中和谐振频率相当的谐波电流。这一技术比较成熟，其优点：①电压可以做得较高，容量可以做得较大；②在吸收高次谐波的同时，可以补偿无功功率，改善功率因数；③结构简单，维修方便，成本较低；④运行可靠，技术较成熟，操作人员较熟悉。

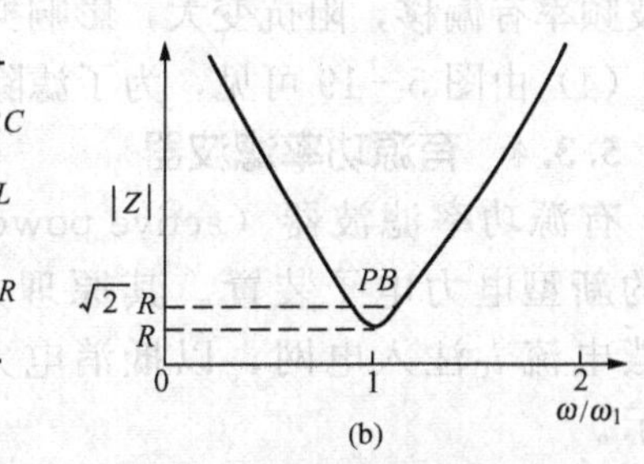

图 5-17　单调谐滤波器

(a) 原理图；(b) 谐振曲线

两种典型的单调谐 LC 滤波器分别如图 5-17 和图 5-18 所示。图 5-17（a）中结构由电容器、电抗器和阻抗串联组成，由图 5－17（b）的阻抗频率特性可以看出，在谐振频率 f_0处电路呈现最低阻抗。因此该滤波器称为单调谐 LC 滤波器，主要用来抑制某一次低次谐波，在该低次谐波频率下串联谐振。因而形成低阻抗旁路，使该低次谐波不再流入电网，达到抑制谐波对电网干扰的目的。

而图 5－18（a）中单调谐滤波器结构中 R 和电感 L 并不是串联而是并联。由于 L 被 R 旁路，其并联合成阻抗不可能超过 R 值，因此它不像单调谐滤波器那样只对某一个频率呈现低阻，而是当频率超过某一个临界值后，在很宽的频率范围内呈现低阻抗特性，形成对次数较高谐波的低阻抗通路，使得这些谐波电流大部分流入高通滤波器，阻抗频率特性如图 5－18（b）所示，被称为高通滤波器。它与多个单调谐滤波器组合，可以滤除各次谐波，如图 5－19 所示。

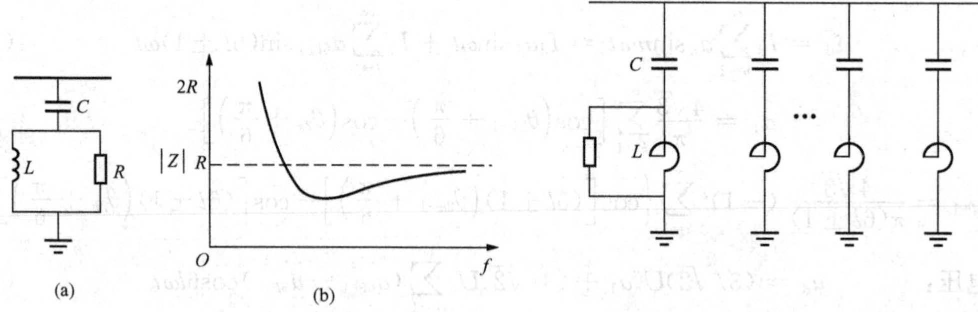

图 5－18　高通滤波器
（a）原理图；（b）谐振曲线

图 5－19　多个滤波电路组合

无源功率滤波器还可以设计成双调谐的，可以同时滤除两种频率的谐波；也可以做成多阶的，但电路复杂，应用较少。工程实用上可以把无源功率滤波器和无功功率补偿装置结合起来，同时改善功率因数，以得到较好的经济效果。

无源功率滤波器的缺点：

（1）流过滤波器的电流除了谐波电流外，还有基波电流。因此滤波器的容量要相应增加，特别是低次谐波滤波器。

（2）如果因扩容等原因，所产生的谐波超过滤波器设计时的参数，可能造成滤波器因过载而损坏。

（3）电网频率偏移、电容元件老化或温度特性变化等因素，使滤波器谐振频率与待抑制谐波频率有偏移，阻抗变大，影响抑制效果。

（4）由图 5－19 可见，为了滤除若干个低次谐波，需用多个滤波器，因此体积较大。

5.3.4　有源功率滤波器

有源功率滤波器（active power filter，APF），是一种用于动态抑制谐波、补偿无功的新型电力电子装置。其原理是用一个逆变器产生一个与电网谐波电流 i_H反相的补偿电流 i_C注入电网，以抵消电力电子装置产生的谐波电流干扰，其原理如图 5－20 所示。

电力电子装置电流为 i_L，可以分解为基波电流 i_{L1}和总谐波电流 i_H。因此

负载电流：
$$i_L = i_{L1} + i_H$$

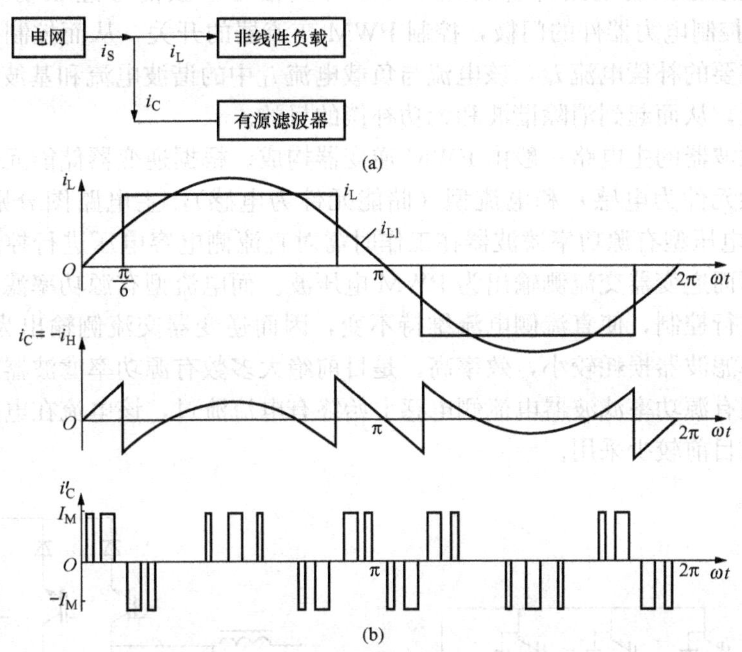

图5-20　有源功率滤波器原理
(a) 原理图；(b) 波形图

总谐波电流瞬时值：　$i_H = i_L - i_{L1}$

当有源滤波器注入电网补偿电流：　$i_C = -i_H$

则电网电流：　$i_S = i_L + i_C = i_{L1} + i_H - i_H = i_{L1}$

即只有负载的基波电流，电力电子装置所产生的谐波干扰全部为有源功率滤波器所抵消。

精确的补偿电流是不可能获得的，可以利用PWM逆变器得到与高次谐波近似的波形，对于剩余不能抵消的幅值较小的高次谐波电流，可以用无源功率滤波器进一步滤除。

有源功率滤波器由控制系统和主电路两大部分构成。关键技术在于其控制系统，主要由检测电路、电流跟踪控制和驱动电路组成。有源功率滤波器原理结构示意图如图5-21所示。电源电流 $i_S = i_L + i_C$，检测电路首先检测负载电流 i_L 中的高次谐波分量与基波无功电

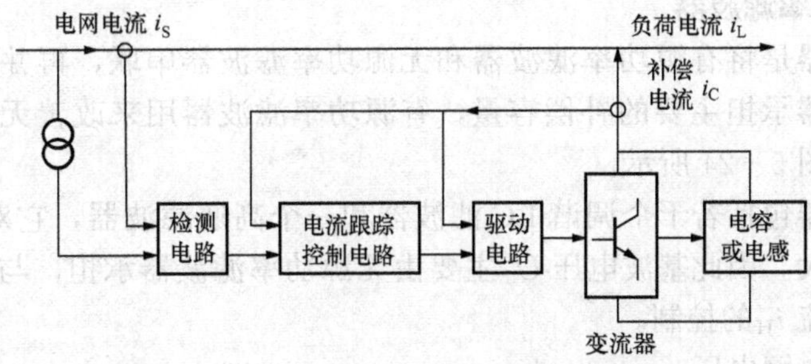

图5-21　有源功率滤波器的原理结构框图

流，然后经电流跟踪控制电路计算得出 PWM 开关信号，该信号经驱动电路放大，加到 PWM 变流器中控制电力器件的门极，控制 PWM 变流器的开关，从而控制 PWM 变流器的输出，得出所需要的补偿电流 i_C，该电流与负载电流 i_L 中的谐波电流和基波无功电流的大小相同，方向相反，从而起到消除谐波和无功补偿的目的。

有源电力滤波器的主电路一般由 PWM 逆变器构成。根据逆变器储能元件的不同，可分为电压型（储能元件为电感）和电流型（储能元件为电感），主电路图分别如图 5－22 和图 5－23所示。电压型有源功率滤波器在工作时需对直流侧电容电压进行控制，使直流侧电压维持不变，因而逆变器交流侧输出为 PWM 电压波。而电流型有源功率滤波器在工作时需对直流侧电感进行控制，使直流侧电流维持不变，因而逆变器交流侧输出为 PWM 电流波。电压型有源功率滤波器损耗较小，效率高，是目前绝大多数有源功率滤波器采用的主电路结构。由于电流型有源功率滤波器电流侧电感上始终有电流流过，该电流在电感内阻上将产生较大损耗，所以目前较少采用。

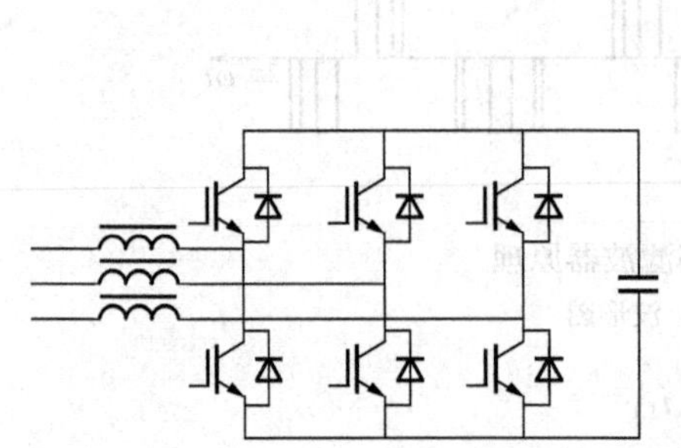

图 5－22　电压型有源功率滤波器的主电路

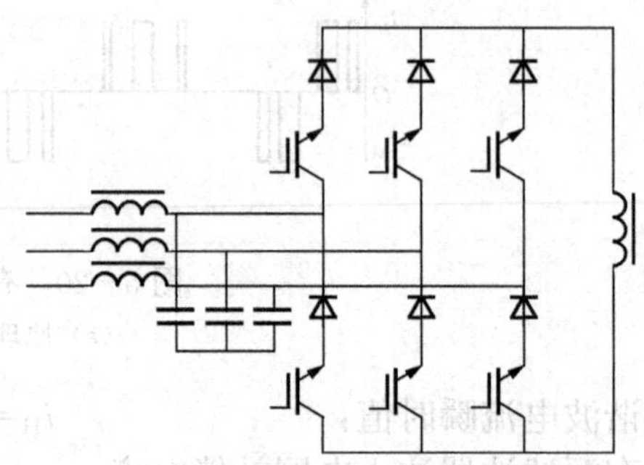

图 5－23　电流型有源功率滤波器的主电路

APF 的优点如下：

（1）用一台装置可以处理单个高次谐波或多个高次谐波。即使高次谐波数量及大小有所改变，也不需要改动装置的结构。

（2）如果高次谐波的发生量增加，由于本装置能控制使其不超过额定电流，所以不会发生过载和损坏。

APF 的缺点如下：

（1）损耗较大，一般达到 5%，当功率增加时，APF 装置损耗百分比可望下降。

（2）受电力电子器件功率容量的限制，APF 的容量不能做得很大。

5.3.5　混合功率滤波器

混合功率滤波器是将有源功率滤波器和无源功率滤波器串联，再并联于电网以补偿谐波。无源功率滤波器承担主要的补偿容量，有源功率滤波器用来改善无源功率滤波器的特性，其电路原理如图 5－24 所示。

无源功率滤波器包括若干个调谐 LC 滤波器和一个高通滤波器，它对谐波的阻抗很小，而对基波的阻抗很大。因此基波电压 U_1 主要由无源功率滤波器承担，与它串联的有源功率滤波器则受谐波电流 i_H 的控制。

一般经补偿后电网电压：$u_S=u_1+u_H$。

由于谐波电压 $u_H \ll u_1$，且 u_1 主要由无源功率滤波器承担，故有源功率滤波器承担的电压很小，所以有源功率滤波器的容量可以减小。反过来说，同样容量的有源功率滤波器与无源功率滤波器结合后，能使补偿谐波的容量大为增加，这就是该方案的优点。

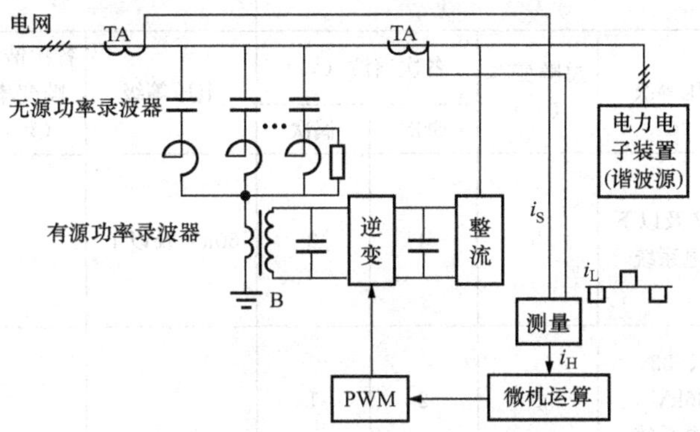

图5-24　混合功率滤波器原理

5.4 谐波的限值

制定公用电网谐波的允许值及其测试方法，是为了限制电力系统中日益严重的谐波污染，增强电力系统中发电、输配电和用电设备之间的电磁兼容性。国际大电网会议（CIGRE）和国际电工委员会（IEC）都成立了专门工作组拟定电力系统和电工产品的谐波标准。很多国家也制定了相应的国家标准。

制定限制谐波标准的原则：

（1）限制注入电力系统的谐波电流，把电力系统中的谐波含量控制在允许范围内，使接入电网中的各种电气设备免受谐波骚扰。

（2）能够有利于国际间的技术经济交流和合作。

世界各国所制定的谐波标准大都比较接近。不同等级的公用电网允许的电压畸变率也不同。电压等级越高，谐波限制越严重。另外，对偶次谐波的限制也要严于对奇次谐波的限制。

5.4.1 谐波电压

我国电网电压正弦波形畸变率的（相电压）极限值见表5-4。

表5-4　我国电网电压正弦波形畸变率的（相电压）极限值

电网标称电压（kV）	电压总谐波畸变率 THD_u（%）	各次谐波电压含有率（%）HR_{uh}	
		奇次	偶次
0.38	5.0	4.0	2.0
6 10	4.0	3.2	1.6
35 66	3.0	2.4	1.2
110	2.0	1.6	0.8

部分国家电压畸变率标准见表5-5。

表 5－5　　部分国家电压畸变率标准

<table>
<tr><th colspan="2">美国 IEEE
STD 519—1981</th><th colspan="4">澳大利亚 AS 2279—1979</th><th colspan="3">日本</th><th>德国
DIN 57160</th></tr>
<tr><th rowspan="2">电压
等级</th><th rowspan="2">总电压畸
变率（%）</th><th rowspan="2">电压等级</th><th rowspan="2">总畸变率
（%）</th><th colspan="2">各次谐波（%）</th><th rowspan="2">电压等级</th><th rowspan="2">各次谐波
畸变率
（%）</th><th rowspan="2">总谐波
畸变率
（%）</th><th rowspan="2">电压畸变率
（%）</th></tr>
<tr><th>奇次</th><th>偶次</th></tr>
<tr><td>2.4～
6.9kV</td><td>一般系统
5
专用系统
8</td><td>35kV 及以下
配电系统</td><td>5</td><td>4</td><td>2</td><td>60kV 及以下</td><td>1</td><td>2</td><td>13 次以下任
何单次谐波
5</td></tr>
<tr><td rowspan="2">115kV
及以下</td><td rowspan="2">一般系统
1.5
专用系统
1.5</td><td>22、33、
66kV
输电系统</td><td>3</td><td>2</td><td>1</td><td rowspan="2">150kV 及以上</td><td rowspan="2">0.5</td><td rowspan="2">1</td><td>13 次以上对
数下降，100
次以上小于 1</td></tr>
<tr><td>132kV 及
以上</td><td>1.5</td><td>1</td><td>0.5</td><td>切口电压不
超过峰值的
20</td></tr>
</table>

5.4.2　谐波电流

我国国家标准 GB/T 14549—1993《电能质量　公用电网谐波》，用户注入电网的谐波电流允许值见表 5－6。

表 5－6　　用户注入电网的谐波电流允许值

标准电压	基准短路容量	谐波次数及谐波电流允许值 A																							
kV	MVA	2	3	4	5	6	7	8	9	10	11	12	13	14	15	16	17	18	19	20	21	22	23	24	25
0.38	10	78	62	39	62	26	44	19	21	16	28	13	24	11	12	9.7	18	8.6	16	7.8	8.9	7.1	14	6.5	12
6	100	43	34	21	34	14	24	11	11	8.5	16	7.1	13	6.1	6.8	5.3	10	4.7	9.0	4.3	4.9	3.9	7.4	3.6	6.8
10	100	26	20	13	20	8.5	15	6.4	6.8	5.1	9.3	4.3	7.9	3.7	4.1	3.2	6.0	2.8	5.4	2.6	2.9	2.3	4.5	2.1	4.1
35	250	15	12	7.7	12	5.1	8.8	3.8	4.1	3.5	5.6	2.6	4.7	2.2	2.5	1.9	3.6	1.7	3.2	1.5	1.8	1.4	2.7	1.3	2.5
66	500	16	13	8.1	13	5.4	9.3	4.1	4.3	3.3	5.9	2.7	5.0	2.3	2.6	2.0	3.8	1.8	3.4	1.6	1.9	1.5	2.8	1.4	2.6
110	750	12	9.6	6.0	9.6	4.0	6.8	3.0	3.2	2.4	4.3	2.0	3.7	1.7	1.9	1.5	2.8	1.3	2.5	1.2	1.4	1.1	2.1	1.0	1.9

注　220kV 基准短路容量为 2000MVA。

日本谐波电流的允许值见表 5－7。

表 5－7　　日本谐波电流的允许值

电压（kV）	谐波电流（A）			
	5 次	7 次	11 次	13 次
0.415	65.0	42.0	63.0	53.0
6.6，11	9.7	6.3	10.0	8.5
33	9.6	6.3	7.0	6.0
66	4.8	3.2	3.5	3.0
132	3.0	2.5	3.3	2.8

5.5 案　例　分　析

【案例 5-1】 变频器的谐波抑制对策。

变频器分为间接变频器和直接变频器两种。间接变频器将工频电流通过整流器变为直流，然后通过逆变器转换为可控频率的交流。直接变频器则将工频交流直接变换为可控频率的交流。两种变频器均使用了晶体管等非线性电力电子元件，变频器从电网中吸收能量的方式都是非连续正弦波，产生于工频同频基波与谐波。变频器输出部分通过高速晶体管开关产生占空比按正弦规律分布的系列矩形脉冲，由于电动机定子绕组的电感性质，使定子电流十分接近正弦。高频陡峭脉冲会产生高频电磁干扰，通过空间辐射感应到周围线路产生电磁感应。

通过观测，变频器输入侧电流为非正弦周期性波形，如图 5-25 所示。分析变频器输入电流谐波频谱（见图 5-26）发现，输入电流中 5 次和 7 次谐波分量最大，分别占基波的 80%和 70%，其次是 11 次谐波和 13 次谐波。所以额定值越大的变频器，其谐波电流越大，谐波危害也就越大。

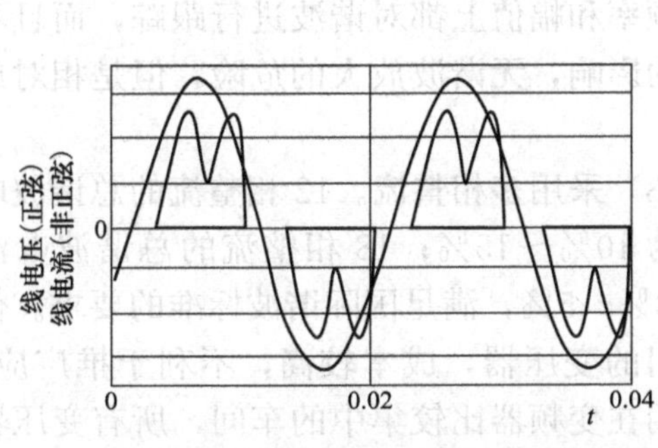

图 5-25　变频器输入侧电流波形

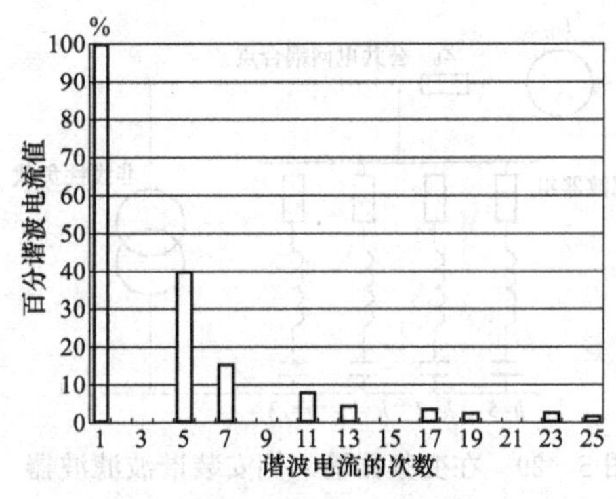

图 5-26　变频器谐波电流频谱

1. 变频器输入侧谐波电流抑制措施

措施一：在直流母线上即整流器和滤波电容器之间串联直流电抗器（见图 5-27）或在交流进线侧串联交流电抗器（见图 5-28）。

交流电抗器的主要功能：

(1) 通过抑制谐波电流可以将功率因数提高到 0.75～0.85。

(2) 削弱输入电路中浪涌电流对变频器的冲击。

(3) 削弱电源电压不平衡的影响。

直流电抗器的主要功能：削弱输入电流中高次谐波成分，功率因数提高到 0.95 左右，结构简单、体积小。

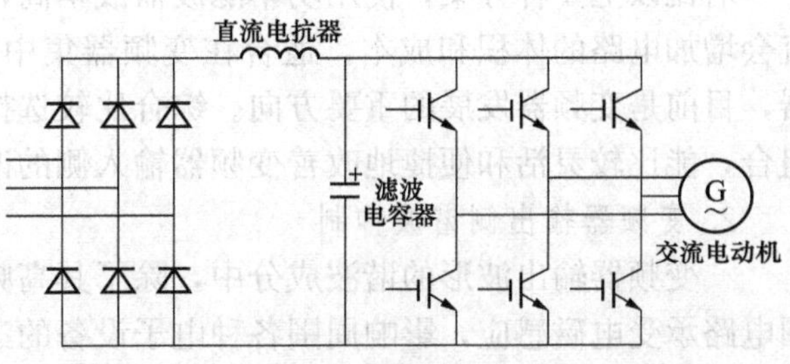

图 5-27　直流电抗器谐波电流抑制方法

交流电抗器和直流电抗器从谐波削弱角度看，二者作用等效，但直流电抗器的尺寸略小

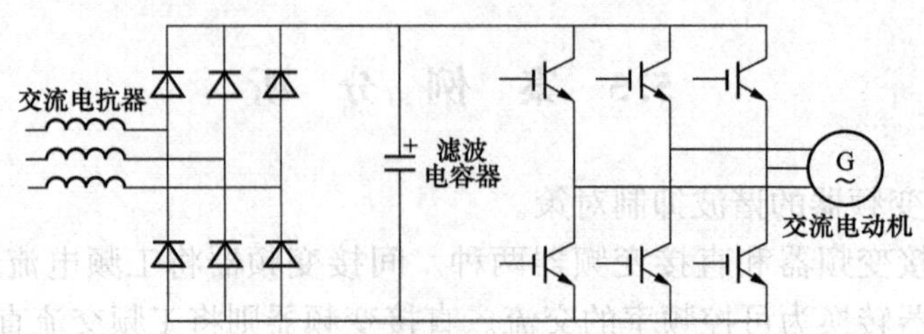

图 5-28　交流电抗器谐波电流抑制方法

并且造成的压降较小，而交流线路电抗器对变频器的整流桥有一定的保护作用，各自有优缺点。通过在变频器输入端串接电抗器可以使进线电流的谐波失真降低 30%～50%，是不加电抗器的一半左右。

措施二：在变频器输入侧安装谐波滤波器、装设有源功率滤波器或者采用多相整流。

（1）加装谐波滤波器。由 L、C、R 元件构成的谐波共振回路，当 LC 谐振频率与某次谐波频率一致时，可抑制该次谐波进入电网。谐波滤波器投资少、效率高、结构简单、运行和维护方便，但易受系统参数的影响。针对变频器 5 次、7 次、11 次和 13 次谐波显著的特点设计针对该组频率的单调谐滤波器组合，如图 5-29 所示。

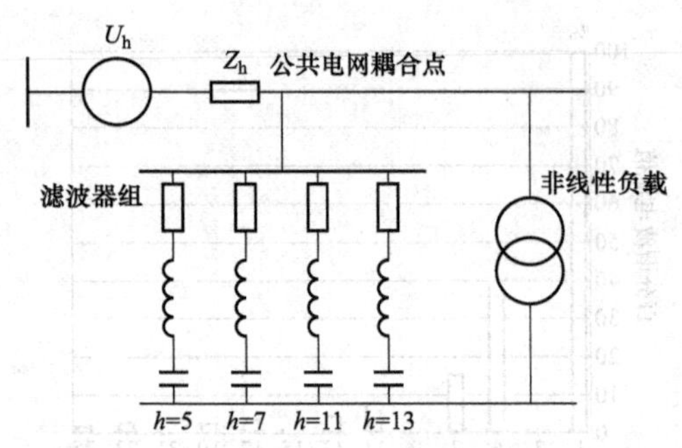

图 5-29　在变频器输入侧安装谐波滤波器

（2）装设有源功率滤波器。有源功率滤波器能在频率和幅值上都对谐波进行跟踪，而且不受系统的影响，无谐波放大的危险，但是相对成本较高。

（3）采用多相整流。12 相整流的总谐波电流失真为 10%～15%；18 相整流的总谐波电流失真为 3%～5%，满足国际谐波标准的要求。但需要专门的变压器，成本较高，不利于推广应用。可以用在变频器比较集中的车间，所有变压器集中整流，用直流公共母线供电的场合。

（4）采用新型变频器。采用新型 PWM 逆变器，可控制方法，使变频器输入电压和电流以及输出电流都为正弦，功率因数为 1，另外还可以实现能量的双向传递。这一技术是变频器发展的重要方向。

对比以上 4 种方案，使用功率滤波器成本高，适合在谐波要求较高的场合；采用多相整流会增加电路的体积和成本，适合在变频器集中的场合使用。方案 4 则需要更换新型变频器，目前是变频器发展的重要方向。综合比较选择方案 1，在变频器输入侧安装谐波滤波器组合，能比较灵活和便捷地改善变频器输入侧的谐波电流。

2. 变频器输出侧谐波抑制

变频器输出波形的谐波成分中，除了其高频成分可以向空间辐射及通过线间感应对周围电路承受电磁感应，影响周围各种电子设备的工作外，变频器输出波形中的陡峭边沿的驱动脉冲包含了丰富的高次谐波，在通往电动机的连接电缆上，受杂散电容和电感的作用产生高频衰减振荡，导致传送到电动机端子的驱动电压产生过冲，使电动机绕组里产生尖峰电流，使绕组绝缘层产生过热现象，久而久之会使绝缘侧老化损坏。如果变频器的开关频率位于听觉范围内，电动机还会产生噪声污染。

措施：在变频器输出侧安装输出滤波器。

变频器输出滤波器也由电感线圈构成，外形与交流电抗器类似，它可以削弱输出电流中的高次谐波成分，不但起到抗干扰的作用，而且能够改善变频器的输出电流波形，消除电动机中高次谐波电流引起的附加转矩，减少电动机的损耗和噪声。

实施变频器输出端干扰抑制措施中必须注意：

(1) 变频器输出端不允许接入电容器，以免电容在逆变用的晶体管导通或关断瞬间产生峰值很大的充电或放电电流，损害逆变管。

(2) 当输出滤波器是由 LC 电路构成时，滤波器内接电容的一侧必须与电动机一侧相接。

(3) 滤波器的安装应该尽可能靠近变频器，两者要共基板安装。两者之间的距离尽可能短并使用屏蔽电缆。

变频器在使用输出滤波器后，可以省去变频器和电动机之间的屏蔽电缆，这在一定程度上降低了设备的成本，能较好地抑制变频器对外界的干扰。

思考与练习

1. 什么是谐波？谐波产生的原因是什么？
2. 谐波畸变会对电力系统带来哪些危害？
3. 针对谐波的有效抑制措施有哪些？

第 6 章　印制电路板的电磁兼容性

6.1　PCB 的电磁兼容性

印制电路板（printed circuit board，PCB）是电子产品中的基本组成部分，为电路组件和器件提供支撑和电气连接。随着电子技术的发展，PCB 趋向高密度、小型化、高速、宽带化方向发展，PCB 设计的好坏将直接影响电路的干扰和抗干扰能力。实践证明，即使电路原理图设计正确，若印制电路板设计不合理，PCB 有可能因为电磁兼容性问题，造成电子设备工作不稳定。所以在 PCB 设计中不能只注重提高密度、减小面积、制作简单，或只追求美观、布局均匀，同时要兼顾线路布局对 EMC 的影响。

6.1.1　PCB 中存在的电磁兼容问题

1. PCB 中的串扰问题

导线之间的串扰问题同样会发生在电路板的走线上。PCB 上导线的共模干扰电流流经区域与流经的敏感区之间存在着电场（容性耦合）或磁场（感性耦合）的耦合，就会导致噪声的串扰问题。而电路板上走线之间的电容、互感与走线的几何尺寸和电路板材料的介电常数密切相关。

串扰不仅会影响电路的正常工作，而且会使电路板对外界的电磁辐射增加。一个具有良好 EMC 设计的 PCB 必须能够避免共模干扰电流流过产品内部电路，并将其导向大地、低阻抗的外壳，或电路中的非敏感电路；另外，对于 PCB 内部的 EMI 噪声源电路，如时钟发生电路、时钟传输线、开关电源的开关回路、高频信号线路等，以及共模噪声电压也必须被隔离在电路内部，防止与外围电路产生耦合。

2. PCB 中的地环路问题

地环路是 PCB 设计中常见的干扰现象。电路原理图中，信号以电子流的形式在电路之间传递，但原理图中并没有示意返回信号流的路径。实际信号的传输无时无刻不伴随着返回电流，而地线则是其返回电流的路径。当电流流过地线时，会在地线上产生压降，产生地线噪声，并形成干扰电流环路。图 6－1是地环路干扰示意图。两个电路由于电位不同，形成地电压。在这个电压的驱动下“电路 1—连接导线—电路 2—地”形成环路之间的电流流动，由于电路的不平衡，每根导线上的电流不同，因此会产生差模电压，对电路造成干扰。

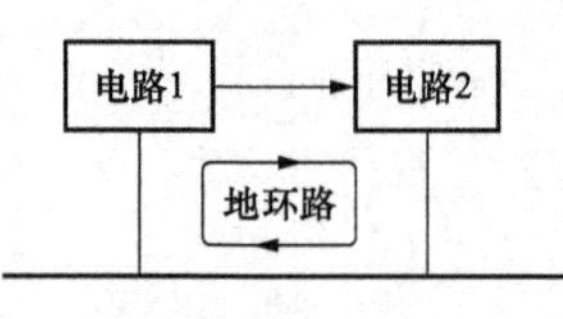

图 6－1　地环路

另外根据电磁理论，PCB 中电流传递路径与返回路径中形成的环路是 PCB 辐射发射的一个原因，环路既可以成为辐射必要条件中的天线，也可以成为接收干扰的接收天线。当环路中的磁通发生变化时，环路中将感应出电流，其大小与环路面积成正比，所以在电路设计时要尽可能减小环路。

3. PCB 中的天线问题

在高速信号 PCB 中，当印制电路的长度与信号的波长相当时，PCB 可以直接通过自由空间辐射能量，或者即使印制电路的长度远小于信号的波长，地平面上的共模压降也将驱动与其连接的电缆向外辐射能量，PCB 将等效于天线无意间向外发射噪声。因此为了提高 PCB 的电磁兼容性，减小 PCB 的天线效应，首先要尽可能减小印制电路的布线长度，其次为了抑制共模电压造成的驱动共模辐射，设计时要尽可能降低驱动电压。另外，电路布线阻抗是 RF 驱动电压存在的主要原因之一，因此印制电路布线时要均匀一致，降低布线阻抗。

6.1.2 PCB 设计中的寄生组件

线路板上的主要寄生组件包括寄生电阻、寄生电容和寄生电感。寄生电阻由组件之间的走线形成；寄生电容由线路板上的走线、焊盘和平行走线形成；寄生电感包括环路电感、互感和过孔。

寄生组件的存在将对电路产生干扰。线路板上两条彼此靠近的走线就会产生寄生电容。在不同的两层，将一条走线放置在另一条走线的上方，或在同一层，将一条走线放置在另一条走线的旁边。如果其中一条走线上电压随时间变化（du/dt），则可能在另一条走线上产生电流；如果另一条走线是高阻抗的，则电场产生的电流将转化为电压。对于寄生电感来说，若一条走线上的电流随时间变化（di/dt），由于这条走线感抗的存在，会在同一条走线上产生电压，由于互感的存在，会在另一条走线上产生比例的电流。

PCB 布线寄生组件的分布参数：

(1) PCB 上的一个过孔大约引起 0.6pF 的电容。

(2) 一个集成电路本身的封装材料引起 2～10pF 的分布电容。

(3) 一个 PCB 上的接插件有 520μH 的分布电感。

(4) 一个双列直插的 24 引脚集成电路插座引入 4～18μH 的分布电感。

以上分布参数对于运行在较低频率下的低速系统是可以忽略不计的，而对于高速系统必须予以特别注意。电子元件在高频段内存在高频寄生特性，电阻相当于一个电感串联一个电阻与电容的并联结构；一个电容相当于一个电感、电阻和电容的串联；一个电感相当于一个电阻串联一个电感与电容的并联结构，如图 6-2 所示。

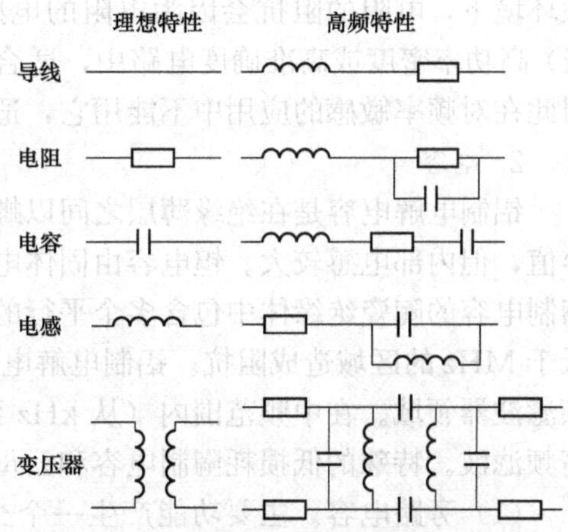

图 6-2　电路元件的高频等效电路

高频情况下，PCB 上的走线、过孔、电阻、电容、接插件的分布电感与电容等是不可忽略的。

为避免 PCB 布线分布参数的影响，在 PCB 设计中应该遵循的一般要求：

(1) 增大走线间距，以减小电容耦合的串扰。

(2) 电源线和地线平行布置，以形成一定电源的耦合电容。

(3) 将敏感线路远离高噪声源，以减小相互之间的耦合。

(4) 加宽电源线和地线，以减小电源线和地线的阻抗。

6.2 PCB 设计

6.2.1 PCB设计方案

PCB设计的步骤：原理图设计、布局、布线和优化。在设计PCB时需要了解电路板的以下设计信息：

（1）PCB上的器件数量、器件大小和器件封装。

（2）数字芯片的速率，PCB是否分为低速、中速、高速区，哪些是I/O接口区。

（3）PCB的整体布局要求，器件布局位置，有无大功率器件，芯片、器件散热有无特殊要求。

（4）信号线的种类、速率和传送方向，信号线的阻抗控制要求。总线速率、走向和驱动情况，关键信号有哪些，以及需要采取哪些保护措施。

（5）电源种类、地的种类，对电源和地噪声容限的要求，电源和地平面的设置和分割。

（6）时钟线的种类和速率，时钟线的来源和去向，时钟延时的要求，以及其最长走线要求。

6.2.2 常用元件选择

从元器件封装类型看，常用电子元件可分为插针型和表贴型。插针型元件引脚相对较长，特别在高频时具有一定的寄生效应。大约形成1nH/mm/引脚的小电感。引脚末端也能产生大约有4pF的电容效应。表面贴装元件的寄生效应相对较小，引脚典型值为0.5nH的寄生电感和约0.3pF的终端电容。因此表面贴装器件的电磁兼容性相对较好，其次是放射状引脚元件，最后是轴向平行引脚元件。使用插针型器件时，引脚长度要尽可能地短。

1. 电阻

从器件的寄生角度考虑，首选碳膜电阻，其次是金属膜电阻，最后选择绕线电阻。在高频环境下，电阻的阻抗会因为电阻的电感效应而增加。在相对低的频率下（约MHz数量级）高功率密度或高准确度电路中，适合选用金属膜电阻。绕线电阻具有很强的电感特性，因此在对频率敏感的应用中不能用它，适合在低频、大功率的电路中。

2. 电容

铝制电解电容是在绝缘薄层之间以螺旋状缠绕金属箔制成，在单位体积内得到较大的电容值，但内部电感较大。钽电容由固体电解质和引线构成，其内部感抗低于铝制电解电容。陶制电容的陶瓷绝缘体中包含多个平行的金属片，其主要寄生为片结构的感抗，并通常将在低于MHz的区域造成阻抗。铝制电解电容和钽电容适合用于低频终端，主要是存储器和低频滤波器领域。在中频范围内（从kHz到MHz），陶制电容比较适合，常用于去耦电路和高频滤波。特殊的低损耗陶制电容和云母电容适合用于甚高频应用和微波电路。

（1）旁路电容。主要功能产生一个交流分路，从而消去进入易感区的那些不需要的能量。旁路电容一般作为高频旁路器件来减少对电源模块瞬态电流的需求。通常铝制电解电容和钽电容比较适合作旁路电容，容量一般取决于瞬态电流的需求，在10～470μF范围内。如果PCB板上有许多集成电路、高速开关电路和具有长引线的电源，则应选大容量的电容。

（2）去耦电容。在直流电源回路中，负载的变化会引起电源噪声，局部去耦能够减少沿着电源干线的噪声传播。连接着电源输入口与PCB之间的大容量旁路电容，起着一个低频骚扰滤波器的作用，同时作为一个电能储存器以满足突发的功率需求。此外，每个 IC 的电源和地之间应当有去耦电容，去耦电容应尽可能地接近 IC 引脚。

去耦电容可以抑制因负载变化而产生的噪声，是印制电路板可靠性设计的一种常规做法。配置原则：电源输入端跨接 10～100μF 的电解电容。如有可能接 100μF 以上的更好。原则上每个集成电路芯片都应布置一个 0.01μF 的瓷片电容，如遇印制电路板空隙不够，可 4～8 个芯片布置一个 1～10μF 的钽电容，其高频阻抗特别小，在 500kHz～20MHz 范围内的阻抗小于 1Ω，而且漏电流很小（0.5μA 以下）。最好不要用电解电容，在高频时存在较大的电感。

电容在低于谐振频率时呈现容性，而在其他情况因为引线长度和布线自感呈现感性。为了改善去耦效果，可使用两个去耦电容并联的方法，扩展频谱范围，而且能够提供更宽的布线以减小引线自感。两个电容的取值应相差两个数量级，如 0.1μF 和 0.01μF 并联。

3. 电感

电感可以将电场和磁场关联起来，在电路中更为敏感。有开环和闭环两种基本类型的电感。开环电感的磁场穿过空气，将引起辐射并带来电磁干扰问题。闭环电感磁场被完全控制在磁芯，因此电路设计中此种电感更理想，但价格较高。电感的磁芯材料有铁和铁氧体。铁磁芯用于低频场合（几十 kHz），铁氧体磁芯用于高频场合（可达 MHz），更适合电磁兼容应用。

不同类型和种类的电子元件有着不同的电磁兼容特性，进行 PCB 设计时除了要进行电路功能设计之外，首先依据产品的电磁兼容性要求和成本要求等因素选择合适的元器件，其次要进行合理的 PCB 布局与布线，它们是影响电子线路获得最佳性能以及改善 PCB 电磁兼容性的重要手段。

6.2.3 PCB 布局

1. PCB 的分区

数字、模拟及电源电路的工作方式和信号特点各不相同，所以产生的干扰及其抑制的方法不相同。高频和低频电路的工作频率不同，干扰的抑制方法也不同。PCB 布局时必须根据电路功能对元器件进行分组，同时还要注意强、弱信号的器件分布及信号传输方向、途径问题等。另外，还要考虑到电磁兼容、散热和接口等因素进行整体布局，并遵循一些原则。一般先按电源电压分组，再按数字与模拟、高速与低速，以及电流大小等进一步分组。不同功能的电路应独立布置，将模拟信号部分、高速数字电路部分、噪声源部分合理分开，使相互的信号耦合最小，此外它们的接地也应独立处理。图 6-3 和图 6-4 给出了按照电路功能分组布局的示例。按逻辑速度布局时，高速电路应放置在紧靠边缘连接器范围内，而低速逻辑和存储器应安放在远离连接器范围内，如图 6-5 所示。

2. PCB 全局布局规则

（1）按照信号的流向安排各功能电路单元的位置，使布局便于信号流通，并使信号尽可能保持一致的方向，尽量避免来回环绕，如图 6-6 所示。

（2）以每个功能元件的核心元件为中心，围绕它来进行布局。元器件应均匀、整齐、紧凑地排列在 PCB 上，尽量减少和缩短元器件之间的引线和连接。

（3）所有元件均应布置在 PCB 的同一面上，只有在顶层元件过密时，才能将一些高度有限且发热量小的器件，如贴片电阻、贴片电容、贴片集成电路（integrated circuit，IC）等放在底层。

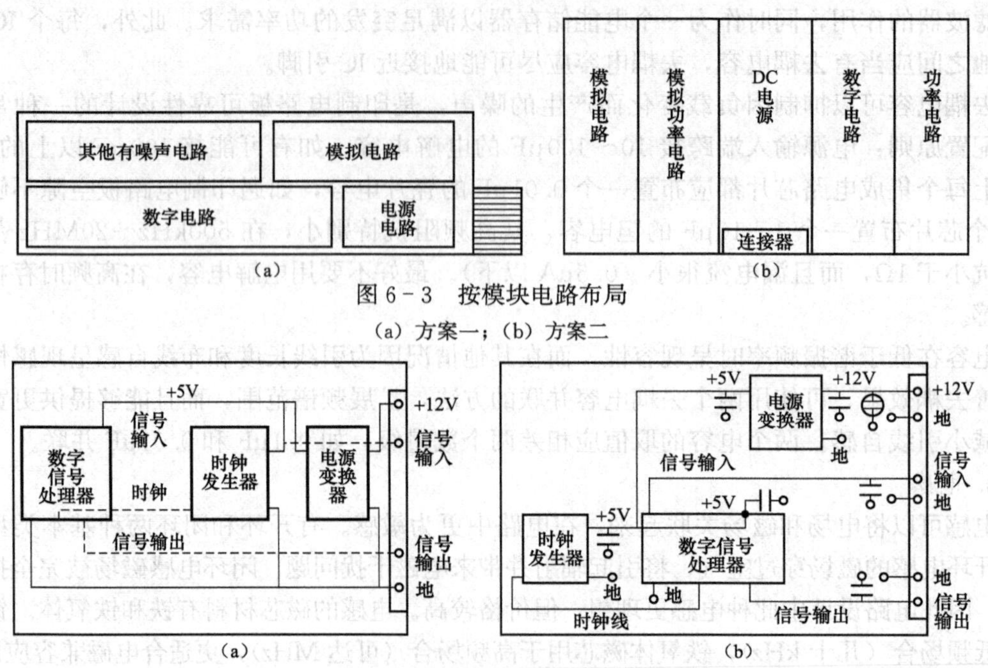

图 6－3　按模块电路布局

（a）方案一；（b）方案二

图 6－4　按电源模块布局

（a）错误的电源模块安排；（b）正确的电源模块安排

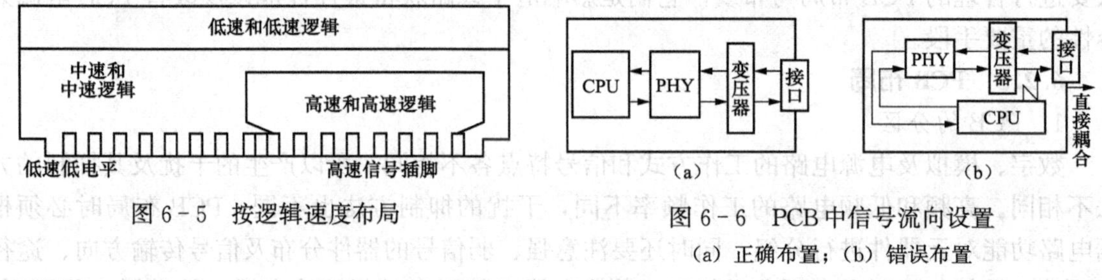

图 6－5　按逻辑速度布局

图 6－6　PCB 中信号流向设置

（a）正确布置；（b）错误布置

（4）在高频下工作的电路，要考虑元器件之间的分布参数。一般电路应尽可能使元器件平行排列。这样不但美观，而且装焊容易，易于批量生产。

（5）位于电路板边缘的元器件，离电路板边缘至少是两个板厚的距离，一般不小于2mm。电路板的最佳形状为矩形。长宽比例为 3∶2 或 4∶3。电路板面尺寸大于 200mm×150mm 时，应考虑电路板所受的机械强度。

（6）放置器件要考虑以后的焊接，不要太密集。

（7）某些器件或导线之间有较高的电位差，应加大它们之间的距离，以免放电。带高压的元件应尽量布置在调试时不易触及的地方。

（8）重量超过 15g 的元件，应当用支架加以固定，然后焊接。那些体积和重量过大、发热量多的元件，不宜装在印制电路板上，应该装在整机的机箱底板上，且应考虑散热问题。热敏元件应远离发热元件。

（9）对电位器、可调电感线圈、可变电容器、微动开关等可调元件的布局应考虑整机的结构要求。若是机内调节，应放在印制电路板上方便于调节的地方；若是机外调节，其位置需要与调节旋钮在机箱面板上的位置相适应。

(10) 应留出印制电路板定位孔及固定支架所在的位置。

3. PCB元器件布局要求

元件在印刷电路板上排列的位置要充分考虑电磁干扰问题。PCB上组件和元件布局要求如下：

(1) 元器件位置按照电源、信号类型、速度快慢、电流大小等分组。连接器及其引脚应根据元器件在板上的位置确定。所有的连接器最好放在PCB的一侧，尽量避免从两侧引出电缆，以便减小共模电流辐射，如图6-7所示。

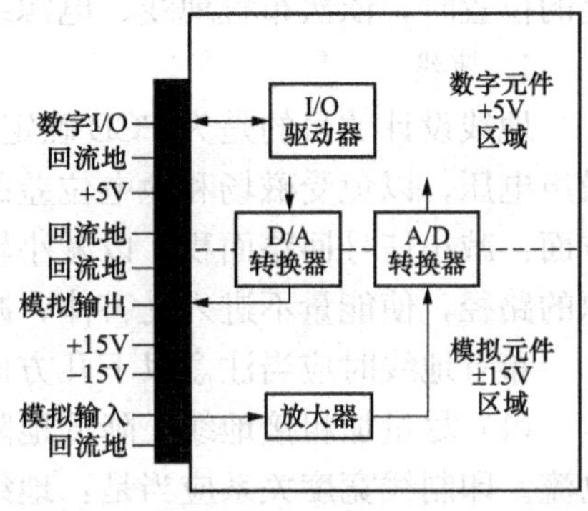

图6-7 按电源电压分割PCB与接口

(2) 尽可能缩短高频元器件之间的连线，设法减少它们的分布参数与相互之间的电磁干扰。

(3) 不兼容的器件要分开布置，最大限度地减少无用信号的相互耦合。例如：发热组件远离关键集成电路，磁性组件要屏蔽，敏感器件则要远离CPU时钟发生器，输入和输出元件应尽量远离等。

(4) 把相互有关的器件尽量放得靠近些，相关的各部件之间的引线要尽量短，这样可以获得较好的抗噪声效果。当走线长度大于噪声频率相应波长的1/20时，就产生天线效应，噪声通过走线向外发射。

(5) 选设IC的位置时它们之间的互联印制线尽可能地短。把振荡器尽可能安置在靠近时钟IC的位置，同时要尽可能地使它远离信号接口和低电平信号IC及印制线。当IC不是位于非常接近的位置时，要增加去耦电容的数量，以使每个IC至少有一个去耦电容。去耦电容优选贴片电容。

(6) 保证相邻板之间、同一板相邻层面之间、同一层面相邻布线之间不能有过长的平行信号线。

(7) 晶体、晶振、继电器、开关电源等强辐射器件要远离单板接口连接器至少1000mil (1mil=0.0254mm)。它们的干扰会直接向外辐射或在外出电缆上耦合出电流来向外辐射。

(8) 敏感电路或器件（如复位电路、WATCHDONG电路等）远离单板各边缘，特别是单板接口侧边缘至少1000mil。类似于单板接口等地方是最容易被外来干扰（如静电）耦合的地方，干扰容易使敏感电路误操作。

(9) DC/DC变换器、开关元件和整流器应尽可能靠近变压器放置，以使其导线长度最小。尽可能靠近整流二极管放置调压元件和滤波电容。

(10) EMI滤波器要尽可能靠近EMI源，并放在同一块PCB上。

(11) I/O驱动电路尽量靠近印制电路板边的接插件，让其尽快离开印制板。高速器件（频率大于10MHz或上升时间小于2ns的器件）应尽量远离连接器。

(12) RF布局的注意事项：

1) 尽可能地把高功率RF放大器和低噪声放大器隔离，可以把它们放在PCB的两面。

2) 确保PCB上高功率区域至少有一整块地，最好上面没有过孔。

3) 芯片和电源去耦要重点考虑。

4）RF 输出通常要远离 RF 输入。

5）敏感的模拟信号应尽可能远离高速数字信号和 RF 信号。

6.2.4 PCB 布线设计

PCB 布线设计的目的是使板上各部分电路之间没有相互干扰，并使 PCB 对外的传导和辐射发射尽可能降低。在印制板布线时，首先要选取 PCB 的类型，然后在确定元器件在板上的位置时，依次布置地线、电源线、高速信号线和低速信号线。

1. 地线

地线设计的目的是为 PCB 确定基准电位，同时消除各支路电流流经公共地线时产生的噪声电压，以免受磁场和地电位差的影响。地线对于改善电路板电磁兼容性的贡献主要有两方面：减小信号回路面积，以减小辐射，提高抗扰度；为电磁能量提供一条更好的返回干扰源的路径，使能量不进入受害体，减小导线之间或电路之间的串扰。

布置地线时应当注意以下几方面：

（1）尽量加粗接地线，降低地阻抗。通常地线宽度能通过 3 倍于印制电路板允许电流的电流。印制线宽度关系应当是：地线大于电源线大于信号线。如果有可能，地线宽度应大于 3mm；通常信号线宽度为 0.2～0.3mm，最细宽度可达 0.05～0.07mm；电源线为 1.2～2.5mm。

（2）布置地线时应当根据不同的电源电压，为数字电路和模拟电路分别设置地线。数字电路工作在脉冲状态，特别是脉冲前后沿较陡，或者频率较高时易对模拟电路产生干扰。模拟信号既承担小信号的放大，又承担大信号的功率放大，因此容易被干扰。所以，通常将同时具有模拟和数字功能的电路板的模拟地和数字地分离，只在电源处连接，避免相互干扰。不要把数字电源与模拟电源重叠放置，否则就会产生耦合电容。

（3）地线网格使回流的平行地线数目大幅度增加，地线电感对任何信号都保持最小，特别适合数字电路。进行线路布线时，应首先将地线网格布好，然后进行信号线和电源线的布线。双面电路板走线一面走横线，另一面走竖线，如图 6－8 所示。地线网格间距也不能太大，垂直地线和水平地线至少每隔 6cm 通过过孔将两者相连，若间距过大会形成较大的信号环路面积。大环路面积会引起辐射和敏感度问题。地线网不适合于小信号模拟电路，因为此时要避免公共阻抗的耦合。

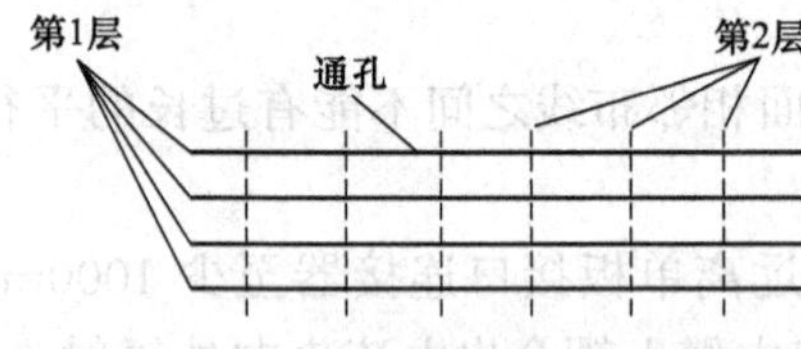

图 6－8 双面电路板的网络线

（4）共模电流流过的区域必须具有完整的地平面，完整的地平面意味着一块没有任何过孔、开槽、裂缝且长宽比小于 3 的 PCB 铜箔。以下两个地方通常需要使用完整的地平面：

1）共模电流的泄放路径上。

2）有共模电流流过的两个器件的地引脚之间。

（5）在单面印制电路板中，接地线的宽度应尽可能宽，且至少应为 1.5mm（60mil）。由于在单面板上无法实现星形布线，因此跳线和地线宽度的改变应当保持最低，否则将引起线路阻抗与电感的变化。

（6）双层印制电路板上也可以使用地线面，但不是简单地将没有用到的面积上布上铜箔然后连接到地线上，而是它必须位于需要低阻抗地线的信号线的下面（或上面）。地线面有助于减小环路面积，同时也降低了接收天线的效率。地线面作为一个重要的载荷源，可抵消静电放电电源上的电荷，有助于减小静电场带来的问题。PCB 地线面也可以作为其对面信号线的屏蔽体。

(7) 设计地线时要避免“梳状”地线，特别是在高速数字电路中。这种地线结构会造成信号回流面积很大，产生较大的辐射。可以在梳齿之间增加短路线，将梳状地线结构变为地线网络可有效地解决这一问题。

(8) 大面积导体中连接脚的处理。在大面积的接地中，常用元器件的脚与其连接，对连接脚的处理需要综合考虑，就电气性能而言，组件脚的焊盘与铜面满接为好，但对组件的焊接装配就存在一些不良隐患。比如，焊接需要大功率加热器，否则容易造成虚焊。所以兼顾电气性能与工艺需求，做成十字花焊盘，称为热隔离，俗称热焊盘。这样可使焊接时因截面过分散热而产生虚焊点的可能性大大减小。

(9) 输入/输出的地线处理。输入/输出线的滤波和屏蔽必须连接在干净的地上。干净地与内部的地线只能在一点连接，这样可以避免内部信号电流流过干净地造成污染。“干净地”上除了滤波和防护器件外，不能放置任何其他器件。“干净地”设计目的是用来保证接口辐射最小，并且“干净地”极易被外来干扰耦合，所以“干净地”上不能有其他无关电路和器件，如图 6-9 所示。

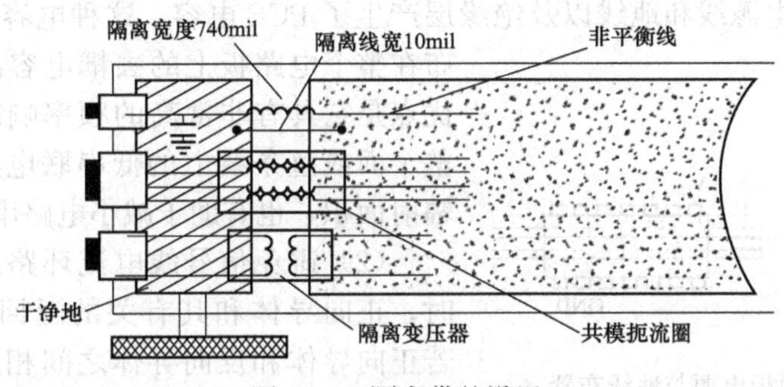

图 6-9　隔离带的设置

(10) 印制导线的公共地线最好形成环路或网状，这是因为当在同一块板上有许多集成电路，特别是有耗电多的组件时，由于图形上的限制产生了接地电位差，从而引起噪声容限的降低，当形成环路时，接地电位就会减小。

2. 电源线

(1) 电源线依据通过电流的大小尽量放宽电源线布线的宽度。电源和地线走向要一致，走线要尽量靠近，最好的办法是电源线走电路板一层，地线走另一层的重合部分，这样将使得电源的阻抗最低，同时还有利于减小差模发射的环路面积，从而减小电路之间的相互干扰。

(2) 布线时对电源和地线应保留尽可能多的铜，有利于减小电源和地部分的阻抗，以减小电路对外的辐射和敏感度。

(3) 在印制电路板的电源线入口对地处应布置 10～100μF 或更大的去耦电容。

(4) 在单层板或双层板中，如果电源布线很长，应每隔 3000mil 对地加 10～100μF 去耦电容，如图 6-10 所示，以滤除电源线上的高频噪声。

3. 减小电路环路面积

出于成本考虑，单层和双层印制电路板被广泛使用。但随着数字电路的广泛使用，单层

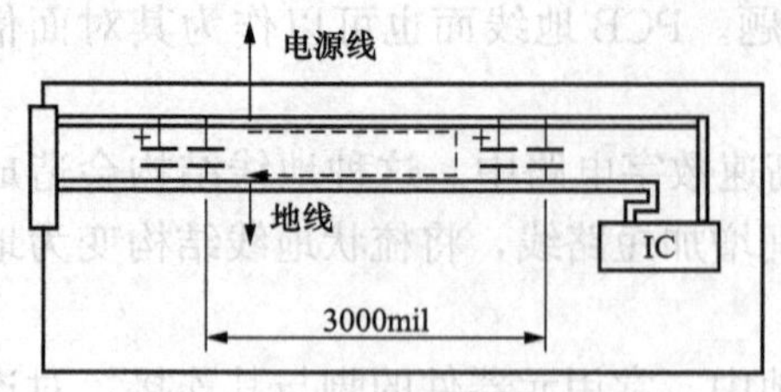

图 6-10 电源线的去耦处理

和双层印制电路板的电磁兼容性问题越来越突出，造成这一问题的主要原因之一就是信号环路面积过大，不仅产生较强的电磁辐射，而且使电路对外界干扰敏感。要改善电路板电磁兼容性最简单的方法就是减小关键信号的回路面积。从电磁兼容设计角度看，关键信号主要是指那些能产生较强辐射的信号和对外界电磁干扰敏感的信号。

电流通过感应进入电流环路，这些环路是封闭的，如图 6-11 所示，并且具有变化的磁通量。感应电流的幅度与环路的面积成正比。较大的环路包含有更多的磁通量，因此在电路中感应出较强的电流。所以在 PCB 布线时，必须减小环路面积。

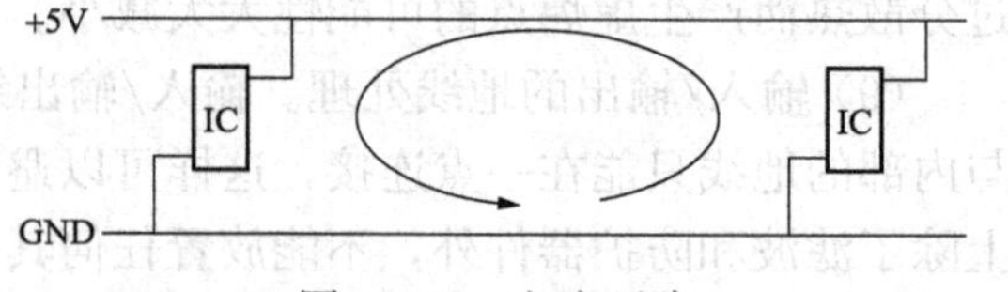

图 6-11 电流环路

（1）尽可能减小逻辑集成电路电源的环路面积。图 6-12 是单面板使用简单布线措施，实现的不同环路面积的电源电路布线设计。在双面板中可采用电源线的背面平行铺设地线，如图 6-13 所示。电源线和地线以及绝缘层产生了 PCB 电容，这种电容等效于一个均匀分布在整个电路板上的去耦电容。PCB 电容的一个优点是它具有非常高的频率响应和均匀地分布在整个面或整条线上的低串联电感，可以减小差模辐射面积，也有助于减小电路串扰。

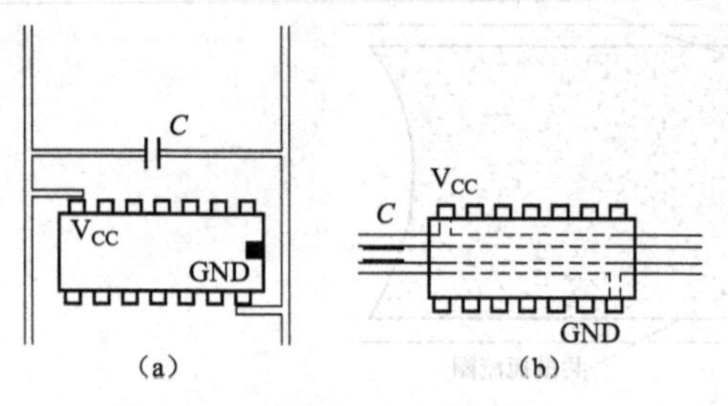

图 6-12 单面板电源与地线布置

（a）大环路；（b）小环路

（2）避免信号线电流环路。印制电路板布线时，正向导体和其有关的返回导体应相互靠近。若正向导体和反向导体之间相距较大的距离，将产生较大的电流环路，如图 6-14 所示，在其周围产生较大的磁场，并增加了对外部信号的耦合，降低了抗扰度，同时增加了电路的阻抗，使电路阻抗变得不确定。

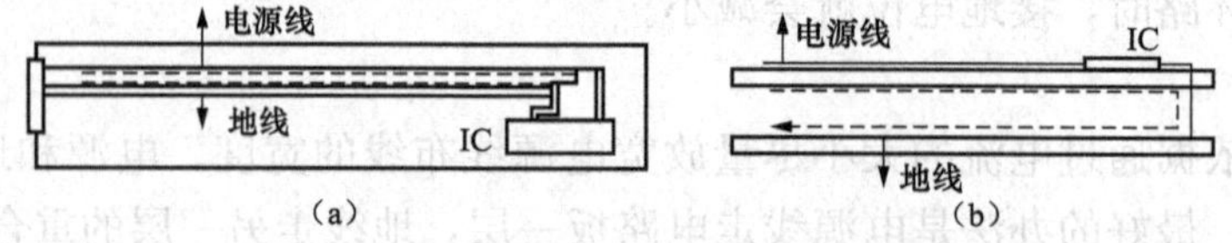

图 6-13 双面板电源与地线紧邻布线

（a）顶视图；（b）侧视图

对于单层板可将反向导线布于正向导线旁边（见图 6-15）来改善电流环路，以减小电路辐射，增加抗扰度，提高阻抗的稳定性。对于双面板布线，可以在另外一层直接将返回导线放置在正向导线的背面，如图 6-16 所示。

（3）当器件之间必须采用长度大于 30cm 的信号线连接时，为了减小电流回路的面积，除了减小平行布线面积，在信号线附近放置接地层外，也可将每个敏感元件的信号线或电源线与其接地线进行交叉布置，如图 6-17 所示。交叉的连线必须按从上到下或从左到右的规则间隔布置。

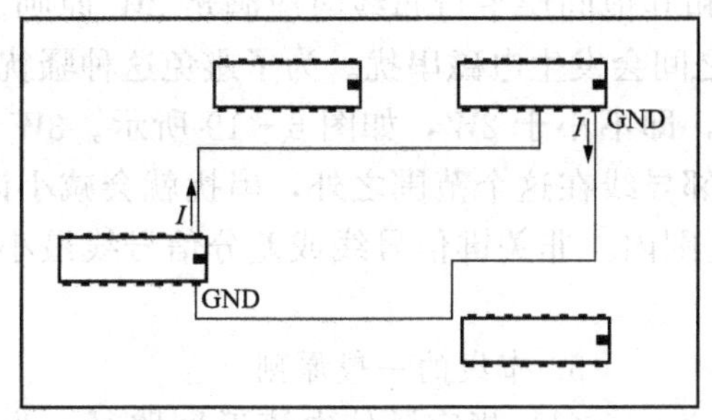

图 6－14　正向导体和反向导体之间相距较大的距离

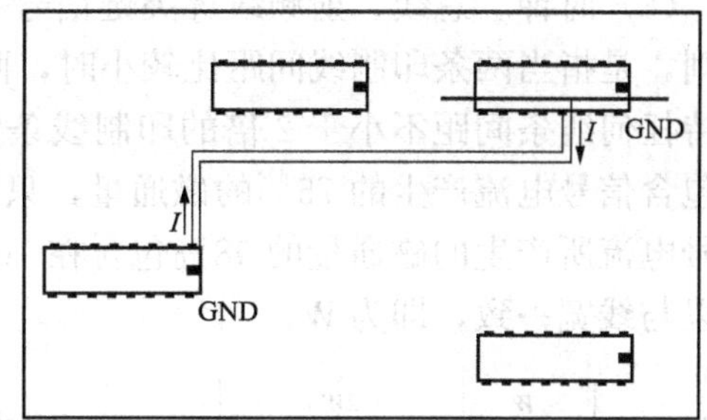

图 6－15　反向导线靠近正向导线布线

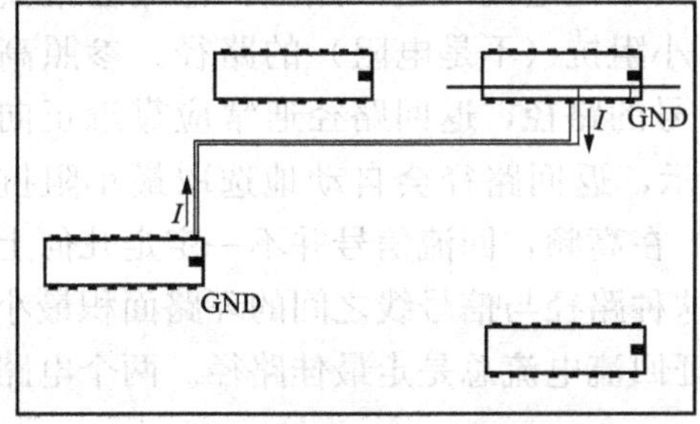

图 6－16　反向导线位于正向导线背面布线

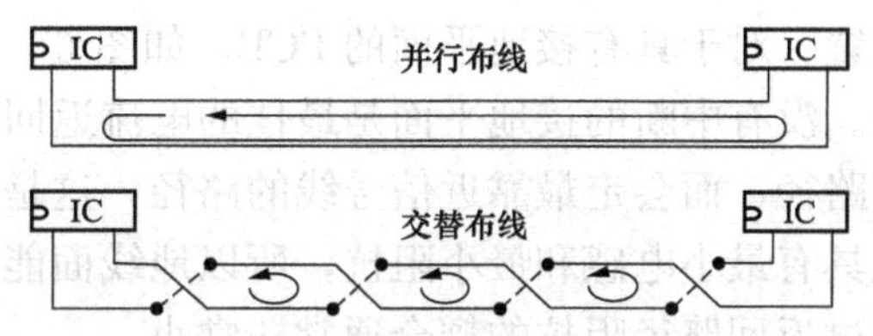

图 6－17　交叉布线减小环路面积

4. 减小线路间串扰

在电路板上减小线路间串扰的布线原则：

（1）通过合理的布局使各种连线尽量短。

（2）由于串扰程度与骚扰信号的频率成正比，因此高频信号线远离敏感信号线。

（3）骚扰信号线与敏感信号线不仅需要远离，而且需要避免平行。

（4）在多层板中，干扰信号线与敏感信号线和地线面相邻。

（5）在多层板中，干扰信号线与敏感信号线分别在地线面或电源线面的相对两面。

（6）尽量使用输入阻抗较低的敏感电路，必要时可以用旁路电容降低敏感电路的输入阻抗。

（7）噪声信号线与敏感信号线之间布一根地线，可以将串扰降低 6～12dB。地线对串扰的抑制作用明显，如图 6－18 所示，因此使用多层板对串扰的抑制非常有效。

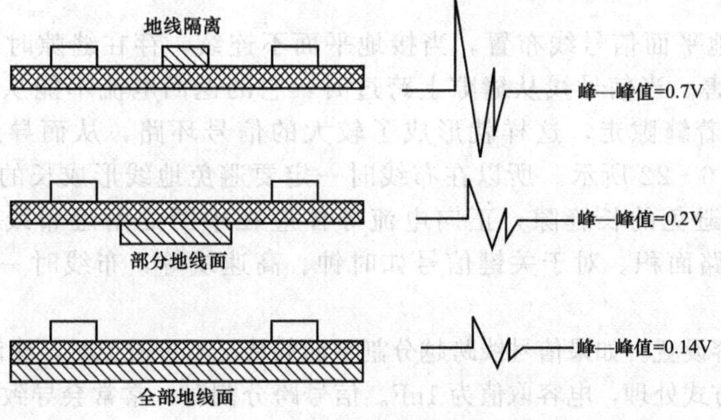

图 6－18　地线对串扰电压的影响

（8）时钟、总线、射频线等关键信号布线和其他同层平行布线时应满足 3W 原则。3W 原则，是指当两条印制线间距比较小时，两线之间会发生电磁串扰。为了避免这种骚扰，应保持任何线条间距不小于 2 倍的印制线条宽度，即不小于 2W，如图 6－19 所示。3W 范围内包含信号电流产生的 75％的磁通量，只要相邻导线在这个范围之外，串扰就会减小许多。信号电流所产生的磁通量的 98％包含在 10W 范围内。非关键信号线或差分信号线最小间距可以与线宽一致，即为 W。

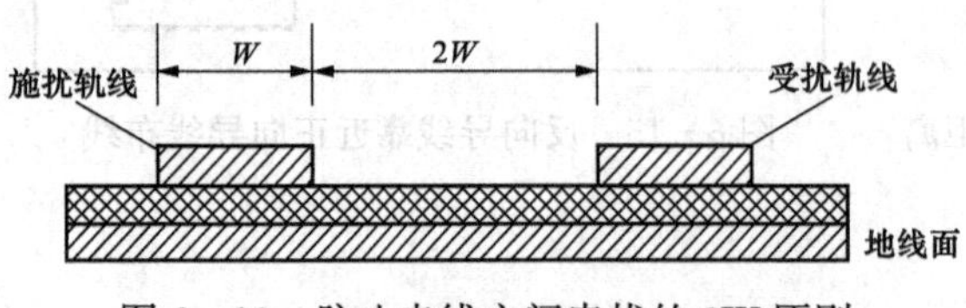

图 6－19 防止走线之间串扰的 3W 原则

5. 布线的一般原则

（1）规定最佳电流返回路径。为了控制信号线路辐射并提高抗扰度，需要规定其最佳电流的返回路径。电流通常流过最小阻抗（不是电阻）的路径。参照高频信号的路径，返回路径通常应靠近正向路径布置。对于具有接地平面的 PCB，如图 6－20 所示，返回路径会自动地选取最小阻抗的路径。没有中断的接地平面是最佳的电流返回路径。在高频，回流信号并不一定走几何上最短的路径，而会走最靠近信号线的路径，这是因为这种路径与信号线之间的环路面积最小，因此具有最小电感和最小阻抗，所以地线面能够保证回流电流总是走最佳路径。两个电路之间通过返回路径阻抗的耦合通常非常小。

无接地平面的 PCB，返回电流导体必须靠近正向电流路径布置，如图 6－21 所示。在任何需要的信号线交叉处，返回电流导体必须与正向电流导体的处理方式相同。

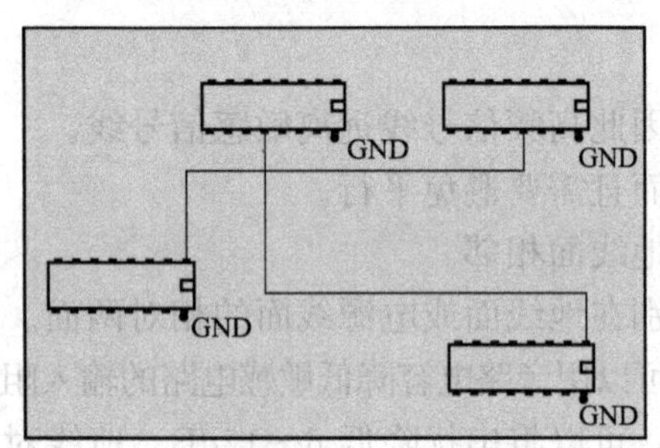

图 6－20 接地平面作为电流的返回导体

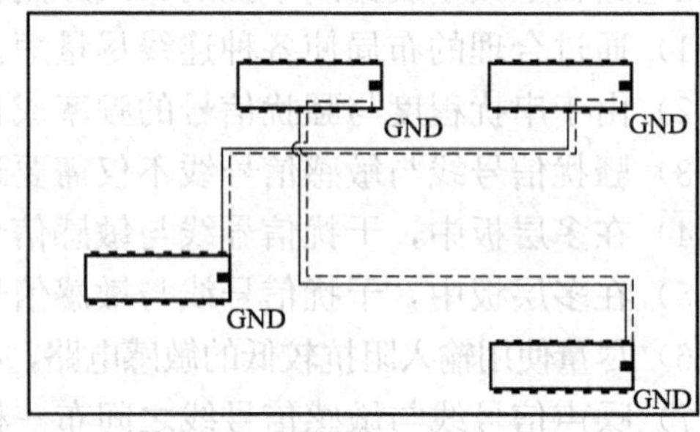

图 6－21 无公共接地平面 PCB 上信号线的布置

（2）不连续地平面信号线布置。当接地平面不连续，存在缝隙时，会对 PCB 的电磁兼容性造成危害。当信号线从缝隙上跨过时，它的返回电流不能从信号线的正下方流回，而是要绕着缝隙走，这样就形成了较大的信号环路，从而导致辐射发射和敏感度问题，如图 6－22 所示。所以在布线时一定要避免地线形成长的缝隙，一旦地线面上出现了不可避免的长缝隙，正向电流导体应在中断处附近布线，如图 6－23 所示，从而减小环路面积。对于关键信号如时钟、高速线等，布线时一定不能跨分割区布置。

（3）桥接电容设置。如果信号线跨越分割平面的情况不可避免时，建议在信号跨分割附近采用桥接电容方式处理，电容取值为 1nF。信号跨分割时，常常会导致其回路面积增大，采用桥接地方式来设置信号回路，如图 6－24 所示。

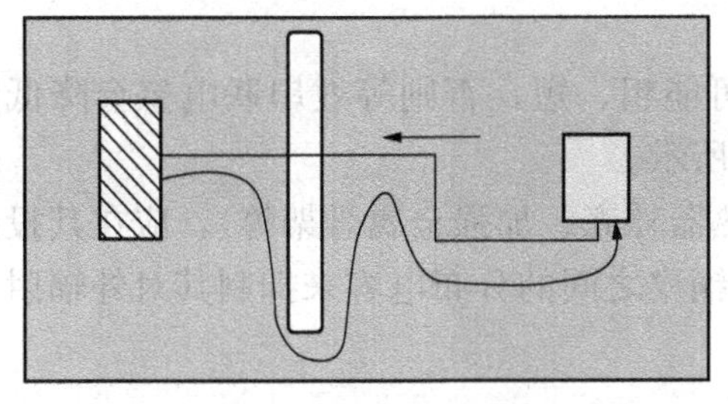

图6-22　地线面上缝隙危害

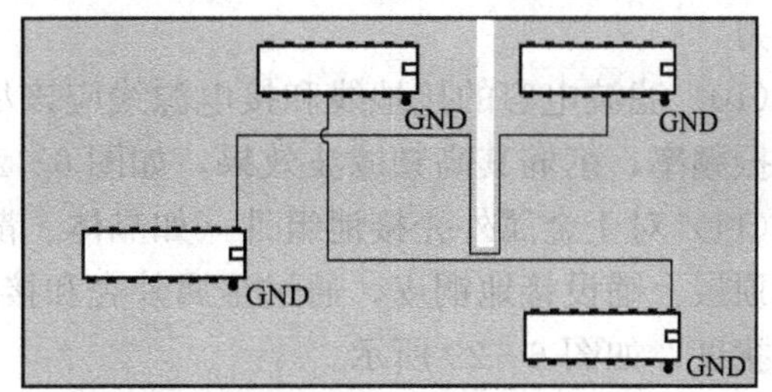

图6-23　不连续地线面正向导体布置

(4) 所有信号线必须在距离地线面边缘或地线以内13mm以上布置，地线既可以布在与信号线相同的层，也可以布在与之紧挨着的层上。如果信号线的长度达到30cm或以上，则必须在其旁边放置一根地线，在信号线上方或者相邻面上放置地线也是可以的。

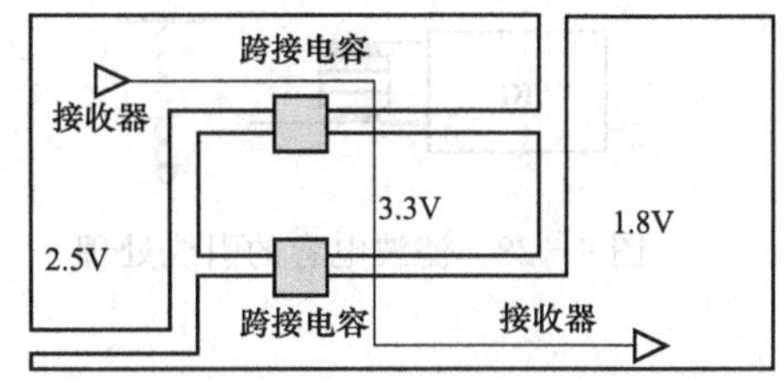

图6-24　桥接电容设置

(5) PCB布线时，特别是时钟线、总线的粗细应保持一致。粗细不一致布线阻抗会发生突变，造成电磁干扰，如图6-25所示。应当避免PCB导线的不连续，线宽不要突变；导线不要突然拐角。

(6) 对于单层板，时钟信号线、高速信号线、敏感信号线等关键线在布线时要注意阻抗匹配并防止串扰。始端阻抗匹配电阻和电流电阻要放置在信号发出端。另外，关键信号通常还要采用屏蔽地线包地处理，如图6-26所示。关键信号线两侧的包地线增加了分布参数，以减少信号的回路面积，还可以防止信号线与其他信号线之间的串扰。

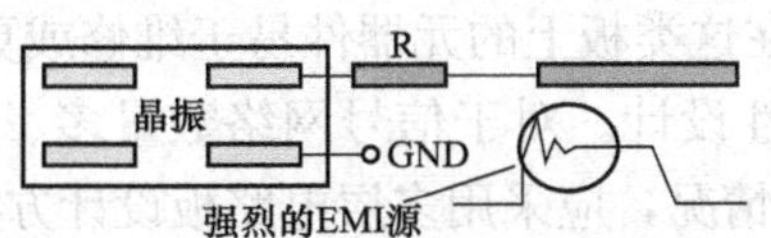

图6-25　PCB布线宽度突变效应

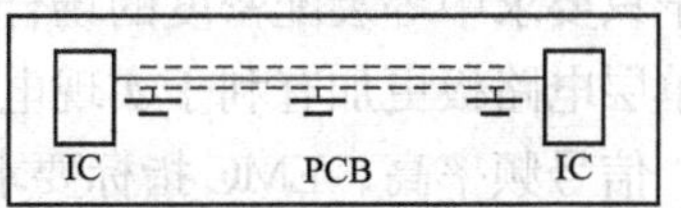

图6-26　包地线设计

(7) 对于双层板，关键信号线的投影面上要有大面积地，或者与单面板一样包地打孔处理，如图6-27所示。包地线的宽度要尽量宽，最好在信号宽度的两倍以上。同时间隔信号最高频率分量的1/4波长打过孔且与地层连接，保证地线各点的电位相等。

(8) 尽可能避免相邻布线层的布线走向相同，应尽量使两布线层中的走线相互垂直，防止相邻层信号线平行而增加容性耦合。如果无法避免时，平行布线长度要小于1000mil。

(9) 差分信号线应同层、等长、平行布线，保证一致阻抗，差分信号线间无其他布线。保证差分信号线对地共模阻抗相等，提高抗干

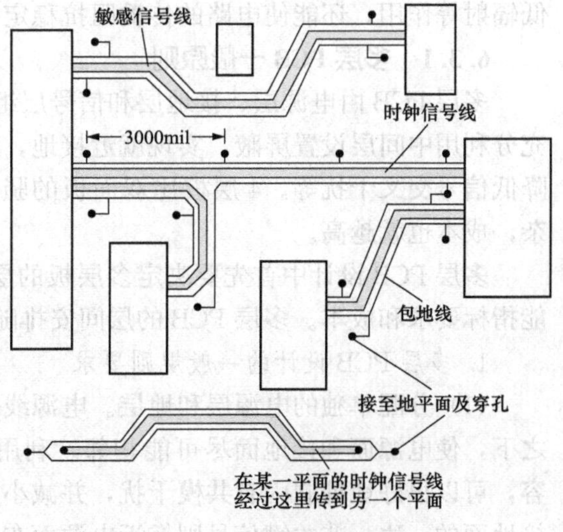

图6-27　包地线打孔处理

扰能力。

（10）滤波电容的接地线和接电源线应该尽可能粗、短，否则等效串联电感会降低电容的谐振频率，削弱其高频滤波效果，如图 6-28 所示。

（11）对于金属外壳接地组件（如晶体、散热器外壳、加强金属骨架等），应在其投影区域的顶层上铺设接地铜皮，通过金属外壳和接地铜皮之间的分布电容来抑制其对外辐射和提高抗扰度，如图 6-29 所示。

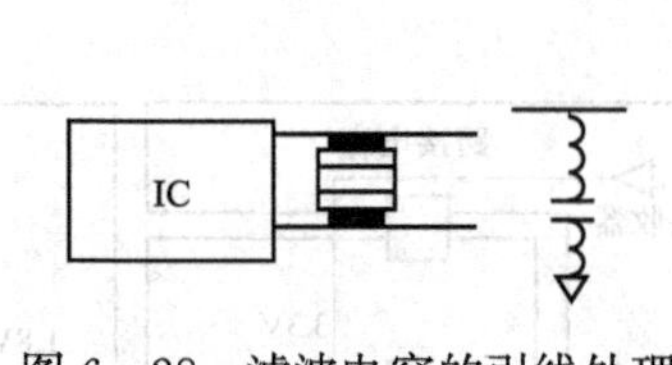

图 6-28 滤波电容的引线处理

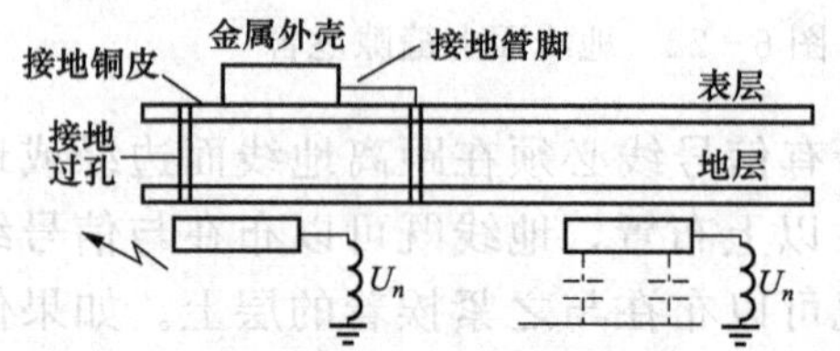

图 6-29 金属外壳接地组件的接地铜皮安排

6.3 多层印制电路板

在进行 PCB 的 EMC 设计时，首先要考虑 PCB 的分层设计。通常依据单板的电源、地的种类、信号密度、板级工作频率、有特殊信号布线要求的信号数量，以及综合单板的性能指标要求与成本承受能力来确定电路板的层数。

单层电路板结构简单，装配方便，适用于一般电路的要求，不适用于要求较高的组装密度大或复杂电路场合。但如果单层电路板的布局合理，也可以达到一定的电磁兼容性要求。双层电路板适用于只要求中等装配密度的场合，安装在这类板上的元器件易于维修或更换，使用双层电路板比单层电路板更加有利于实现电磁兼容性设计。对于信号网络数量多、器件密度大、引脚密度大、信号频率高、EMC 指标要求苛刻的情况，应采用多层电路板设计方案。

多层电路板是解决电路板上电磁兼容问题的有效手段。目前，电路板已由单层、双层、4 层板逐步向更多层电路板方向发展。多层电路板不仅具有降低电源线和地线噪声电压、降低辐射等作用，还能使电路的传输阻抗稳定，减小高速信号的失真。

6.3.1 多层 PCB 一般原则

多层 PCB 由电源层、接地层和信号层组成。合理选择层数，能减小 PCB 的尺寸，并能充分利用中间层设置屏蔽，实现就近接地，有效降低寄生电感、缩短信号传输长度，大幅度降低信号交叉干扰等。4 层板比双面板的骚扰发射约低 20dB。但层数越多，制造工艺越复杂，成本也就越高。

多层 PCB 设计中首先要决定多层板的层数和层的布局，这取决于功能模块的分布、性能指标要求和成本。多层 PCB 的层间安排随着电路而变，但有以下共同原则。

1. 多层 PCB 设计的一般规则要求

（1）分配单独的电源层和地层。电源线平面应靠近接地线平面，并且安排在接地线平面之下，使电源面和接地面尽可能相邻。利用两金属平面之间的分布电容作为电源的平滑电容，可以很好地抑制固有共模干扰，并减小电源阻抗。布线时速度最快的关键信号应当临近接地面的一边，非关键信号则靠近电源面布置。

(2) 接地线平面的主要目的是提供低阻抗地，并且为电源和信号层提供最小的噪声回流。布线中两地层之间的信号线层是高速线、时钟线和敏感线等关键信号的优先布线层。

(3) 最好在不同层内对数字电路和模拟电路进行布局。如果一定要安排在同层，可采用开沟、分隔等方法补救。模拟地、数字地、电源都要分开，不能混用。

(4) 布线层最好与整块金属面（地平面或电源平面）相邻。若没有接地平面作为镜像地时，可以在每个信号线条附近使用两个接地线，起电磁对消作用；与镜像地的情形类似。

(5) 尽量避免两信号层直接相邻。

(6) 时钟和高频电路是主要的干扰源，应单独处理，尽量放在一个布线层内，远离敏感电路。

(7) 印制线（特别是时钟线）要尽可能短、宽、直和均匀，不要随意换布线层，遇到拐角时尽量采用45°过渡，不要用直角。

2. 镜像对消作用

镜像对消作用是多层 PCB 设计中的主要技术，它利用整个金属平面层对印制线条产生方向的镜像电流来对消印制线条的辐射和干扰。镜像作用产生的回路效应使电磁能量主要以传导差模形式传输。

图 6-30 中，与电流层最近的导体为镜像层。当电流水平运动时，在镜像面中会有水平镜像电流流过，此电流与原电流大小相等，方向相反，所以产生的镜像磁场与原电流的磁场在原处的辐射相抵消，从而减小了 PCB 电磁发射。但当电流垂直流动时，在镜像中的垂直映像电流的方向和原电流的方向相同，所以产生的电磁辐射有加强作用，也就是过孔电流的镜像。抑制过孔 EMI 增加的措施就是贴着过孔，人为增加一条作为过孔电流的回流线。然而当印制线条距离金属平面较远时，印制线条与金属平面并不构成镜像结构，反而产生较大的辐射。构成传输线还是天线取决于导线与金属面间的距离。

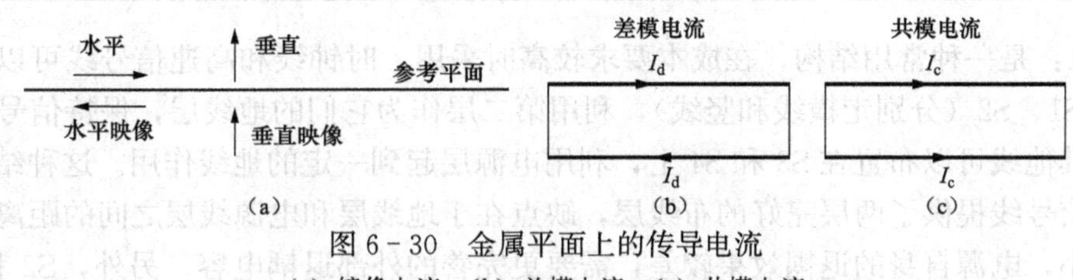

图 6-30 金属平面上的传导电流

(a) 镜像电流；(b) 差模电流；(c) 共模电流

6.3.2 多层 PCB 分层设计

1. 4 层板设计

4 层板是最简单的一种多层板，相比于双层板，能够对电路板的电磁兼容性起到本质的改善。4 层板层排布方式见表 6-1。

表 6-1 4 层板的层排布方式

方案	电源层数	地层数	信号层数	层排布方式			
				1	2	3	4
1	1	1	2	S	G	P	S
2	1	1	2	G	S	S	P
3	1	1	2	S	P	G	S

方案 1：4 层板的层排布方式中以方案 1 为优选，在元件面下有一个地平面，关键信号优先布在顶层。这种中间两层为电源层和地线层的排布方式可大大改善电源和地线性能，使电源和地线的电感大大减小，降低电源线和地线上的噪声；电源线层和地线层之间的分布电容为电源提供了非常好的高频退耦作用。另外，4 层板结构减小了所有高频信号电源的环路面积，高频电流总是在信号线正下方的地线层流动，自然形成了最小的信号环路面积，进而改善电路板的电磁兼容性。

方案 2：将电源和地平面放在顶层和底层，试图获得一定的屏蔽效果，但存在一定的缺陷：

（1）电源和地相距过远，电源平面阻抗较大。

（2）由于元件焊盘等影响，电源和地平面极不完整。

（3）由于参考平面不完整，信号特征阻抗不连续。

实际应用中，方案 2 电源和地平面很难作为完整的参考平面，预期的屏蔽效果很难实现。

方案 3：与方案 1 类似，适用于主要器件在底层布局或关键信号底层布线的情况。

2. 6 层板设计

6 层板的层排布方式见表 6－2。

表 6－2　6 层板的层排布方式

方案	电源层数	地层数	信号层数	层排布方式					
				1	2	3	4	5	6
1	1	1	4	S1	G	S2	S3	P	S4
2	1	1	4	S1	S2	G	P	S3	S4
3	1	2	3	S1	G1	S2	P	G2	S3
4	1	2	3	S1	G1	S2	G2	P	S3

方案 1：是一种常用结构，在成本要求较高时采用。时钟线和高速信号线可以布置在优选布线层 S1、S2（分别走横线和竖线），利用第二层作为它们的地线层，保持信号的最小环路面积，其他线可以布置在 S3 和 S4 上，利用电源层起到一定的地线作用。这种结构的优点是为高速信号线提供了两层完好的布线层，缺点在于地线层和电源线层之间的距离较远，分布电容较小，电源自身的退耦效果较差，需要更完善的外部退耦电容。另外，S2 和 S3 的布线方向要相互垂直，防止串扰。

方案 2：相比于方案 1 将地线层与电源线层相邻，改善了电源的退耦，减少了电源阻抗，但只有 S2 有较好的参考平面。其中，第二层与第五层（S2 和 S3）构成一对优选布线层可以布置高速信号线，而最外面的两层（S1 和 S4）可以布置较低速的信号线，布线时注意第一层与第二层布线方向垂直，第五层与第六层布线方向垂直。

方案 3：减少了一层信号层，增加了一层地线层，所有的信号层都与一层地线层相邻，且电源层与地线层相邻，所以具有最好的电磁兼容性，是一种优先考虑方案。其中，S2 是优选布线层，其次是 S3 和 S1。主电源及其对应的地布在第四层和第五层。设置层厚时，增大 S2～P 的距离，缩小 P～G2 的距离（相应缩小 G1～S2 层之间的距离），以减小电源平面的阻抗，减小电源对 S2 的影响。

方案 4：适合于局部、少量信号，且要求较高的场合，相比方案 3 提供了极佳的布线层 S2。

3. 8层板设计

8层板的层排布方式见表6-3。

表6-3　8层板的层排布方式

方案	电源层数	地层数	信号层数	层排布方式							
				1	2	3	4	5	6	7	8
1	1	2	5	S1	G1	S2	S3	P	S4	G2	S5
2	1	3	4	S1	G1	S2	G2	P	S3	G3	S4
3	2	2	4	S1	G1	S2	P1	G2	S3	P2	S4
4	1	1	6	S1	S2	G	S3	S4	P	S5	S6

方案2比方案1减少了相邻布线层，增加了主电源与对应地相邻，保证了所有信号层与地相邻，代价为牺牲一层布线层，具有最佳的电磁兼容性，为优选排布方案。

方案3：具有双电源层，适用于双电源情况，兼顾了无相邻布线层、层压结构对称、主电源与地相邻等优点，但S4应减少关键布线。

方案4：结构在电磁兼容性能方面没有特殊优点，甚至不如4层板，因为电源和地线层相距很远。这种方式只是增加了走线层的数量。第二层和第四层（最好）可以配成一对走线层，布置时钟线和高速信号线，第一层和第五层（较好），以及第七层和第八层（最差）分别配成两对信号线层。

4. 10层板设计

10层板的层排布方式见表6-4。

表6-4　10层板的层排布方式

方案	电源层数	地层数	信号	层排布方式									
				1	2	3	4	5	6	7	8	9	10
1	1	3	6	S1	G1	S2	S3	G2	P	S4	S5	G3	S6
2	1	4	5	S1	G1	S2	G2	S3	G3	P	S4	G4	S5
3	2	3	5	S1	G1	S2	P1	S3	G2	P2	S4	G3	S5
4	2	4	4	S1	G1	S2	G3	P1	P2	G3	S3	G4	S4

方案1：具有明显的成本优势，但相邻布线过多，平行长线难以控制。

方案2：无相邻布线层，对于单电源优先考虑此方案。

方案3：适合于信号布线要求相差不大的场合，兼顾了性能、成本，为优先推荐方案。主电源及其对应地应分别置于第七、第六层；优选布线层S2、S3、S4。

方案4：相比于方案3牺牲一个布线层，在成本要求不高、EMC要求较高且必须是双电源层的关键板，建议使用此方案。优选布线层S2、S3。

上述布线规则为一般原则，具体设计中可依据电源层数、布线层数、特殊布线要求信号数量、电源与地的分割情况等结合排布原则灵活设计。

6.3.3 多层PCB设计规则

1. 5/5规则

在PCB分层设计时，时钟频率超过5MHz或上升时间小于5ns时，需要使用多层板。

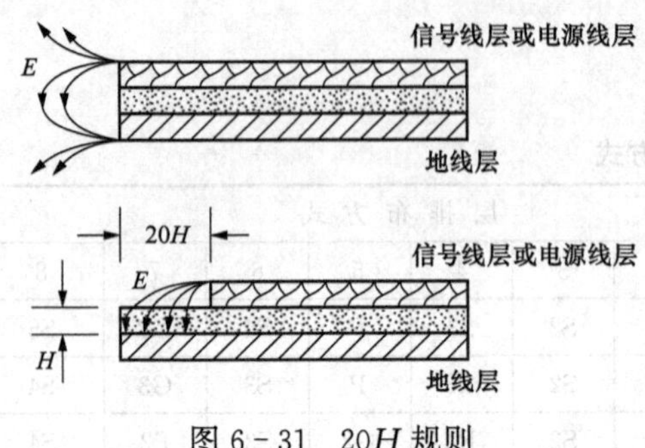

图 6－31 20H 规则

2. 20H 规则

具有一定电压的 PCB 外沿都会向空间辐射电磁能量，称为“边缘辐射”，为减小这个效应，要求地线层要比电源层、信号层外延超出至少 20H，其中 H 表示两层 PCB 的间距，如图 6－31 所示。当尺寸达到 10H 时，辐射强度开始下降，当达到 20H 时，辐射强度下降 70%。

所以关键信号线不能布置在信号层的边缘，布线层要在其回流地平面层的投影区域内。为了更好地降低辐射，可以在信号层的边缘设置一圈地线，并将这个地线圈与地线层用间隔较密的过孔连接起来，如图 6－32 所示。

3. 关键信号线层

关键信号线层一般布置有强辐射或者极其敏感的信号线（时钟线、复位信号线、射频线、控制信号线等），应与完整地平面相邻，优选两地平面之间。靠近地平面布置能使其回流面积最小，从而减小其辐射强度或者提高抗干扰能力，如图 6－33 所示。

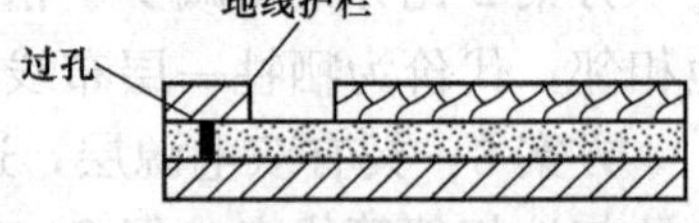

图 6－32 关键信号的地线圈保护

4. 表面铺地层

对于板级工作频率不小于 50MHz 的单板，若第二层与倒数第二层为布线层，则顶层、底层应铺设接地铜箔，起到屏蔽和减小高频信号回流面积的作用，如图 6－34 所示。

图 6－33 关键信号线层

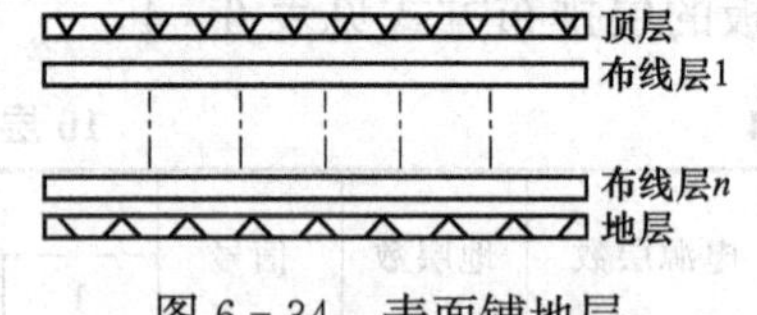

图 6－34 表面铺地层

5. 表层高频信号线布线

如果顶层和底层存在超过 50MHz 的信号线，最好将高频信号线通过过孔布置在内部布线层，如图 6－35 所示，以抑制其对空间的辐射。

6. 电源平面与地平面层

多层板中主工作电源平面要与其对应参考地平面紧邻，这样有效减小电源电流的回路面积。注意：芯板（底层到电源层之间的距离）不宜过厚，以降低电源、地平面的分布阻抗，保证电源平面的去耦效果，如图 6－36 所示。

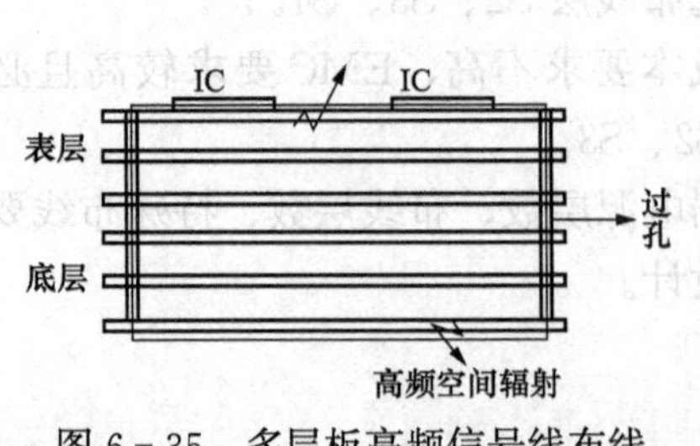

图 6－35 多层板高频信号线布线

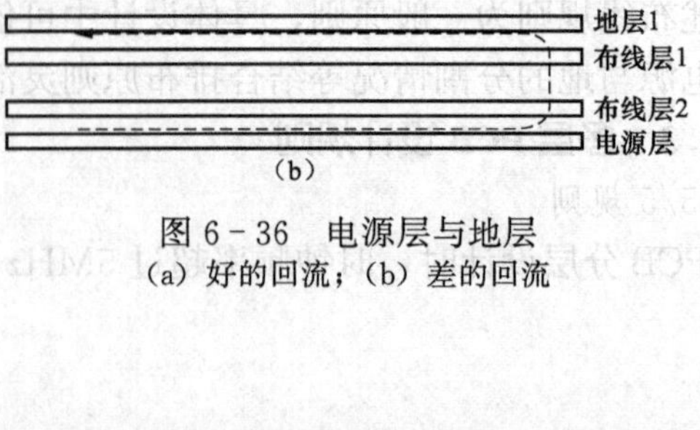

布线层1
地层
电源层
布线层2
(a)
地层1
布线层1
布线层2
电源层
(b)

图 6－36 电源层与地层
(a) 好的回流；(b) 差的回流

7. 相邻布线层

尽量避免布线层相邻，如果无法避免，应适当增大布线层之间的层间距，缩小布线层与其信号回路之间的层间距。相邻布线层上的平行信号线会导致信号串扰，如图 6-37 所示。

8. 相邻电源平面层

相邻平面层应避免不同属性区域投影平面重叠。投影重叠的不同属性区域的层之间的耦合电容会导致各层之间不同区域的噪声耦合，如图 6-38 所示。

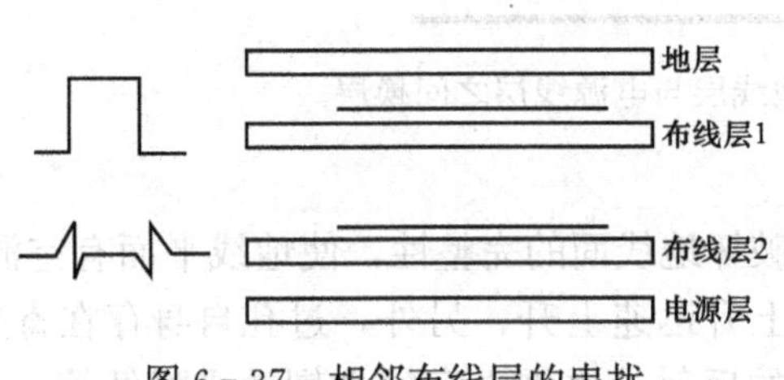

图 6-37　相邻布线层的串扰

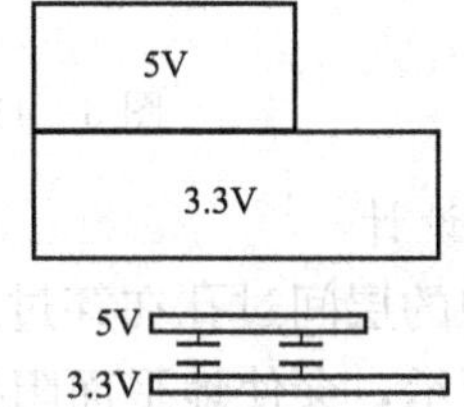

图 6-38　相邻电源层之间的耦合

9. 高速信号线的换层走线

信号层上的高速信号线要保持其走线尽量短，与其相邻的地线面除要尽可能完整以外，还要注意尽量避免换走线层。当时钟或高频信号线条必须在布线层中使用层间跳线时，应设计相邻的接地跳线。接地跳线是一种直接放在每一个信号布线条下面或附近的接地线，这些接地跳线接到镜像平面板上。这些跳线的目的是保证接地平面与这些不同层的信号线条有同等耦合。

（1）以同一层地线为中心换层，地线电流在同一层地线上流动，可以保持电流的连续性，如图 6-39 所示。由于高频时的趋肤效应，地线电流在地线面的两个表面流动。

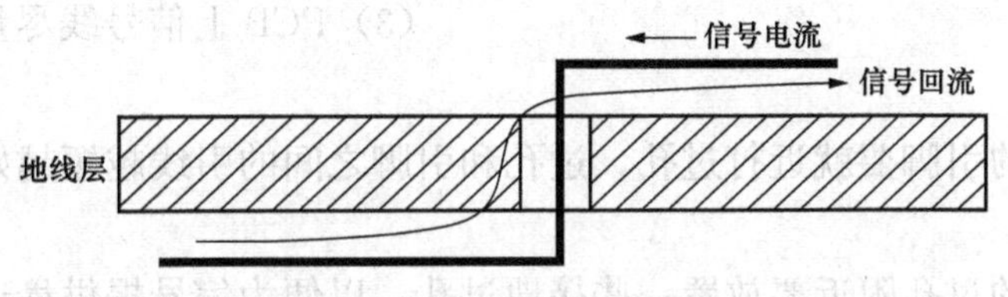

图 6-39　信号线以同一层地线为中心换层

（2）如果高速信号穿过两层地线层，则意味着地线电流要换层，此时必须在信号线换层的过孔附近放置一个地线过孔，将两个地线层连接起来，以保证地线电流的连续性，如图 6-40 所示。

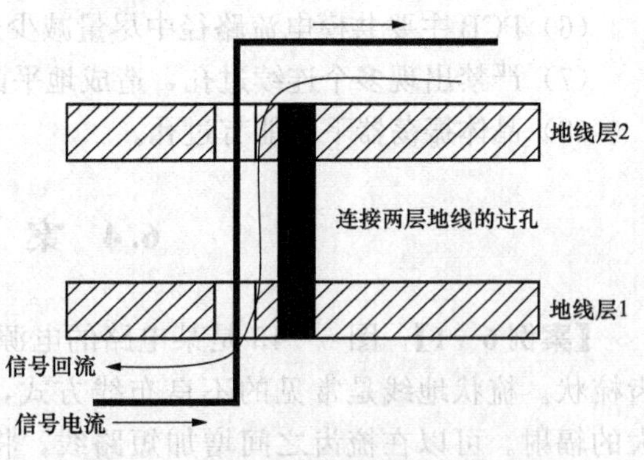

图 6-40　信号线在两层地线间换层

（3）如果高速信号线穿过一层地线层与一层电源线层，此时必须在信号线换层附近的过孔附近放置一个耦合电容，连接地线层和电源线层，如图 6-41 所示。必要时在高速信号线的两侧布地线，进一步减低辐射。

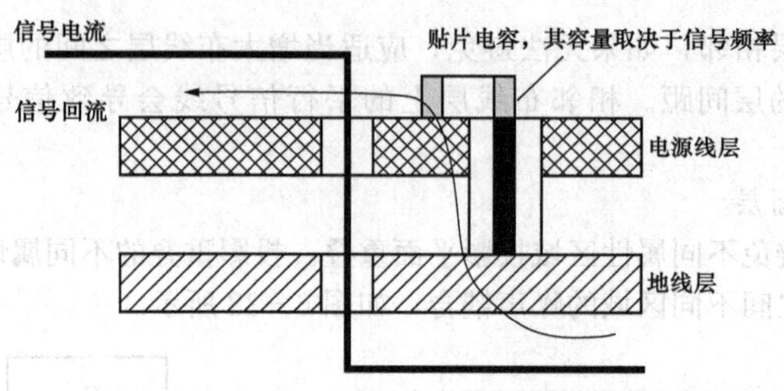

图 6－41　信号线在地线层与电源线层之间换层

10. 过孔设计

多层板中的层间过孔在穿过地线层时会破坏地线面的完整性，使地线平面有空洞、缝隙，如图 6－42 所示，会使地平面阻抗随着频率上升迅速上升；另外，过孔自身存在寄生电感和电容，会使信号产生额外畸变，如高速信号的反射、去耦电容的去耦效果降低等。

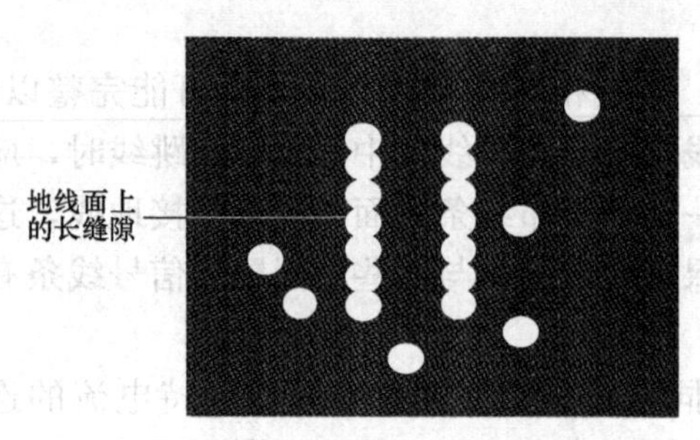

图 6－42　地线面上的长缝隙

为了减小过孔的不利影响，设计时需要注意以下几方面：

（1）合理选择过孔大小。6～10 层内选用 10/20mil（钻孔/焊盘）过孔较好，对于高密度小尺寸 PCB 也可以选用 8/18mil（钻孔/焊盘）的过孔。对于地线和电源过孔可以考虑较大尺寸，以减小阻抗。

（2）使用较薄的 PCB 有利于减小过孔的寄生参数。

（3）PCB 上信号线尽量不要换层，也就是尽量不要使用过孔。

（4）电源和地的引脚要就近打过孔，过孔和引脚之间的引线越短越好，电源与地引线越粗越好。

（5）信号换层的过孔附近要放置一些接地过孔，以便为信号提供最近的回路，甚至可以在 PCB 上大量放置一些多余的接地过孔。

（6）PCB 主要共模电流路径中尽量减少过孔数量。

（7）严禁出现多个连续过孔，造成地平面裂缝或开槽。

（8）晶体振荡器下不能有过孔。

6.4　案　例　分　析

【案例 6－1】　图 6－43 是某电路的电源和地线的布局情况。电路中地线结构布置成为齿梳状。梳状地线是常见的不良布线方式，此时地线信号回流电流面积会很大，产生较大的辐射。可以在梳齿之间增加短路线，将梳状地线结构变为地线网络来有效解决这一问题。

另外，图 6－43 中电源线和地线之间的距离过大，形成了更大的电流环路面积，电源线与地线构成的直流回路中的电流幅度会随着电路工作状态的变化而变化，从而导致电磁辐射。所以布线时应当将电源线临近地线布置，也就是电源线与地线配对布置。

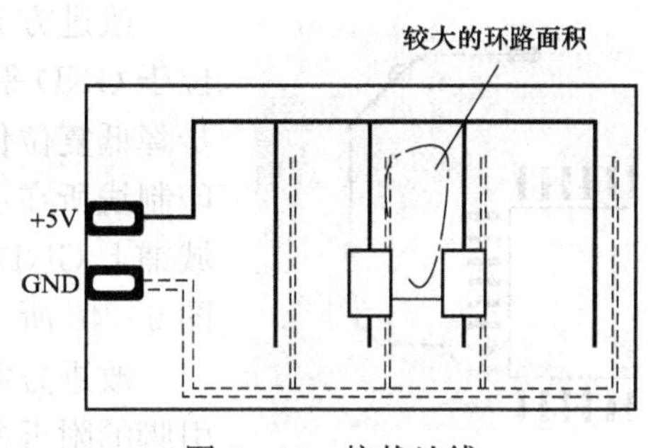

图 6－43　梳状地线

【案例 6－2】 某台式接地设备，在进行接地端子静电接触放电测试时，系统出现复位现象。当电路进行静电测试时，PCB 的工作地（GND）和静电放电枪（包括静电放电枪的接地线）形成一条干扰通路，处在此干扰通路中的 PCB 线路将受到干扰。

通过仔细检查 PCB 发现，该 PCB 中 CPU 的复位控制线布置在 PCB 的边缘，并且在 GND 平面之外，如图 6－44 所示。

PCB 中的印制线与参考接地面之间存在寄生电容。寄生电容将使 PCB 中的印制线易受到干扰，当相对于参考接地面的共模干扰电压进入 GND 后，就会在印制线和 GND 之间产生一个干扰电压。干扰电压与印制线和 GND 之间的阻抗和寄生电容相关，如图 6－45 所示。当印制线与 GND 阻抗 Z 不变时，寄生电容值越大，干扰电压 U_i 越大，这个电压将直接影响 PCB 中的工作电路。

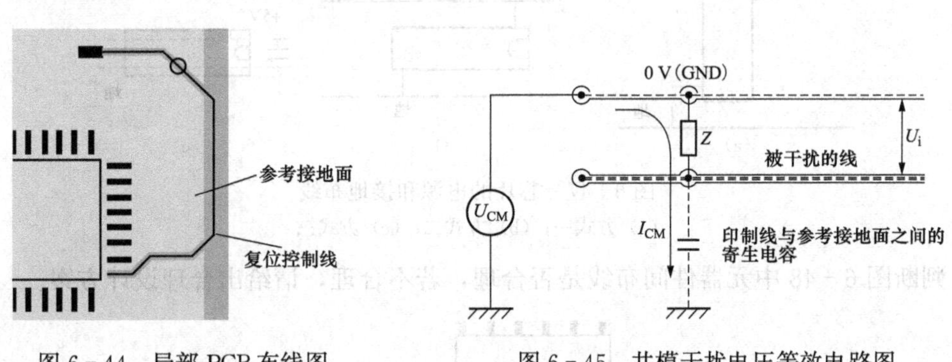

图 6－44　局部 PCB 布线图　　图 6－45　共模干扰电压等效电路图

印制线与参考接地面之间的寄生电容与印制线和参考接地面之间的距离（H）及印制线与参考接地面之间形成的电场的等效面积（S）相关：

$$C_p \approx 0.1 \times S/H \qquad (6-1)$$

式中　C_p——寄生电容，pF；

S——印制线等效面积，cm^2；

H——高度，cm。

当印制线布置在 PCB 边缘时，印制线与参考地平面之间形成相对较大的寄生电容，因为布置在 PCB 边沿的印制线与参考接地面之间形成的电场相对比较发散。本案例中复位信号布置在 PCB 的边沿，而且位于 GND 平面之外，因此复位信号将会受到较大的干扰。

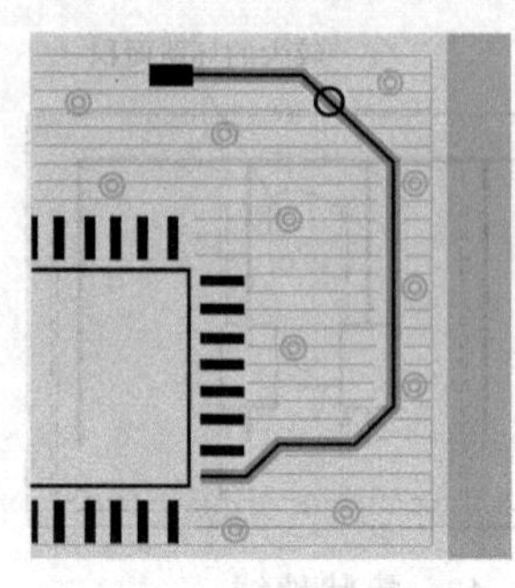
图 6-46 改进后局部 PCB 布线图

改进方案一：重新进行 PCB 布线，将复位信号线左移，使其位于 GND 平面覆盖区域内，且要远离 PCB 边缘。同时为了进一步降低复位信号线与参考接地面之间的寄生电容，可在复位信号印制线所在层（本例为 4 层板，复位信号线位于表层）的空余区域铺上 GND 铜箔，并通过大量过孔与相邻的 GND 平面相连，如图 6-46 所示。

改进方案二：在受干扰的复位信号印制线上，靠近 CPU 复位引脚的附近并联一个电容，电容值可以在 100～1000pF。

因此布线时要避免关键信号线放置在 PCB 边缘；对布置在边缘的关键信号线进行包地处理，可以降低印制线对参考接地面或金属外壳之间的寄生电容。

思考与练习

1. 从电磁兼容角度简述电路板设计的一般步骤。

2. 图 6-47 为某芯片的电源和接地布线的三种方式，试从电磁兼容角度分析三种方式的优劣。

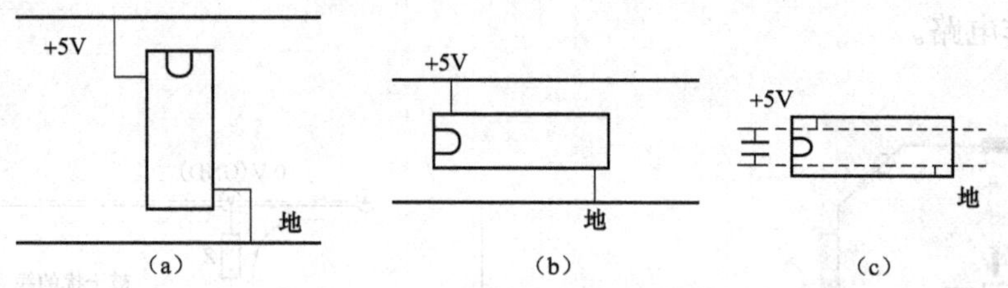

图 6-47 芯片的电源和接地布线
(a) 方式一；(b) 方式二；(c) 方式三

3. 判断图 6-48 中元器件间布线是否合理，若不合理，请给出合理设计方案。

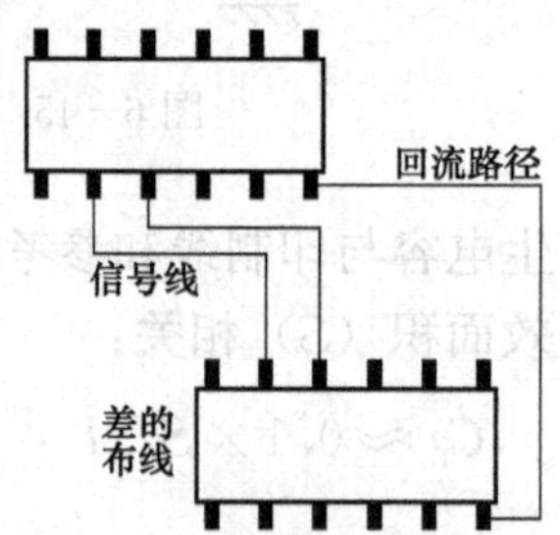

图 6-48 器件间信号线的布线

第7章　电磁兼容测量方法

7.1　电磁兼容测量的基本概念

电磁兼容性试验是验证电子设备电磁兼容设计的合理性和最终评价电子设备质量的手段。为了评价电子设备的电磁兼容性，必须通过对各种干扰源的干扰发射量、干扰传递特性，以及电子设备的干扰敏感度进行定量测定，可以鉴别产品是否符合电磁兼容性标准或规范，找出产品设计和生产过程中存在的电磁兼容方面的薄弱环节。因此，全面的电磁兼容性测试已是电子设备研制、生产过程中不可缺少的重要环节。电磁兼容性测试必须由国家指定的权威论证单位负责执行。测量仪器、测量环境、测量条件和测量精度等，都必须严格符合标准规定的要求。

EMC测试的内容分辐射测试和传导测试两大类，而在每一类测试中，又分别包括测量设备电磁干扰发射电平的EMI测试和测量设备抗电磁干扰（敏感度）的EMS测试两方面的内容，其示意图如图7-1所示。

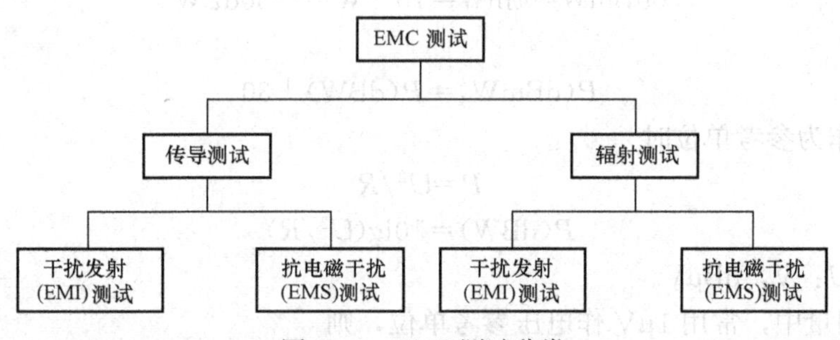

图7-1　EMC测试分类

EMC测试除了要有精确的测量仪器外，还要具有符合要求的测量试验室（场地）和规定严格的测量方法。没有合格的测量场地和用不规范的测量方法进行测试，即使有了精确的测量设备也测不准。不同的电子设备和不同的使用场合，依据的测量标准也不一样。所以EMC测量要具备：测量所依据的标准和规范、测量设备、测量场地。

在电磁兼容测量中要用到许多计量的单位，电磁兼容标准界限值都要用这些单位来表示。以下是几种常用单位。

EMC测量数值变化范围很大，如从几微瓦到几千瓦。为了便于讨论大范围的数值，在电磁兼容测量中常用分贝制：

$$P(\mathrm{B}) = \frac{P_1}{P_2} \qquad (\mathrm{B}) \tag{7-1}$$

贝尔数值太大，为了方便通常用贝尔的1/10即分贝来表示：

$$P(\mathrm{dB}) = 10\lg\left[\frac{P_1}{P_2}\right] \qquad (\mathrm{dB}) \tag{7-2}$$

分贝可以带单位，也可以不带单位。带量纲如：

$$P(\mathrm{dBW}) = 10\lg\left[\frac{P(\mathrm{W})}{1\mathrm{W}}\right] \quad (\text{dBW——以 1W 为基准的功率分贝数}) \tag{7-3}$$

不带单位的 dB 数，如屏蔽体的屏蔽效能 P_S：

$$P_S(\mathrm{dB}) = 10\lg\left[\frac{P_1}{P_2}\right] = 10\lg\left(\frac{U_1^2/R_1}{U_2^2/R_2}\right) = 20\lg\left(\frac{U_1}{U_2}\right) - 10\lg\left(\frac{R_1}{R_2}\right) \quad (\mathrm{dB}) \tag{7-4}$$

式中　P_1、U_1 和 R_1——屏蔽前测得的功率、电压和电阻；

　　　P_2、U_2 和 R_2——屏蔽后测得的功率、电压和电阻。

当 $R_1 = R_2 = R$ 时

$$P_S(\mathrm{dB}) = 10\lg\left[\frac{P_1}{P_2}\right] = 20\lg\left(\frac{U_1}{U_2}\right) \quad (\mathrm{dB}) \tag{7-5}$$

1. 传导电磁干扰主要计量单位

（1）功率 P：W，mW，μW，dBmW，dBμW。

$$P(\mathrm{dBmW}) = 10\lg\left[\frac{P(\mathrm{mW})}{1\mathrm{mW}}\right] \quad (\text{dBm——以 1mW 为基准的功率分贝数}) \tag{7-6}$$

$$P(\mathrm{dB\mu W}) = 10\lg\left[\frac{P(\mathrm{\mu W})}{1\mathrm{\mu W}}\right] \quad (\text{dBμW——以 1μW 为基准的功率分贝数}) \tag{7-7}$$

在许多测量场合，用 mW 作为参考功率更为方便，这时在 dB 计量系统中用 dBmW 表示，其关系为

$$0\mathrm{dBmW} = 1\mathrm{mW} = 10^{-3}\mathrm{W} = -30\mathrm{dBW} \tag{7-8}$$

所以

$$P(\mathrm{dBmW}) = P(\mathrm{dBW}) + 30 \tag{7-9}$$

当以电压作为参考单位时

$$P = U^2/R$$

$$P(\mathrm{dBW}) = 10\lg(U^2/R) \tag{7-10}$$

（2）电压 U：V，dBμV。

在 EMC 测量中，常用 1μV 作电压参考单位，则

$$U(\mathrm{dB\mu V}) = 20\lg\left[\frac{U(\mathrm{\mu V})}{1\mathrm{\mu V}}\right] \quad (\text{dBμV——以 1μV 为基准的电压分贝数}) \tag{7-11}$$

$$1\mathrm{\mu V} = 10^{-6}\mathrm{V} = 0\mathrm{dB\mu V} = -120\mathrm{dBV} \tag{7-12}$$

所以

$$U(\mathrm{dB\mu V}) = U(\mathrm{dBV}) + 120 \tag{7-13}$$

（3）电流 I：A，dBμA。

$$I(\mathrm{dB\mu A}) = 20\lg\left[\frac{I(\mathrm{\mu A})}{1\mathrm{\mu A}}\right] \quad (\text{dBμA——以 1μA 为基准的电流分贝数}) \tag{7-14}$$

2. 辐射电磁干扰主要计量单位

（1）功率密度 S_d：$\mathrm{W/m^2}$，$\mathrm{mW/cm^2}$，$\mathrm{\mu W/cm^2}$。

功率密度是用每单位面积上通过的功率数表示电磁场强度。功率密度用 dB 表示时：

$\mathrm{dBW/m^2}$——以每平方米上通过 1W 的功率为基准的分贝数；

$\mathrm{dBmW/cm^2}$——以每平方厘米上通过 1mW 的功率为基准的分贝数；

$\mathrm{dB\mu W/cm^2}$——以每平方厘米上通过 1μW 的功率为基准的分贝数。

(2) 电场强度 E：V/ m，dBμV/m。

$$E(\text{dB}\mu\text{V/m}) = 20\lg\left[\frac{E(\mu\text{V/m})}{1\mu\text{V/m}}\right] \text{（dBμV——以 1μV/m 为基准的场强分贝数）} \tag{7-15}$$

(3) 磁场强度 H：A/m，dBμA/m。

以 A/m 为单位的磁场强度可由电场确定

$$H(\mu\text{A/m}) = \frac{E(\mu\text{V/m})}{Z} \tag{7-16}$$

$$H(\text{dB}\mu\text{A/m}) = E(\text{dB}\mu\text{V/m}) - 20\lg Z = E(\text{dB}\mu\text{V/m}) - 51.5\ (\text{dB})\text{（自由空间）} \tag{7-17}$$

(4) 磁通密度 B：T，dBpT。

磁场强度与磁通密度的关系

$$B = \mu \times H(\text{T}) = \mu_0\mu_r \times H \quad (\text{T}) \tag{7-18}$$

$$\mu = \mu_0\mu_r \ (\mu_0 = 4\pi\times10^{-7}\text{A/m——自由空间磁导率})$$

$$B(\text{dBT}) = H(\text{dBA/m}) - 118(\text{dB})\text{（自由空间介质相对磁导率 } \mu_r = 1\text{）} \tag{7-19}$$

$$B(\text{dBpT}) = H(\text{dB}\mu\text{A/m}) + 2(\text{dB}) \qquad (\text{pT} = 10^{-12}\text{T}) \tag{7-20}$$

式中 B(dBpT)——以 dBpT 为单位的磁通密度。

7.2 电磁兼容测量场地

7.2.1 开阔试验场地

开阔试验场地（open area test site，OATS）是电磁兼容测试中非常重要的试验场地，早期的 CISPR（国际无线电干扰特别委员会）标准要求的辐射发射和辐射敏感度测试场地。开阔试验场地要求周围空旷、无反射物体、地平面为平坦表面。开阔试验场地内的环境杂散电磁场电平要比被测试辐射干扰最低电平至少低 10dB。此外，在利用开阔试验场地进行 EMS 试验时，试验仪器发射的强电磁波对周围民用、工业、军用设施不能造成严重的干扰。为了保证恶劣天气下的测试，可使用不导电、低介电常数的覆盖体作为气候保护罩。通常选用玻璃纤维，不建议使用木材，因为一些种类木材会有很高的反射系数，并随温/湿度条件变化性能差异很大。为了降低成本，气候保护罩可只覆盖待测设备，也可以覆盖整个测试区域。保护罩的形状要易于排雪、冰或水。外面天线的高度与被测设备的距离可以调整。为了保证测试的稳定性、可靠性，地面应铺设屏蔽网，测试设备（发射机、接收机）分别放在与被测试设备隔离的地下室内。一个开阔试验场地的示意图如图 7-2 所示。其中，EUT（equipment under test）为受试设备，LISN（line impedance stabilization network）为线性阻抗稳定网络。

开阔试验场地的结构示意图如图 7-3 所示。椭圆形场地的两个焦点上分别放置辐射源与接收天线（测 EMI 时）或被测设备与发射天线（测 EMS 时）。椭圆形场地的长轴为 $2F$，短轴为 $\sqrt{3}F$，两焦点之间的距离为 F。通常，有 3、10m 和 30m 三个指定测试距离。如果要使用 10m 法测试，则场地应为 20m×18m 。

开阔试验场地是大型 EUT 较为理想的测试场地，造价相对低于半电波暗室，也是很多

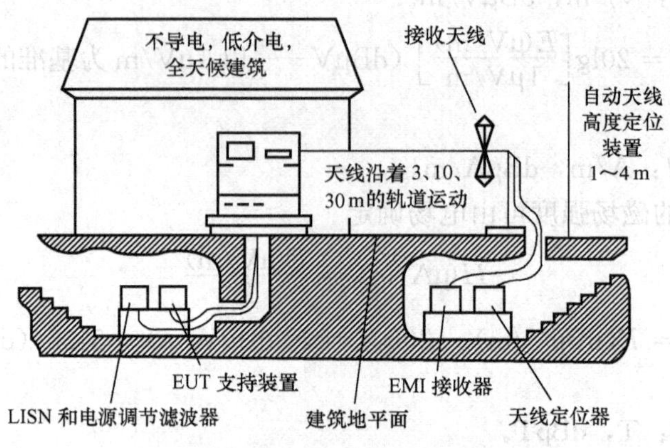

图 7－2　开阔试验场地示意图

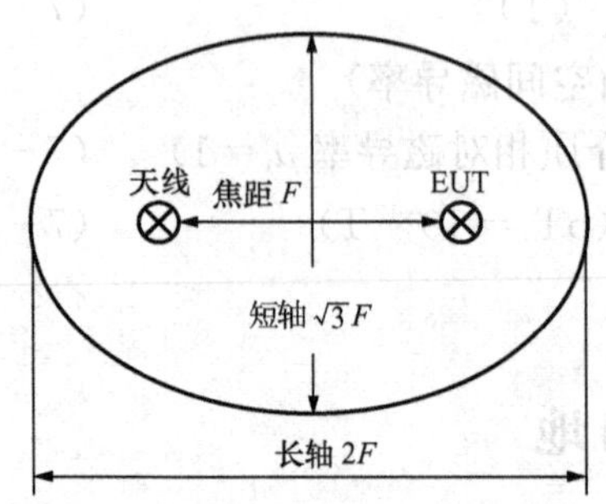

图 7－3　开阔试验场地结构示意图

标准中作为最终判定测量结果的标准测试场地。但开阔试验场地要求苛刻，必须设在远离城市、交通要道、架空电力线、树林和建筑物的地方，易受到环境与天气因素的影响。真正符合开阔试验场地条件的场地是不易找到的。因此，陆续开发出了新型测试设施和测试方法以确保能够在试验室内进行辐射发射和辐射敏感度测试。

7.2.2　电磁屏蔽室

电磁屏蔽室是使用屏蔽钢板和钢支架构成的一个金属封闭体。屏蔽室使用导磁良好的冷轧钢板作为主体屏蔽材料，接缝处采用导电良好的铜带和铜网，为测试提供了一个电平低而恒定的电磁环境，其屏蔽效能在 10kHz～10GHz 频率范围内能达到 100dB，是开展传导发射等测量的重要场所。

屏蔽室的主要功能：

（1）阻止外部电磁干扰，保证屏蔽室内的设备不受到外界干扰。

（2）阻止内部电磁干扰泄漏，对周围电磁环境造成破坏。

（3）对特殊测试营造一个相对独立的电磁空间或温/湿度空间。

（4）防止通信设备信息泄漏，保证信息安全。

（5）进行电波辐射防护，保护室内工作人员，防止其受到高场强电磁辐射伤害。

屏蔽室是一个封闭的金属腔体，等效于一个谐振腔，在一定的激励条件下，将按空腔谐振器的谐振规律产生谐振。谐振将降低屏蔽室的屏蔽效能，会在屏蔽室内产生驻波，对测量造成误差。为了避免谐振造成的误差，应当通过理论计算和实际测量来获得屏蔽室的主要谐振点，在以后的电磁兼容实验中要避开这些谐振频率。

7.2.3　电波暗室

电波暗室是辐射骚扰和射频抗扰度测试的重要场所。电波暗室采用金属屏蔽体结构可以在 10kHz～18GHz 的频段上隔离外部电磁波，同时在内壁敷以对电磁波有强烈吸收作用的吸收体，以减少电磁波的反射，从而产生一个纯净的电磁环境来进行电磁兼容测试与分析。

按照吸波材料的粘贴方式，电波暗室分为全电波暗室和半电波暗室。全电波暗室内表面全部安装吸波材料，模拟自由空间的传播环境，主要用于微波天线系统的参数测量。全电波暗室的内部结构如图 7-4 所示。半电波暗室是除有反射的金属地面（接地平面）之外，其余表面都安装吸波材料的屏蔽室，主要模拟开阔实验场地，用于电磁干扰与电磁辐射抗扰度测量。半电波暗室是目前 EMC 领域使用最为广泛的测试场所，能够覆盖多数在暗室内开展的测试项目，且在某种条件下可以扩展为全电波暗室开展射频辐射抗扰度测试。

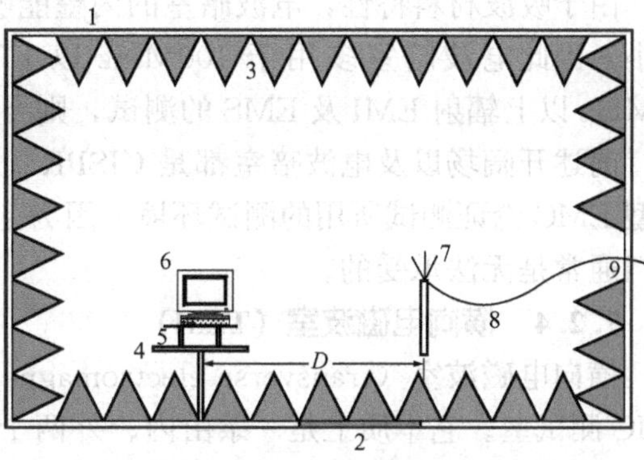

图 7-4　全电波暗室的内部结构

1—金属墙面；2—门；3—吸波材料；4—水平转台；5—木桌（高度可调）；6—受试设备；7—天线；8—测试仪器的连接电缆；9—特殊连接器面板

电波暗室使用的吸波材料是一种吸收电磁波为主，反射、散射和透射都很小的功能性复合材料。主要有：

(1) 铁氧体片。可以直接粘贴在暗室墙壁和天花板上，工作频率范围在 30～1000MHz。

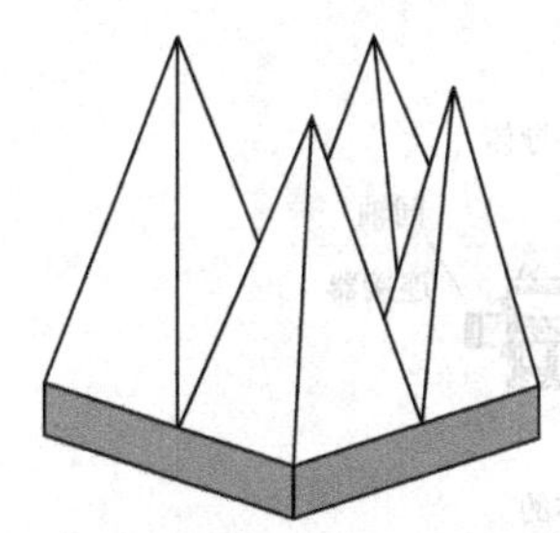

图 7-5　浸碳泡沫锥

(2) 角锥形含碳化吸波材料。用阻燃的聚氨酯类泡沫塑料或海绵在碳胶溶液中渗透而成，将它做成金字塔状、棱锥状、圆锥状或尖劈状的吸收单元（见图 7-5），以保证阻抗的连续渐变，使其阻抗尽可能与周围空气介质阻抗相近。尖劈越长、频率越低、反射率越小。为了保证在宽频带内吸收电磁波和室内电磁场的均匀性，角锥长度应大于最低吸收频率波长的 1/4。

(3) 复合吸波材料。当角锥吸收频率为 30MHz 时，长度要到达 2.5m。吸波材料太长既占空间，又易变形。因此将角锥粘贴在双层铁氧体砖上（一层铁氧体和一层特殊介质材料）形成复合吸波材料。铁氧体片补偿吸波材料的低频端性能，又能使锥状吸波材料长度缩短至 1m 以内，增大电波暗室的测试空间。

标准型半电波暗室其外形尺寸分为 3m 法、5m 法和 10m 法。其含义是指被测设备和场强测量天线顶端之间的距离 R 可以达到 3、5m 和 10m。暗室内部测试空间长度为 $2R$，宽度为 $\sqrt{3}R$，高度为 $\sqrt{3}R/2$ 加上发射源的高度。

测试时需要的电缆、电源线等从屏蔽室外面接入，为了隔离这些线缆上的干扰电磁波，电缆在进入屏蔽室之前要加装滤波器。暗室屏蔽体上的所有开口，如通风窗，都要设计成截止波导管的形式。屏蔽门的处理直接关系暗室性能的优劣。一个实际电波暗室的照片如图 7-6所示。

图 7-6　电波暗室

由于吸波材料特性，电波暗室的内壁能够在高频时提供较大的功率吸收能力，低频时则较小，因此电波暗室多用于 100MHz 以上高频辐射 EMI 及 EMS 的测试。若用于低至 30MHz 以上辐射 EMI 及 EMS 的测试，则要求电波室的容积非常大，造价将很高。

前述开阔场以及电波暗室都是 CISPR（国际无线电干扰特别委员会）标准规定用于辐射型 EMC 论证测试所用的测试环境。因为上述两种场地均需要巨大的投资，一般的工厂和部门通常是无法承受的。

7.2.4　横向电磁波室（TEM）

横向电磁波室（transverse electromagnetic cell，TEM）是一种迅速发展起来的新型的 EMC 测试室。它本质上是一条由内、外两个导体组成的，阻抗为 50Ω，形状为矩形的传输线。TEM 室的外导体为一个矩形箱体，内导体为一个扁平的中隔板，它和外导体之间有一个足够大的空间，可以放进一个被测试设备接受 EMC 测试。

TEM 室两端有输入和输出测量端口，中间部分是一个立方体或长方体，两端制成锥状，以避免两端因尺寸变化造成阻抗不匹配，引起室内波反射及形成驻波。这种小室的输入和输出端口的等效阻抗均为 50Ω，其具体构造如图 7－7 所示。中心导体和外部导体（由连接到一起的顶板、底板和两块侧板构成）促使电磁能量从小室的一端传播到另一端。中心的导体靠绝缘支架固定在小室内部，受试设备放置在底板、中心导体和顶板之间的传输矩形空间内，绝缘材料可以让受试设备和传输线的内、外导体电隔离。

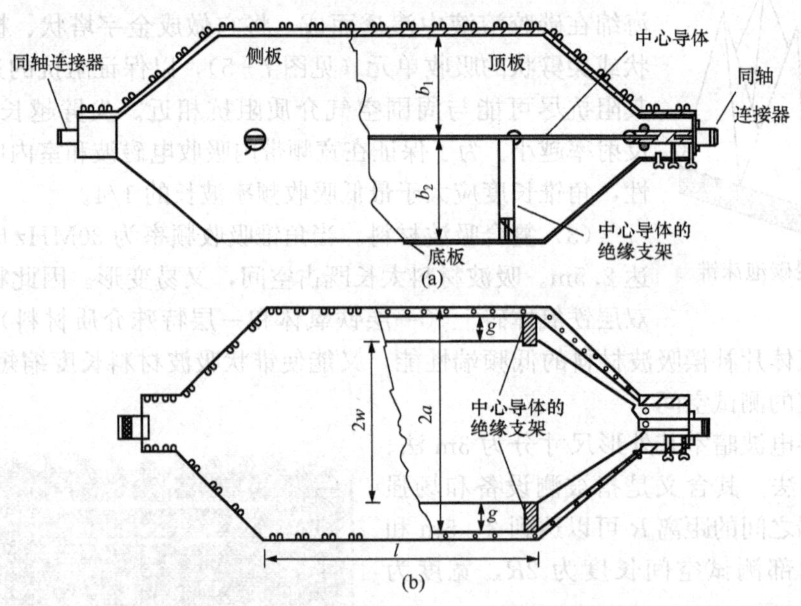

图 7－7　TEM 小室结构图（矩形截面，$b_1=b_2=b$；正方形截面，$b_1=b_2=a$）

（a）正面图（带有部分切除的剖面视图）；（b）俯视图（带有部分顶板切除视图）

在进行 EMS 抗干扰试验时，小室输入端口接高频信号发生器的输出，通过信号发生器向小室输入射频功率，在 TEM 室内就能建立起横向电磁波，其电场和磁场分布如图 7－8 所示。受试设备置于 TEM 室下半腔的一个绝缘木架上。内部放置受试设备的 TEM 小室如图 7－9 所示。在室内传播的横向电磁波的波阻抗为 377Ω，与自由空间远场的电磁波特性相同，它可以比发射天线法更好地模拟自由空间。

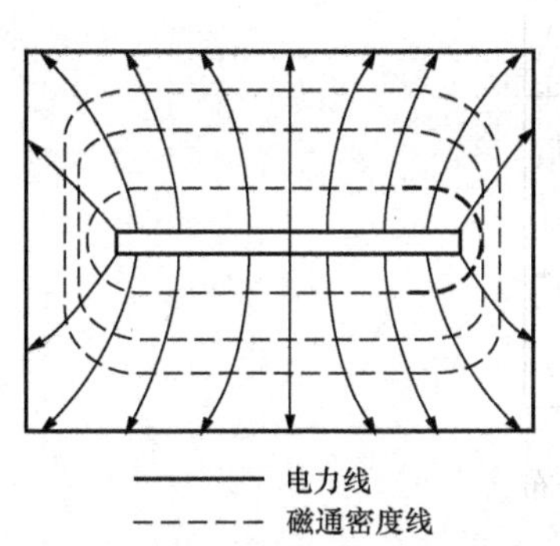

图7-8　双端口TEM室内电磁场分布示意图

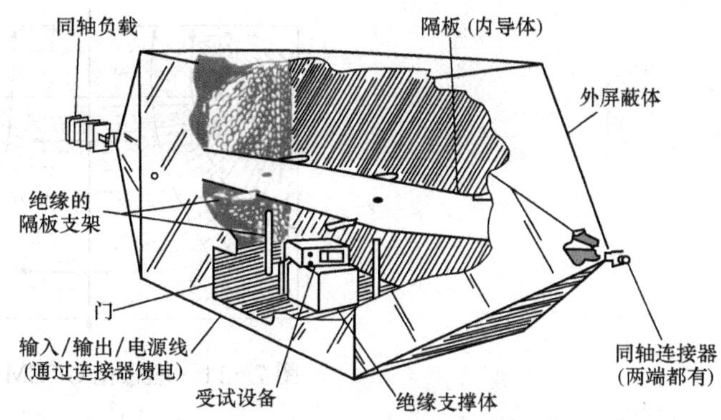

图7-9　内部放置受试设备的TME小室

TEM装置的主要缺点是其使用频率和可用空间存在着矛盾。TEM小室的尺寸受其所能够测试的最高频率限制，如果超出了这个限制，TEM小室中就会开始出现高次模，因此，频率越高，可允许的小室尺寸就越小，例如，当频率高达1GHz时，其可用空间高度不足15cm。另外，在TEM小室中，受试验设备的最大尺寸是受限制的，这是因为由于受试设备的存在所引起的TEM小室特性阻抗的改变量必须最小。

7.2.5　吉赫兹横向电磁波室（GTEM）

前述的电波暗室适合进行几百兆赫兹以上频率的EMC测试，而TEM小室只能进行几百兆赫兹以下的测试。吉赫兹横向电磁波小室（GTEM小室）是一种介于电波暗室和TEM小室之间的混合方法，可以进行宽频带的EMC测试，工作频率范围可以从直流至数吉赫兹以上。可以根据需要，建造不同尺寸的GTEM，但室内场强的均匀性和测量精度不如TEM小室高。

GTEM小室的外形如图7-10所示，底部是矩形，其输入/输出端口用一个普通的50Ω的同轴电缆插口装在锥顶部，锥形段的远端接了50Ω的由锥形吸波材料构成的分布式匹配负载。当GTEM小室终端负载匹配良好时，信号通过传输室在其内外导体之间激励起横向电磁波场，在中心部分形成一个比较均匀的可用场，如图7-11所示。

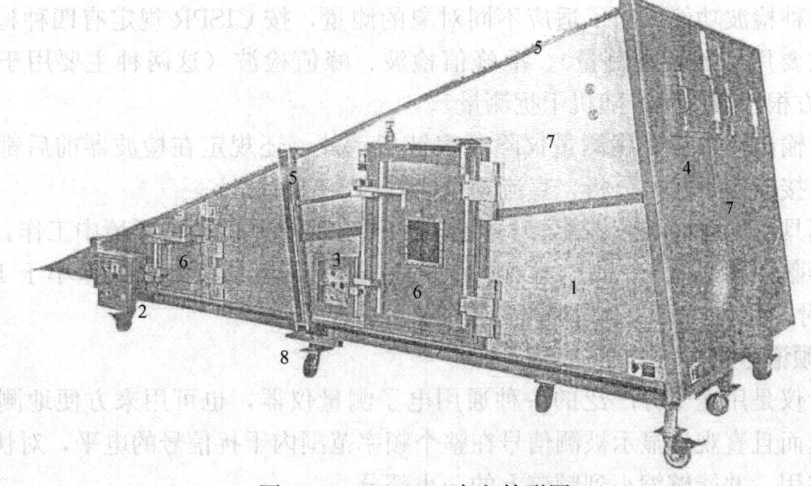

图7-10　GTEM小室外形图

1—射频屏蔽与良好电接触；2—电气接口；3—信号注入；4—射频吸收；5—用户自制的连接处延伸密封边；6—用户操作门；7—双壁铝质蜂窝隔离板；8—机械构件

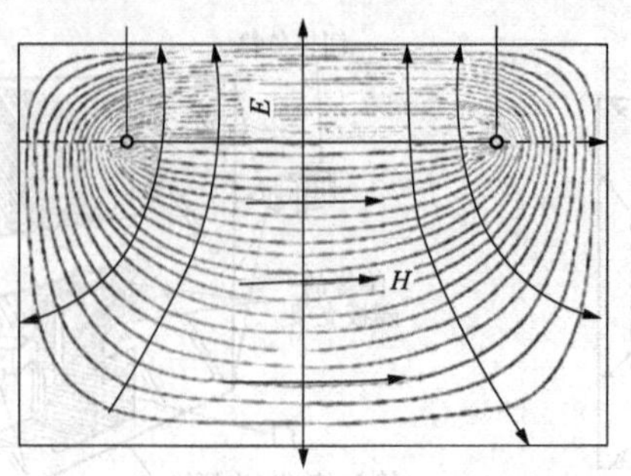

图 7-11 理想化 GTEM 小室场分布

7.3 电磁兼容测量的常用设备

7.3.1 电磁干扰测量仪

电磁干扰测量仪又称为 EMI 接收机，是一种电磁兼容性测试中的基本测量仪器，用来测量加在其输入端的干扰电压，它本质上是一种选频测量仪，能够将由传感器输入的干扰信号中预先设定的频率分量以一定通频带选择出来，连续改变设定频率便能得到该信号的频谱并予以记录。可以将 EMI 接收机看作是一个可调谐、频率可选、具有准确幅频响应的电压表。能够测量骚扰电压的峰值、准峰值、平均值、均方根等。测量在 0.15 ～ 30MHz 频率乃至低至 10kHz 范围内的 EMI 分量。由于电磁干扰的允许值一般都很低，干扰测量仪就必须有很高的灵敏度。它与普通接收机相比，具有以下特点：

（1）带有校准信号发生器。目的是通过对比确定被测信号的强度，这里的校准信号是一种具有特殊形状的窄脉冲，能保证在干扰仪工作频段内有均匀的频谱密度。

（2）无自动增益控制功能，用宽带衰减器改变量程。

（3）有多种接收带宽。除标准带宽外，往往还具备有几种带宽选择，以便扩大使用范围或用于判断信号特征。

（4）有多种检波功能。为了适应不同对象的测量，按 CISPR 规定有四种检波方式：平均值检波（主要用于连续波测量）、准峰值检波、峰值检波（这两种主要用于脉冲干扰测量），以及均方根检波（用于随机干扰测量）。

（5）带有输出接口。干扰测量仪除了表针指示外，还规定在检波器前后都应有输出接口。中频输出接口用于信号分析，直流输出接口用于记录统计。

（6）机箱具有完善的屏蔽性能。干扰测量仪要在高电平的电磁环境中工作，要求干扰测量仪自身的屏蔽效能不低于 60dB，以确保在 3V/m 的环境场中附加误差小于 1dB。这一要求在 10kHz 附近和 1GHz 以上是难以达到的。

7.3.2 频谱分析仪

频谱分析仪是用途十分广泛的一种通用电子测量仪器，也可用来方便地测量 EMI，它可以十分迅速而且直观地显示被测信号在整个频率范围内干扰信号的电平，对快速确认发射频率点非常有用，并能够缩小到频谱上的一小部分。

频谱分析仪相比于 EMI 接收机价格更加低，广泛用于快速检测与诊断，如在研制阶段，频谱分析仪常用来随时观测 EMI 滤波器和类似电路 EMI 电平的变化及检测是否发生谐振。

也用于 EMI 论证测试，可以很方便地对 EMI 测试结果进行数字信号存储，并对实时测量结果进行比较和分析。

虽然原理上频谱分析仪和 EMI 接收机相似，但在以下几方面存在明显的差别：

（1）输入信号的处理不同。一般频谱分析仪的信号输入端通常有一组较为简单的低通滤波器，而接收机要采用对宽带信号有较强抗干扰能力的预选器，包含一组固定带通滤波器和一组跟踪滤波器，完成对信号的预选。

（2）频率信号的扫描方式不同。频谱分析仪是通过扫频信号源头实现扫频测量。通过斜波或锯齿波信号控制扫频信号源，在预设的频率跨度内扫描，获得期望的混频输出信号。接收机的频率扫描是步进的、离散的。接收机按照设定的频率间隔，在每个频率点进行电平测量，显示的测试结果是单个点频测试的结果。

（3）中频分辨带宽不同。频谱分析仪的中频带宽为 3dB，而接收机的中频带宽为 6dB，如图 7－12 所示。

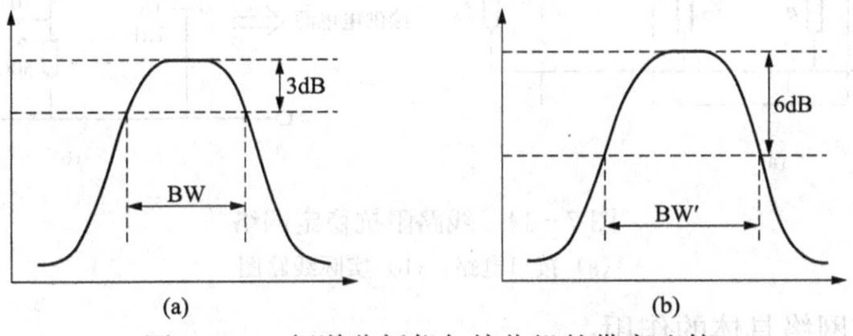

图 7－12　频谱分析仪与接收机的带宽比较

（a）频谱仪 RBW 滤波器；（b）接收机 IFBW 滤波器

（4）检波方式不同。接收机具有峰值、准峰值和平均值检波功能，而信号发生器一般带有峰值和平均值检波器，没有准峰值检波器。

（5）测量精度不同。由于对信号处理方式的不同，接收机比频谱仪具有更高的精度。另外，频谱分析仪的灵敏度和动态范围有限，并对过载很灵敏。所以接收机通常用于电磁兼容认证测量，而频谱分析仪一般用于电磁兼容预测量或诊断测量。

7.3.3　线性阻抗稳定网络（LISN）

在设备电源线上进行 EMC 测量时，各种使用场合的电子、电气设备的供电体制往往不同，电网在设备电源输入端呈现的高频阻抗也各不相同。接到电网上的 EMI 电压测量的简化等效电路如图 7－13 所示。从图 7－13 可见，在电网端测得的 EMI 电压 U_N 不仅与电源的参数（U_g，Z_g）有关，还与电网的阻抗 Z_m 有关。电网的高频等效阻抗不是常数，而是随时间、测量点和频率而变化的。

因此，在进行 EMI 电压测量时，为了保证测量的重复性和可比性，必须在测量点规定一个标准的负载阻抗。测量时就需要在 EMI 源和电网之间接入一个如图 7－14（a）所示的接口电路。该接口电路称为线性阻抗稳定网络（line impedance stabilization network，LISN），有时又称为电源线路稳定网络（PLISN）或人工电源网络。LISN 的串联阻抗 Z_s 相对于电网内阻抗 Z_m 而言，阻抗较大，因此，

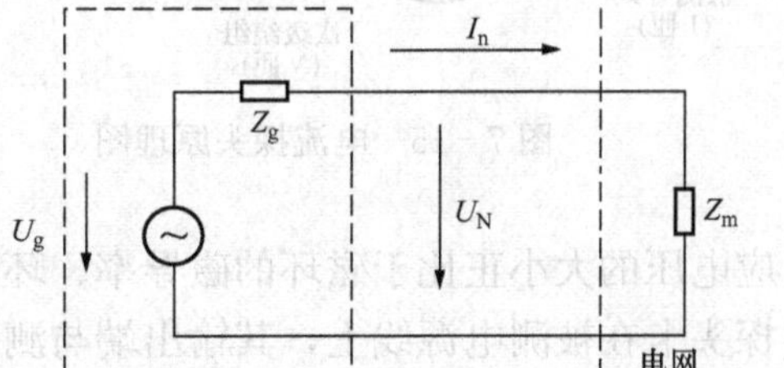

图 7－13　接到电网上的 EMI 电压测量的简化等效电路

从 EMI 源端朝电网侧看的总等效阻抗受 Z_m 变化的影响大幅度减小；另一方面，对 EMI 源而言，LISN 为 EMI 源提供了一个接近于纯阻抗的负载 R，进一步稳定了线路阻抗；该电路中的串联阻抗 Z_s 和并联阻抗 Z_p 还构成一个高频滤波电路，滤除由电网进入测量电路的高频噪声，避免其导致测量误差。

图 7-14（b）是该网络的实际线路图示例。靠近电网一侧电感甚小（50μH），不足以在市电频率下形成大的阻抗，为 50Hz 市电提供了通路。同时网络电感在射频下体现高阻抗，起到隔离 EUT 与电源电网作用。靠近 EUT 一侧耦合电容（0.1μF）将电子设备中的射频噪声信号转接到测量接收机，测量频率范围为 0.15～30MHz。耦合电容下方连接 50Ω 电阻，为被测电子设备和地之间提供稳定阻抗，并与测量接收机的输入端并联。

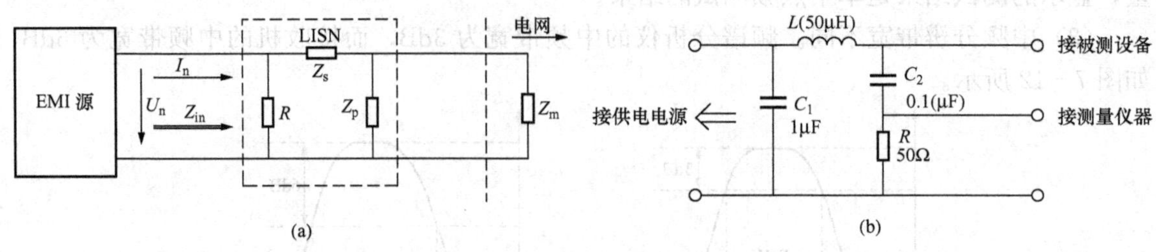

图 7-14 线路阻抗稳定网络

（a）接口电路；（b）实际线路图

线性阻抗稳定网络具体的作用：

（1）在 EUT 和供电电源之间起高频隔离作用，避免供电电源噪声进入 EUT，从而影响测量结果。

（2）模拟实际的供电电源阻抗，为 EUT 的电源端子间提供规定阻抗，以使测量结果统一化。

（3）保持测试频段内的阻抗稳定在 50Ω，以实现与测量接收机或频谱分析仪的输入阻抗相匹配。

7.3.4 电流探头

电流探头是一种将流过导线的电流成正比例地转换为电压的耦合装置，用于测量一定频率的干扰电流（见图 7-15）。其技术指标如下：

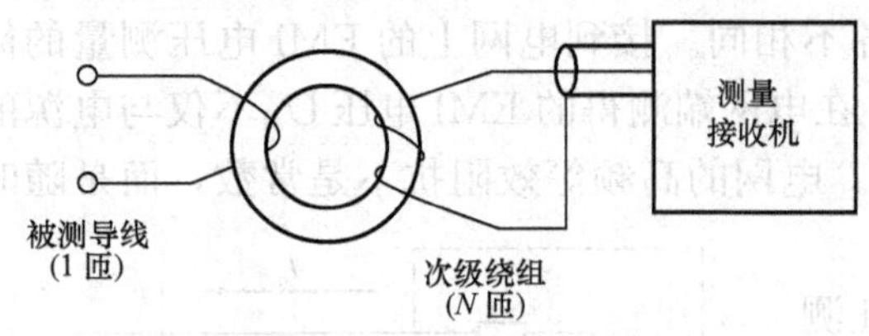

图 7-15 电流探头原理图

测量频段：20Hz～30MHz；

输出阻抗：50Ω；

内环尺寸：32～67mm。

测量时不需要与被测电源导线相连接，也不用改变电路结构。它是一个卡钳式的环形变压器，一次侧为被测导线，二次侧为多匝线圈，把被测导线中的电流变换成输出电压，感应电压的大小正比于磁环的磁导率、环截面积、二次侧线圈中的电流和频率。使用时，电流探头卡在被测电源线上，其输出端与测量接收机相连，线上的干扰电流等于接收机测量的电压除电流探头的传输阻抗。进行测量之前，需要先测出其传输阻抗，可用图 7-16 所示的线路进行转移阻抗测量（即电流探头的校准）。其操作过程如下：

（1）将高频信号发生器的输出电压调节为 U_g，则流过电流探头的电流

$$I_g = \frac{U_g}{R} \tag{7-21}$$

(2) 校准负载 R 的阻值为 50Ω，则转移阻抗 Z_T 可用 EMI 测量仪测得的电压 U_m 表示为

$$Z_T = 50\left(\frac{U_m}{U_g}\right)\Omega \tag{7-22}$$

(3) 在整个电流探头校准过程中，转移阻抗应当在测量频率范围内许多频率点上加以校准。

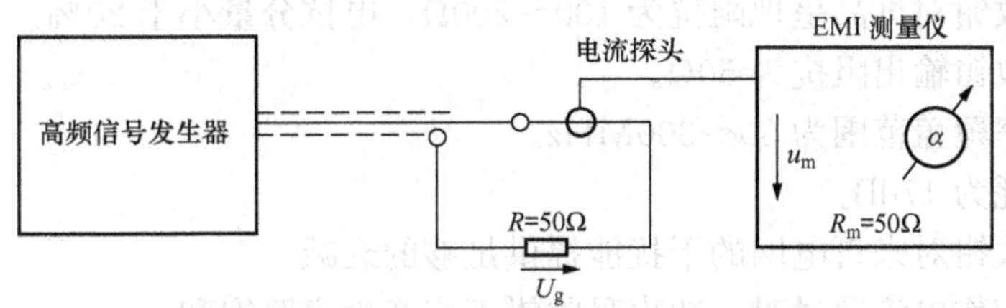

图 7-16　测量电流探头的转移阻抗示意图

7.3.5　功率吸收钳

当被测试设备的传导骚扰频率超过 30MHz 以上时，线性阻抗稳定网络中的电感和电容的分布参数影响增大，使其不能起到很好的隔离和滤波作用，此时高频骚扰中的相当一部分噪声是沿着电源线向外辐射的。此时可以采用功率吸收钳进行测试。功率吸收钳适用于 30～300MHz频率段电源线辐射发射功率的测量。

功率吸收钳由宽带射频电流变换器、宽带功率吸收体和受试设备引线的阻抗稳定器和吸收套筒（铁氧体环附件）组成。电流变换器与电流探头的作用相当；功率吸收体用于隔离电源与被测设备之间的功率传递；吸收套筒则防止被测设备与接收设备之间发生能量传递。其中，射频电流变换器、射频功率吸收体等做成分开的两半，并带有锁紧装置，便于被测导线卡在其中，又保证磁环的磁路紧密闭合。测量时功率吸收钳与辅助吸收钳配合使用。结构示意图如图 7-17 (b) 所示。当功率吸收钳在电源线或引线上时，环绕引线放置的吸收装置能吸收到的最大功率近似等于电源线或引线所提供的干扰能量。

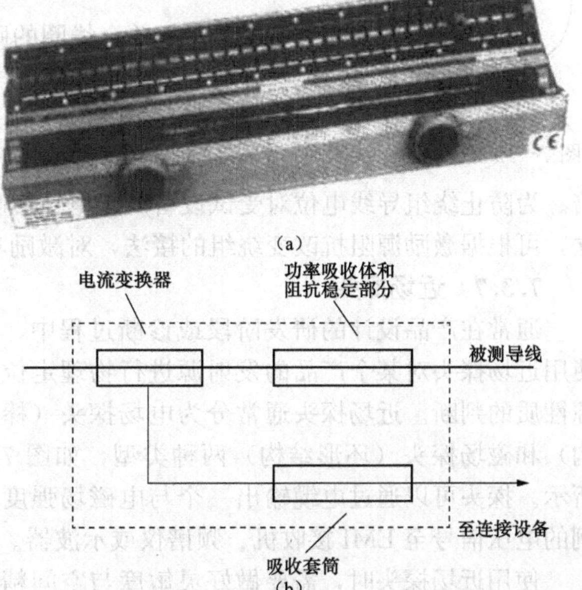

图 7-17　功率吸收钳及其结构
(a) 外观；(b) 结构

功率吸收钳测试电源线辐射骚扰示意图如图 7-18 所示。

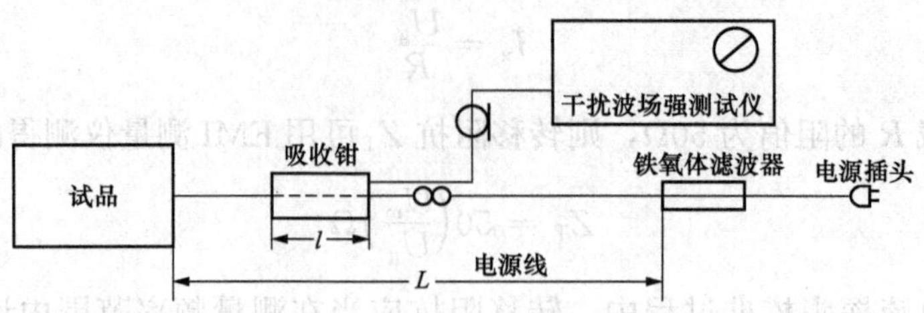

图 7-18　功率吸收钳测试电源线辐射骚扰示意图

功率吸收钳的性能要求：

（1）功率吸收钳对试品呈现阻抗为 100～200Ω，电抗分量小于 20%。

（2）功率吸收钳输出阻抗为 50Ω。

（3）工作频率覆盖范围为 30～300MHz。

（4）插入损耗为 17dB。

（5）功率吸收钳对来自电网的干扰能提供足够的衰减。

（6）试品的工作电流通过时，功率吸收钳不应产生磁路饱和。

7.3.6　亥姆霍兹线圈

亥姆霍兹线圈是一对同轴放置的平行线圈，间距等于单个线圈的半径，如图 7-19 所示。图 7-19 中的间距 $d=b$，根据电磁场理论得知此时两个线圈产生的轴向磁场同向叠加，在中心点 O 附近产生一个相当均匀的磁场，利用这个磁场可进行磁场敏感度测量。

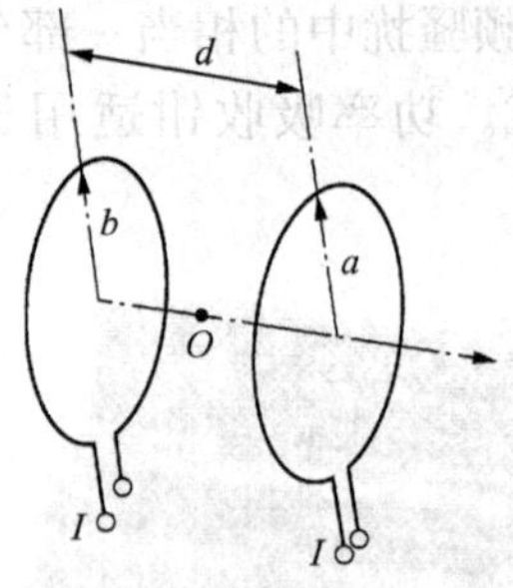

磁场感应强度：

$$B_0 = \frac{8.99nI}{b} \times 10^5 \quad (\text{pT}) \tag{7-23}$$

式中　n——单个线圈的匝数；

I——单个线圈的电流，A；

b——线圈半径，m。

图 7-19　亥姆赫兹线圈

亥姆霍兹线圈的尺寸应比受试设备最大轮廓尺寸大至少 2～3 倍。为防止绕组导线电位对受试设备产生电场影响，对线圈绕组加有电屏蔽；各绕组全部独立，可根据激励源阻抗改变绕组的接法，对激励功率源适应性强，使用上限频率高。

7.3.7　近场探头

通常在产品设计的研发阶段或诊断过程中，可以使用近场探头对某个产品的发射源进行物理定位和场源性质的判断。近场探头通常分为电场探头（棒状结构）和磁场探头（环形结构）两种类型，如图 7-20 所示。探头可以通过电缆输出一个与电磁场强度成比例的电压信号至 EMI 接收机、频谱仪或示波器。

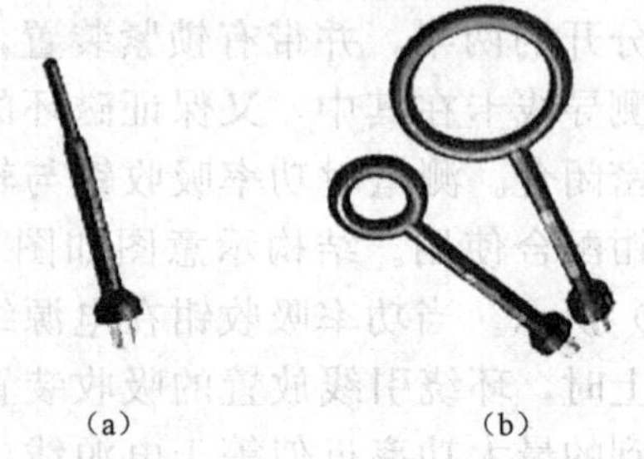

图 7-20　近场探头

（a）电场探头；（b）磁场探头

使用近场探头时，需要做好灵敏度与空间精度之间的折中。探头尺寸越小，对位置的定位就越准确，但灵敏度就越低。在测量低功率电路时，可以使用前置放大器来增加灵敏度。一个性能好的磁场探头应当对电场响应不敏感。同样，电场探头应当对磁场响应不敏感。也就是说，磁场探头只探测 di/dt 大的路径，而不探测电压节点；电流探头只探测 du/dt 高的节点，而不探测电流路径。

在使用近场探头测量时，往往磁场源比电场源好测量，因为用磁场探头时，其读数与电场探头相比有明显的随距离的衰减变化，而且读数比电场探头测出的大。在使用电场探头时，理论上电场源测量数据也应随测量距离明显衰减，且读数比磁场探头测出的大。但由于电场是高阻抗场，测量时对探头方向、摆动很敏感，容易受到环境的影响，因此测量误差较大。近场探头往往用于定位和比较测量，而非绝对测量。

7.3.8　信号发生器

在电磁兼容测量中，需要用各种连续波信号发生器（包括正弦波、AM、FM、脉冲调制等）和脉冲信号发生器，还要用来模拟静电、电快速瞬变脉冲、浪涌、尖峰信号、阻尼正弦瞬变信号等的信号发生器。

1. 连续波信号发生器

连续波信号发生器是场强测试系统校准和灵敏度测试需要的仪器，场强测试系统校准用的信号源要求频率范围广，频率稳定度和幅度稳定度高。敏感度测试用的信号源要求频率范围广，幅度尽量平坦。电磁兼容认证测量用的信号发生器一般用频率合成器。

2. 静电放电信号发生器

静电放电信号发生器主要包括充电电阻 R_c、储能电容 C_s、放电电阻 R_d、供电单元和分布电容 C_d。C_d存在于信号发生器与受试设备、接地参考平面和耦合板之间，由于此电容分布在整个发生器上，因此原理图中无法标出，其原理图如图 7－21 所示。静电放电发生器输出脉冲电流波形如图 7－22 所示。

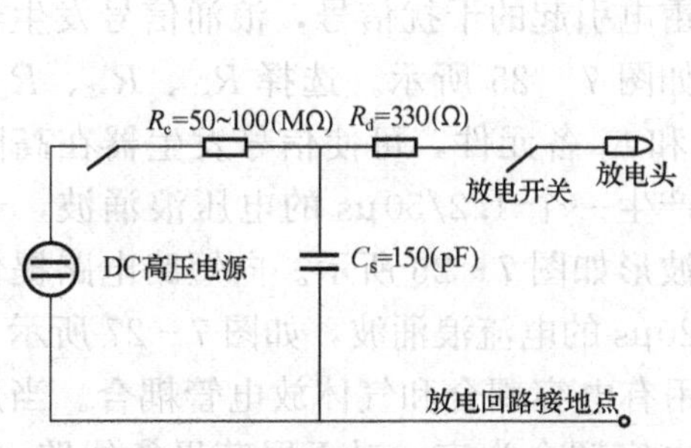

图 7－21　静电放电信号发生器原理图

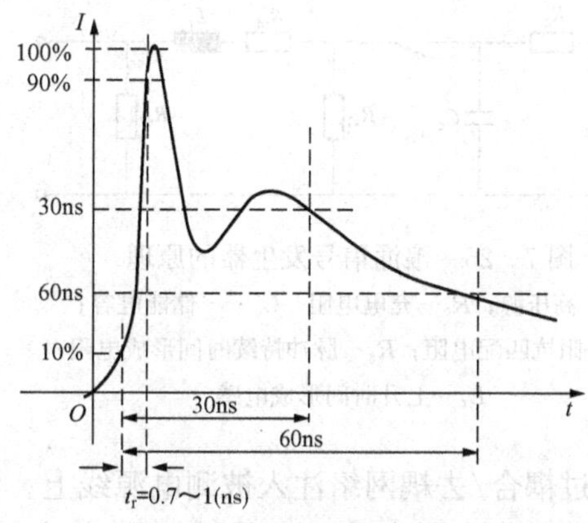

图 7－22　静电放电发生器输出脉冲电流波形

3. 电快速瞬变脉冲群信号发生器

电快速瞬变脉冲群信号是模拟感性负载，如继电器、接触器、电动机、定时器等断开时，在其机械触点断开处产生的瞬变干扰脉冲。其原理如图 7－23 所示，储能电容 C_c上充电电荷由半导体开关进行放电，电荷经 R_s和 R_{es}、C_d到负载两条路放电。产生如图 7－24 所示的波形，其上升沿 5（1±30%）ns，脉宽 50（1±30%）ns，脉冲群重复频率 4kHz 或 2.5kHz，脉冲持续时间 15（1±20%）ms，脉冲群周期 300（1±20%）ms。电快速瞬变脉冲群通过耦合/去耦网络把干扰信号以共模方式耦合到被测设备（EUT）的电源端口，去耦的目的是抑制干扰信号传递到公共电源线其他设备上。

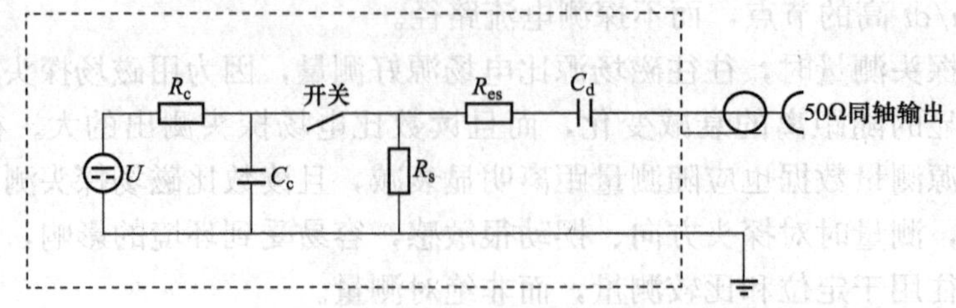

图 7－23　电快速瞬变脉冲群信号发生器电路简图

U—高压源；R_c—储能电阻；R_s—脉冲持续时间形成电阻；

C_c—储能电容；R_{es}—阻抗匹配电阻；C_d—隔直电容

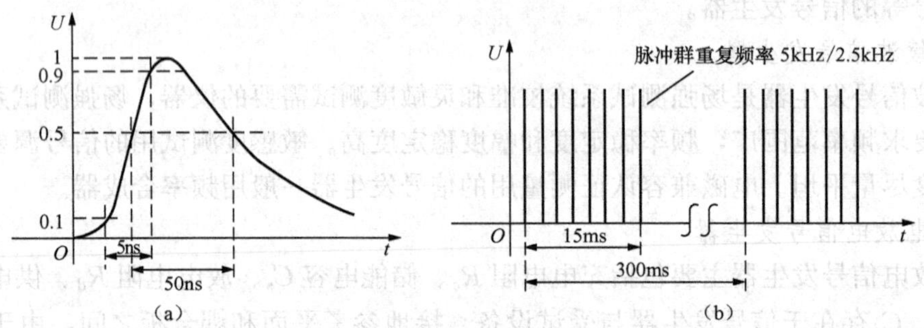

图 7－24　瞬变信号脉冲

(a) 单个脉冲波形；(b) 脉冲群

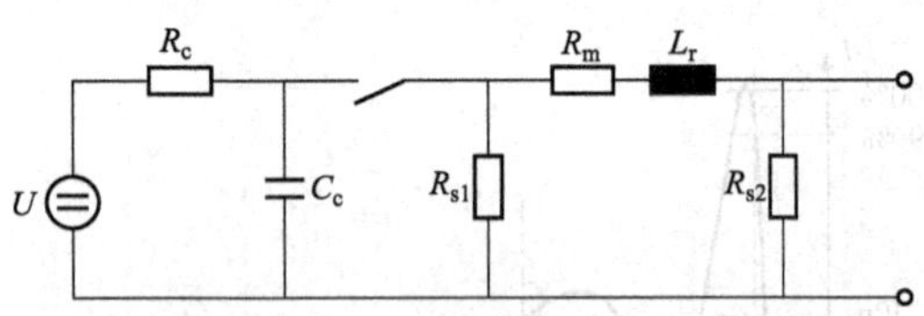

图 7－25　浪涌信号发生器的原理

U—高压源；R_c—充电电阻；C_c——储能电容；

R_m—阻抗匹配电阻；R_s—脉冲持续时间形成电阻；

L_r—上升时间形成电感

4. 浪涌信号发生器

浪涌信号是模拟开关动作（如电容组切换、晶闸管、电源短路或电弧、负载变化等）和雷电引起的干扰信号，浪涌信号发生器的原理如图 7－25 所示。选择 R_{s1}、R_{s2}、R_c、R_m、C_c 和 L_r 各元件，可使信号发生器在高阻负载上产生一个 1.2/50 μs 的电压浪涌波，开路电压波形如图 7－26 所示。向短路电路提供一个 8/20μs 的电流浪涌波，如图 7－27 所示。浪涌信号通过耦合/去耦网络注入被测电源线上。常用有电容耦合和气体放电管耦合。当用电容耦合对无屏蔽非平衡的 I/O 线路无影响时，用电容耦合为宜；对无屏蔽平衡线路（通信）用气体放电管耦合为宜。

5. 阻尼正弦瞬变信号发生器

阻尼正弦瞬变波形用来模拟平台上由外部激励源，如雷电、电磁脉冲和平台上电气开关在电缆上引发的干扰信号。该信号发生器用于电缆和电源线传导敏感度实验。用来检验 EUT 承受耦合到与 EUT 有关电缆和电源线上的阻尼正弦瞬变信号的能力。阻尼正弦瞬变波形按规律变化，如图 7－28 所示，阻尼正弦波形的阻尼因子 $Q=15\pm5$。

6. 脉冲信号发生器

脉冲信号发生器产生上升和下降时间不大于 2ns，脉冲宽度不小于 30ns，重复频率

30Hz 的脉冲信号波形如图 7－29 所示。该脉冲信号发生器用于电缆束传导敏感度实验，用来检验 EUT 承受耦合到与 EUT 有关电缆上的脉冲信号的能力，适用于飞机和空间系统的所有互联电缆和电源线。

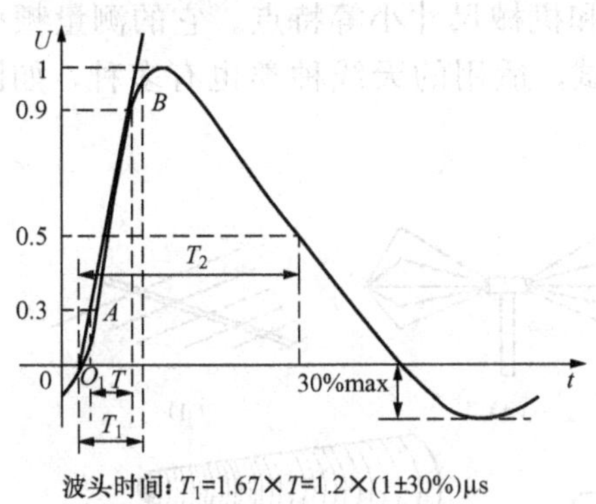

图 7－26　1.2/50μs 的开路电压波形

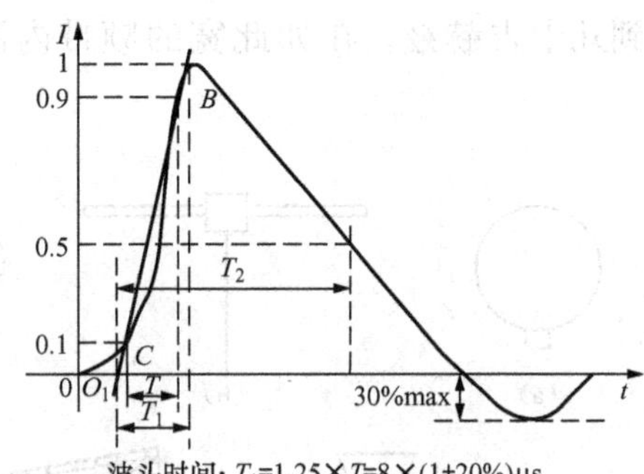

图 7－27　8/20μs 的短路电流波形

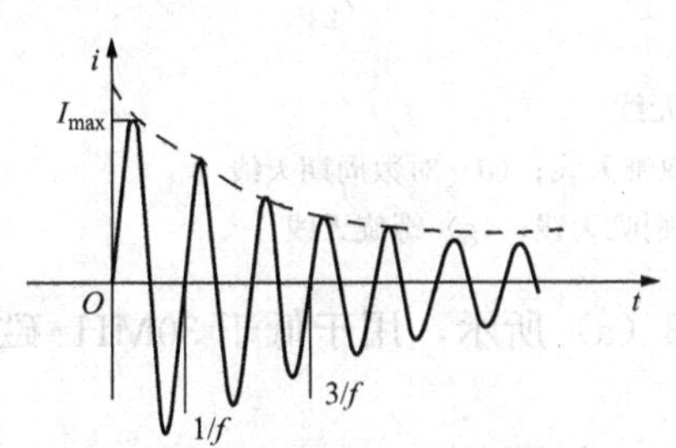

图 7－28　阻尼正弦瞬变波形

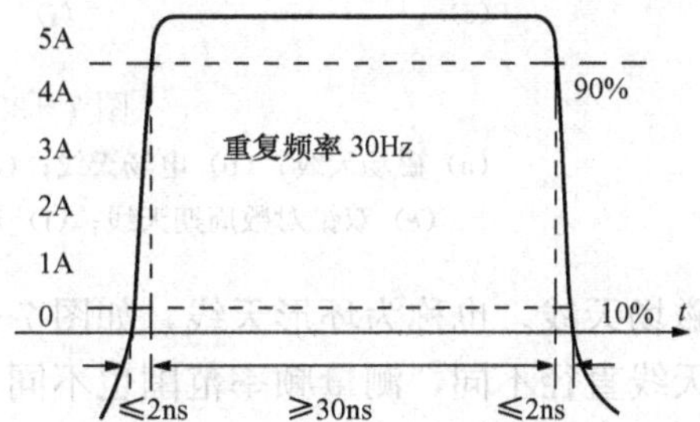

图 7－29　脉冲信号波形

7. 电压瞬时跌落和电压渐变信号发生器

电压瞬时跌落和电压渐变信号发生器用来模拟电网中设备或大负载突然变化引起的电压跌落、短期中断。电压跌落：电网电压在某一点突然下降，经过一个短暂的时间（例如半个周期或几秒）后又恢复到原来的大小，如图 7－30 所示。短期中断：电网电压在一段时间内消失（通常不超过 1min）。电压渐变：电网电压慢慢高出或低于电网的额定电压，如图 7－31所示。

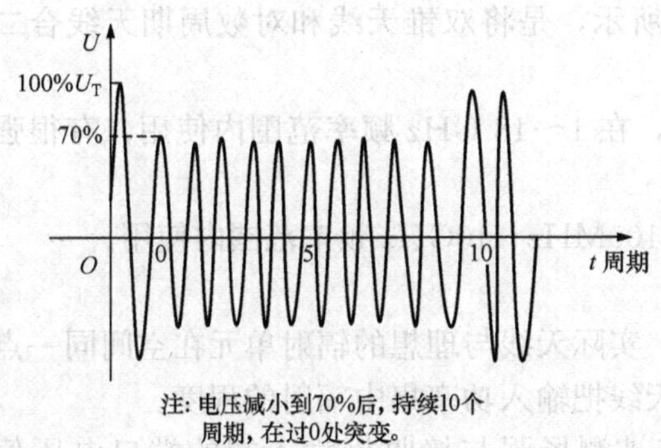

图 7－30　电压跌落

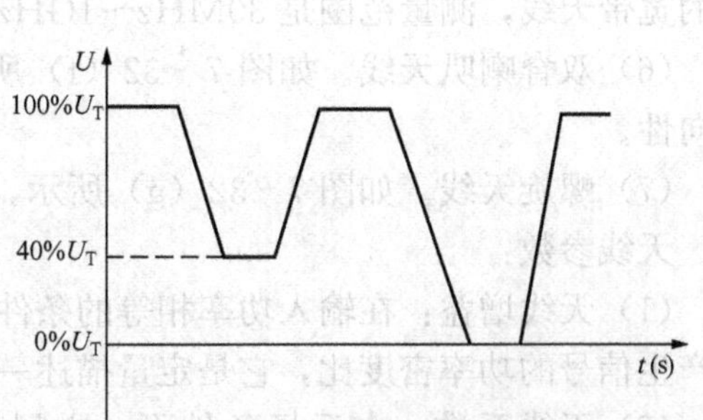

图 7－31　电压渐变和短期中断

7.3.9　天线

天线是发射和接收电磁能量的金属装置。高频电磁能量可以通过天线向空间辐射出去，反之天线也可以把空间的电磁能量转化为高频能量收集起来。电磁兼容性测量用天线具有频率范围广、增益高、波束宽、驻波小和机械尺寸小等特点。它的测量频率范围从几十赫兹到几十吉赫兹，在如此宽的频带内测试，适用的天线种类也有多种，如图 7－32 所示。

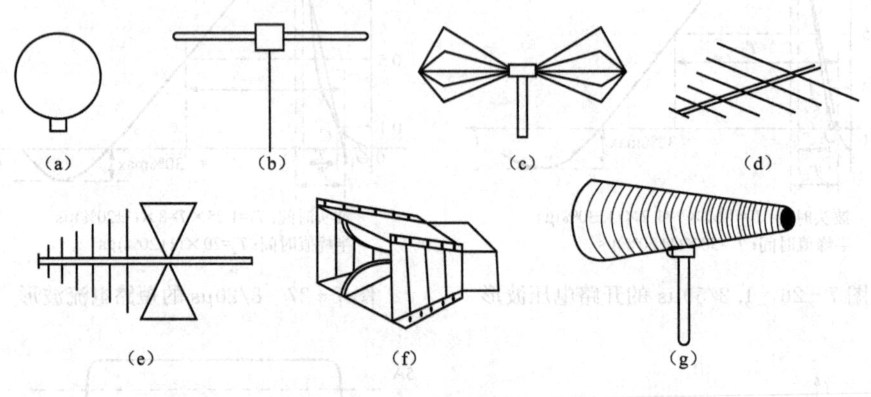

图 7－32　天线

（a）磁场天线；（b）电场天线；（c）双锥天线；（d）对数周期天线
（e）双锥对数周期天线；（f）双脊喇叭天线；（g）螺旋天线

（1）磁场天线。也称为环形天线，如图 7－32（a）所示，用于低于 30MHz 磁场的接收和发射，天线直径不同，测量频率范围也不同。

（2）电场天线。电场天线采用平衡偶极子天线，如图 7－32（b）所示。在 30～80MHz 频段范围内采用等于 80MHz 谐振长度（半波长）天线；在 80～1000MHz 频段内采用等于测量频率谐振长度的天线。所以在使用平衡偶极子天线测量时要不断调整天线的长度。

（3）双锥天线。如图 7－32（c）所示，30～300MHz 频率范围内接收和发射的宽带天线，有较高的天线增益并覆盖整个频段。

（4）对数周期天线。如图 7－32（d）所示，在 300～1000MHz 频段内使用，具有增益高、驻波比低和频带宽的特点。

（5）双锥对数周期天线。如图 7－32（e）所示，是将双锥天线和对数周期天线合二为一的宽带天线，测量范围是 30MHz～1GHz。

（6）双脊喇叭天线。如图 7－32（f）所示，在 1～18 GHz 频率范围内使用，有很强的方向性。

（7）螺旋天线。如图 7－32（g）所示，在 100MHz～10GHz 频率范围内使用。

天线参数：

（1）天线增益：在输入功率相等的条件下，实际天线与理想的辐射单元在空间同一点处所产生信号的功率密度比，它是定量描述一个天线把输入功率集中辐射的程度。

（2）天线系数：在远场条件下，空间某点被测场强与接收机输入端的端口电压值的比值。

(3) 波束宽度：天线最大辐射方向与半功率点(−3dB) 之间的角度。波束宽度与增益成反比，电磁兼容天线应在满足波束宽度要求的条件下尽量得到大的增益。

当天线用来接收骚扰电磁场时，将电磁场转换为电压，然后通过测量仪进行测量。如果连接天线和测量仪器之间的电缆有损耗时，则骚扰场强（dBμV/m）＝测量仪读数（dBμV）＋天线系数（dB）＋电缆损耗(dB)。

进行电磁兼容测试时，天线安装在规定位置，如图 7－33所示。天线安装在天线架上，并能在 1～4m 范围内调节高度，以寻找 EUT 垂直范围内最大辐射的发射位置。

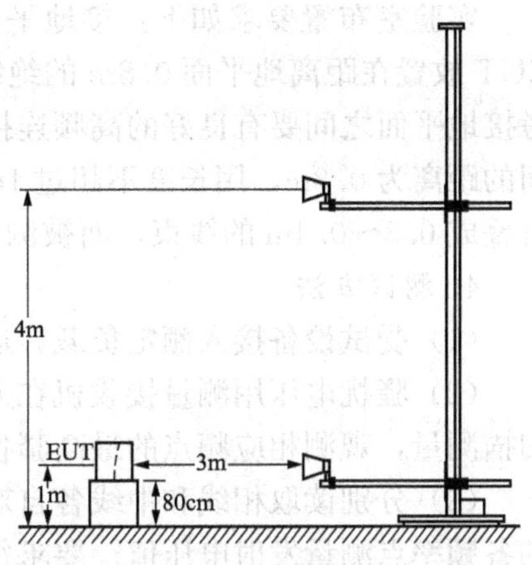

图 7－33 测试天线的安装位置

7.4 发 射 测 量

电子设备或系统的电磁干扰发射性测量包含传导发射测量和辐射发射测量。通常，传导发射用骚扰电压度量，辐射发射用骚扰功率和辐射场强度量。

7.4.1 电源线传导发射电压的测量（15kHz～30MHz）

1. 测试目的

传导骚扰测试是为了衡量电子产品或系统从电源端口、信号端口通过电缆向电网或信号网络传输的骚扰。其中，电源线传导发射测量用于测量频率小于 30MHz 以下 EUT 沿电源线向电网发射的骚扰电压。

2. 测试设备

人工网络（LISN）、EMI 测量接收机。

3. 测试场地与布局

传导发射测试的重要条件是需要一个 2m×2m 以上面积的参考接地平面，并超出 EUT 边界至少 0.5m。屏蔽室内的环境噪声较低，同时屏蔽室的金属墙面或地板可以做参考接地板，所以传导发射测试通常在屏蔽室内进行。

普通电子产品台式设备的电源端口传导发射测试布置，如图 7－34 所示。

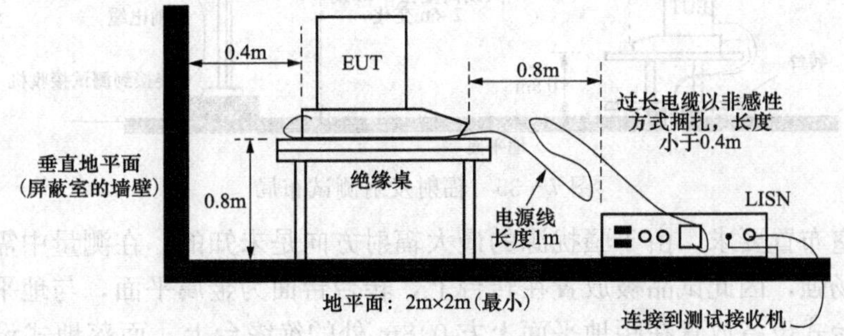

图 7－34 台式设备传导发射测试布置

实验室布置要求如下：接地平板采用厚度 0.5mm 以上、面积 2m×2m 以上的金属板。EUT 放置在距离地平面 0.8m 的绝缘实验台上，离屏蔽室的墙面 0.4m。人工电源网络与参考接地平面之间要有良好的高频连接。被测试的电气或电子设备的电源线与人工电源网络之间的距离为 0.8m，用长度不超过 1m 的导线连接，当电源长度超过 0.8m 时，应将超长部分折叠成 0.3～0.4m 的线束，而被测设备和人工电源网络之间的距离仍然保持 0.8m。

4. 测试方法

(1) 受试设备接入额定负载，运行工作。

(2) 骚扰电压用测量接收机在人工电源网络端子上测量，接收机从 0.15～30MHz 进行扫描测量，观测相应频点的最高骚扰电平是否超出限值。

(3) 分别读取相线和中线各自对地的传导骚扰电压值。对于窄带或宽带干扰，按照规定的各频率点测量发射电压值。要求每个测量频点上至少观测 15s，剔除个别孤立的打火干扰外，记录其最高读数。

(4) 如果骚扰电平不稳定，在 15s 内升降 2dB 以上，则要延长观测时间，保证数据的稳定性。

(5) 对于宽带干扰，为了消除电源频率及 2～4 次谐波，在测量线路中应加带阻滤波器，并在测试大纲中注明滤波器的特性。

7.4.2 辐射发射场强测量（30MHz～1GHz）

1. 测试目的

为了测量电子、电气和机电产品及其部件所产生的辐射发射，包括来自壳体、所有部件、电缆及连接线上的辐射发射。其中，用场强测量法来测试被试设备辐射发射是一种基本的测量方法。

2. 测试设备

EMI 测量接收机，各种天线（大小形状环路天线、功率双锥天线、对数周期天线、喇叭天线等）和天线控制单元等。

3. 测试场地与布局

标准要求辐射发射测量在半电波暗室或开阔实验场地进行。必须符合归一化场地衰减（normalized site attenuation，NSA）要求。辐射发射测试布局如图 7-35 所示。

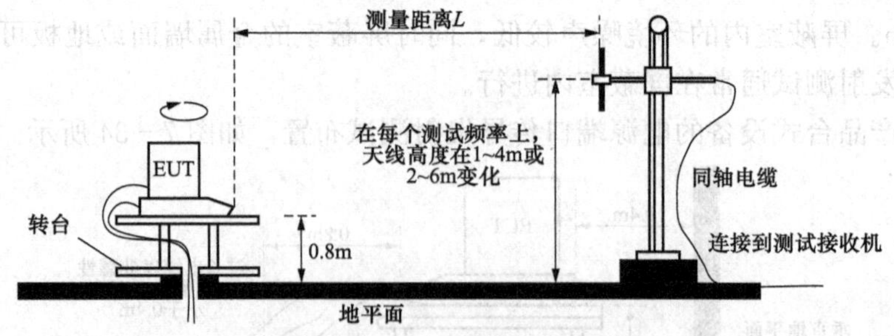

图 7-35 辐射发射测试布局

(1) 实验室布置要求。由于骚扰源的最大辐射方向是未知的，在测量中需要通过旋转试品来获得最大场强，因此试品被放置在转台上，转台台面为金属平面，与地平面之间有良好的电气连接。台式设备放置在距地平面上方 0.8m 处的绝缘台上，而落地式设备则距离地平面不超过 15cm，并与之绝缘。远场的场结构简单，电场方向和磁场方向以及电磁波传播方向三者相互垂直，波阻抗恒定为 377Ω，场强随距离一次方衰减。近场区场结构复杂，波阻抗随距离变化，场强随距离的平方或三次方衰减。所以测试天线和受试设备之间的距离应符合远场条件，规定为 3、10m 或 30m。同样，为了能寻找到辐射电平，除了试品旋转外，天线也需要升降。10m 法以下电波暗室中，天线升降高度为 1～4m，10m 法以上的电波暗室或开阔试验场地中，天线升降高度为 2～6m。

（2）台式设备实验布置。台式设备实验布置如图 7－36 所示。

1）如果悬垂电缆的末端与水平接地平面之间的距离不足 40cm，并且不能缩短至适宜的长度，那么电缆线的超长部分应来回折叠成 30～40cm 的线束（对应图 7－36 中 1）。

2）对于不与外部设备相连的 I/O 信号电缆的末端，由于操作的需要，可以使用适当的终端阻抗与电缆末端相连（对应图 7－36中 2）。

3）多插座的电源盒应与金属接地平板等高，并直接接到接地平板上。如果需要人工电源网络，则该人工电源网络应当安装在水平接地平板的下面（对应图 7－36 中 3）。

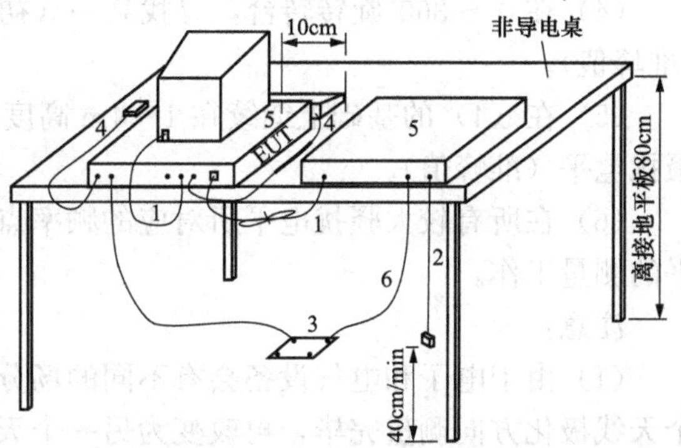

图 7－36　台式设备的实验布置

4）手动操作装置（如键盘、鼠标等）的电缆应按正常使用时的位置摆放（对应图7－36 中 4）。

5）除了显示器，外部设备之间以及外部设备与控制器之间的距离应为 10cm。如果条件允许，显示器应直接放在控制器上面（对应图 7－36 中 5）。

6）电源电缆应垂落至地面，然后与插座相连。电源插座与电源线之间不应增加额外的电源线（对应图 7－36 中 6）。

（3）立式设备实验布置。立式设备实验布置如图 7－37 所示。

1）如果电缆不能缩短至适宜长度，则其超长部分应来回折成 30～40cm 长的线束。如果不能捆扎，则电缆应呈螺旋状（对应图 7－37 中 1）。

2）超长部分的电源线应在其中心位置捆扎（对应图 7－37 中 2）。

3）对于不与外部设备相连的 I/O 信号电缆的末端，由于操作的需要，可以使用适当的终端阻抗与电缆末端相连（对应图 7－37 中 3）。

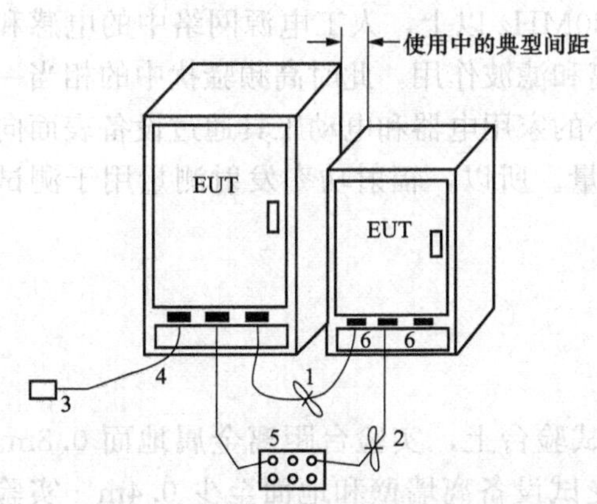

图 7－37　立式设备的实验布置

4）试品的电缆应与水平金属地面绝缘（对应图 7－37 中 4）。

5）电源插座盒应与水平金属底板等高，并且直接与该地板平面搭接。如果使用人工电源网络，则该人工电源网络应当安装在水平接地平板的下面（对应图 7－37 中 5）。

6）电源线和信号线应垂落至地面。电源插座与电源线之间不应增加额外的引线（对应

图7-37中6）。

4. 测试方法

（1）针对具体的电子和电气设备选择相应的限制要求。

（2）对环境电平应分别进行水平和垂直极化测量。

（3）按自动测量程序进行测量。在30～1000MHz频率范围内进行初测（一般用峰值检波），此时天线应在某一适当高度，转台置于某一适当角度。

（4）在0°～360°旋转转台，寻找某一（初测时骚扰较大）频率点上试品的最大骚扰电平（准峰值）。

（5）在（4）的基础上继续在1～4m高度范围内升降天线，寻找该频率点上试品的最大骚扰电平（准峰值）。

（6）在所有较大骚扰电平所对应的频率点上重复（4）和（5），以进行寻找最大骚扰电平的测量工作。

注意：

（1）由于电子和电气设备会有不同的场分布，所以测量应在两个极化方向上进行，在一个天线极化方向测量完毕，再改变为另一个天线极化方向。

（2）由于测的是合成波的结果，因此为了找到最大点，在每个频率点上都应使天线在1～4m范围内调节。由于试品本身的不对称，所以在天线的每一个高度上要求试品在0°～360°旋转。

（3）测量时要注意连接天线与测量接收机的同轴电缆走向，以及受试设备与接地平板之间的相对位置、连线的摆放、电源线的捆扎、电源插座的连接等。

为了能够重现实验结果，以上注意事项要详细记录，如有可能用数码相机拍摄实验布局。

7.4.3 辐射功率发射测量（30～300MHz）

1. 测试目的

在做被测设备的传导骚扰时，测量频率升高到30MHz以上，人工电源网络中的电感和电容的分布参数影响增大，使其不能很好地起到隔离和滤波作用，此时高频骚扰中的相当一部分是沿着电源线向外辐射的。另外，对于体积较小的家用电器和电动工具通过设备表面向外辐射量不及沿着靠近设备部分电源线向外的辐射量。所以，辐射功率发射测量用于测试30MHz以上设备电源线的辐射功率骚扰。

2. 测试设备

功率吸收钳、EMI测量接收机。

3. 测试场地与布局

测试在屏蔽室进行。台式受试设备放置在绝缘试验台上，实验台距离金属地面0.8m。落地式设备放置在距离地面0.1m的绝缘支撑上。受试设备离墙壁和地面至少0.4m。实验台上放置绝缘导轨。试品电源线拉直，水平敷设在绝缘面上，吸收钳包住电源线。吸收钳的电流互感器朝向试品，并紧挨试品。为抑制电网中的骚扰入侵，通常在电网一侧增加一个由铁氧体环组成的辅助吸收钳。

测试时吸收钳沿电源线缓慢移动，以便寻找最大点，因此吸收钳放置在滑轨上。依据辐射理论，当电源线长度达到辐射频率波长的一半时，就可能出现最大辐射情况。对于30～

300MHz 的测试频率范围，相应波长为 10～1m。因此电源线长度至少应该有 5m。考虑到功率吸收钳的长度和辅助吸收钳的长度，要求吸收钳滑轨长度要达到 6.8m。

吸收钳输出端通过 6dB 衰减器连接到测量接收机的同轴电缆上，测量电缆通过滑轮导引，使测量电缆到吸收钳的角度接近直角且不接触地面。

台式和立式设备的电源功率骚扰测试布置如图 7-38 和图 7-39 所示。

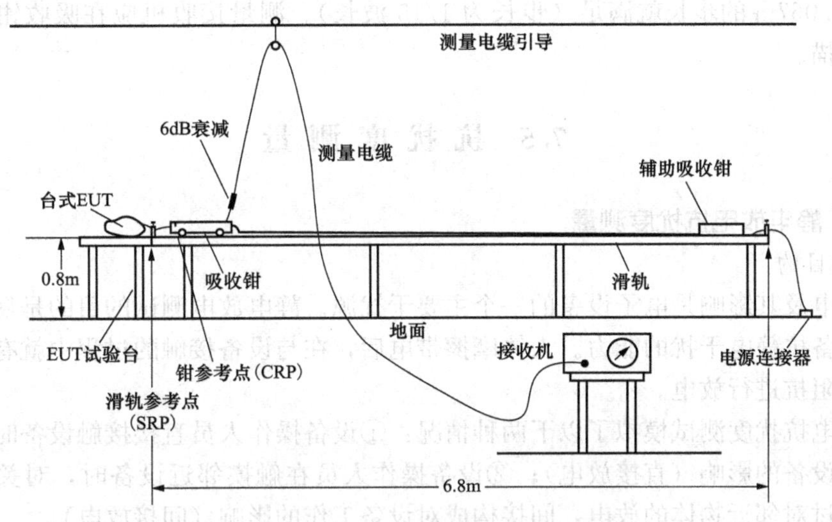

图 7-38 台式设备电源功率骚扰测试布置

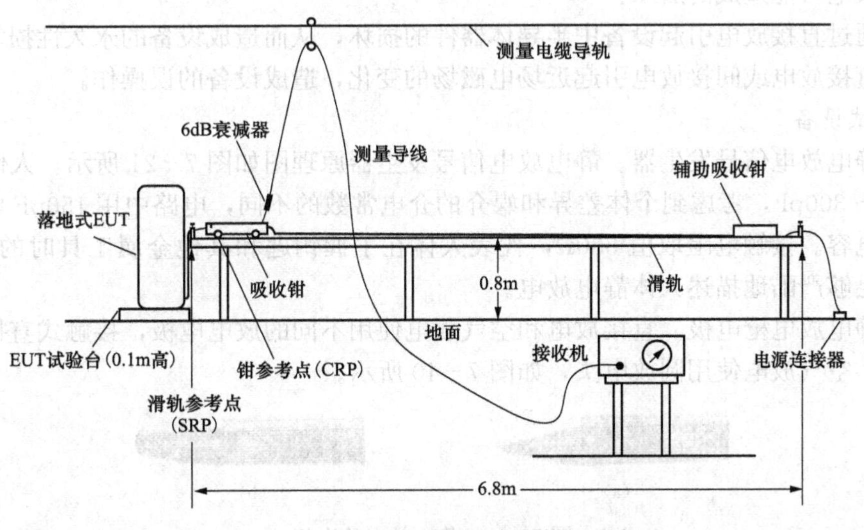

图 7-39 立式设备电源功率骚扰测试布置

4. 测试方法

(1) 在受试设备连接但关机的状态下扫描环境骚扰功率电平，最好比所要测量的电平低 20dB，但至少要低 6dB，否则测出的骚扰电平可能比实际高。

(2) 吸收钳放置在水平距离滑轨参考点 0.1m 的位置。受试设备在每个相关的运行模式下进行频率扫描，以找到最大发射电平的运行模式，在产生最大发射模式下进行最终测试。

(3) 通过预扫选取靠近限值的几个点用准峰值检波器进行终测。最终测试有两种方式，可任选其一：

1）固定频率吸收钳连续移动测量。吸收钳沿引线连续移动，距离至少为可疑频率波长的一半。在任意频点，确定与吸收钳连接的测量接收机获得最大示值，吸收钳的移动速度以在某频率吸收钳小于 1/15 波长的步长移动所需对应的测量时间来确定。

2）固定吸收钳位置，接收机在频段内扫描测量。用此测量程序，吸收钳的定位更方便，即沿吸收钳滑轨根据提供的上限频率确定足够数量的不连续的位置，例如最大频率 300MHz，0.067m 的步长就满足（步长为 1/15 波长）。测量接收机应在吸收钳的每个位置进行频率扫描。

7.5 抗扰度测量

7.5.1 静电放电抗扰度测量

1. 测试目的

静电放电及其影响是电子设备的一个主要干扰源。静电放电测试的目的是衡量和评估电子、电气设备抗静电干扰的能力。人体摩擦带电后，在与设备接触的过程中就有可能通过设备到大地的阻抗进行放电。

静电放电抗扰度测试模拟了以下两种情况：①设备操作人员直接接触设备时对设备的放电和放电对设备的影响（直接放电）；②设备操作人员在触摸邻近设备时，对关心的设备的影响，即通过对邻近物体的放电，间接构成对设备工作的影响（间接放电）。

静电放电可能造成的后果：

（1）通过直接放电引起设备中半导体器件的损坏，从而造成设备的永久性损坏。

（2）直接放电或间接放电引起近场电磁场的变化，造成设备的误操作。

2. 测试设备

（1）静电放电信号发生器。静电放电信号发生器原理图如图 7－21 所示。人体电容的典型值为 60～300pF，考虑到个体差异和媒介的介电常数的不同，电路中用 150pF 电容表征人体的储能电容。接触电阻取值 330Ω，代表人体在手握钥匙和其他金属工具时的人体电阻。这一模型足够严酷地描述人体静电放电。

（2）静电放电枪电极。直接放电和空气放电使用不同的放电电极，接触式直接放电使用尖放电头，空气放电使用圆放电头，如图 7－40 所示。

图 7－40 静电放电枪电极
（a）接触放电电极；（b）空气放电电极

3. 测试场地与布局

静电放电测试分为实验室进行的型式实验和现场进行的设备安装后实验。实验室的型式实验是设备鉴定和认证采用的唯一实验方式。现场实验受到现场环境因素的影响，主要用于现场情况的摸底。实验室使用地参考平面是一项强制性要求。

（1）型式实验布置。

1）实验室接地参考平面采用厚度为 0.25mm 以上的铜板或铝板（易氧化，慎用），如使用其他金属材料，厚度最小为0.65mm；接地面最小尺寸为1m×1m，每边至少伸出EUT或水平耦合板外0.5m，并与保护接地系统相连。

2）EUT与实验室墙壁和其他金属结构之间的最小距离为0.8m。

3）静电发生器的放电回路电缆与接地参考平面连接，长度为2m，当接地点与试验点距离较短时，多出的接地线尽可能与接地平板隔离，与实验配置的其他导电部分至少保持0.2m的距离，避免相互间有附加感应。

4）耦合板使用和接地参考平面相同材料的金属，厚度也相同，并经过每端设置一个470kΩ电阻的电缆与接地参考平面相连。

5）台式设备实验放置在离接地平面高0.8m的非导电桌上。在桌上放置面积为1.6m×0.8m的水平耦合板。在水平耦合板上覆盖一块厚度0.5mm的绝缘薄板，将EUT、电缆及耦合板隔离。若EUT过大而不能保证与水平耦合板各边的最小距离是0.1mm，则应使用另一块相同的水平耦合板，并与第一块短边侧距离0.3m，此时可以扩大桌子或者使用两张桌子。两块水平耦合板不必焊接在一起，而是用另一根带两个470kΩ电阻的电缆接到接地参考平面上。台式设备实验布置如图7-41所示。

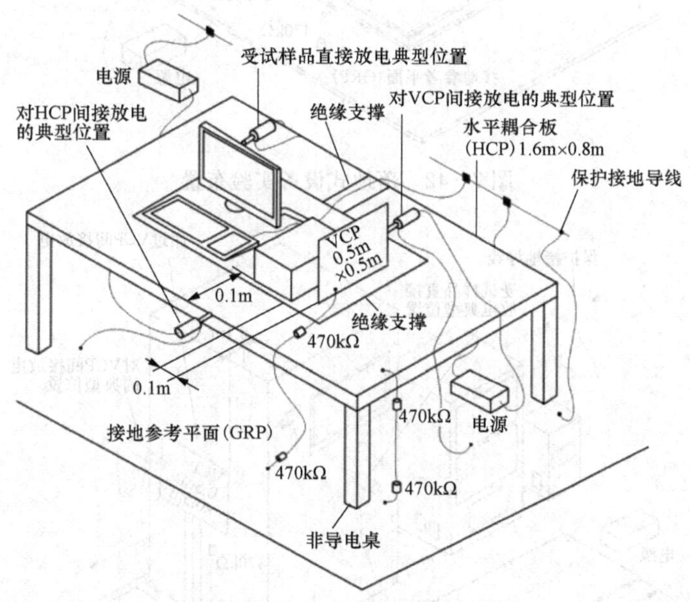

图7-41 台式设备实验布置

6）对于落地式设备，在参考接地板上放置一个厚度0.05～0.15m的绝缘支撑，被测设备和电缆放在绝缘支架上。落地式设备实验布置如图7-42所示。

7）试验中的试品要尽可能按照实际情况布局（包括电源线、信号线和安装脚等）。接地线要按生产厂商的规定接地，不允许有额外的接地线。

（2）现场测试实验布置。现场测试实验布置如图7-43所示。

1）EUT在最终安装完毕条件下进行实验。

2）接地参考平面铺设在地面上并与EUT相距约0.1m，条件允许时尺寸为2m×0.3m，连接保护接地体系或至少与EUT接地端连接。

3）静电放电信号发生器的放电回路电缆应接到靠近EUT的接地参考平板某个点上；当

EUT 安装在金属桌上时，应将桌子通过每端接有 470kΩ 的电缆连接到参考平面上，以防电荷聚集。

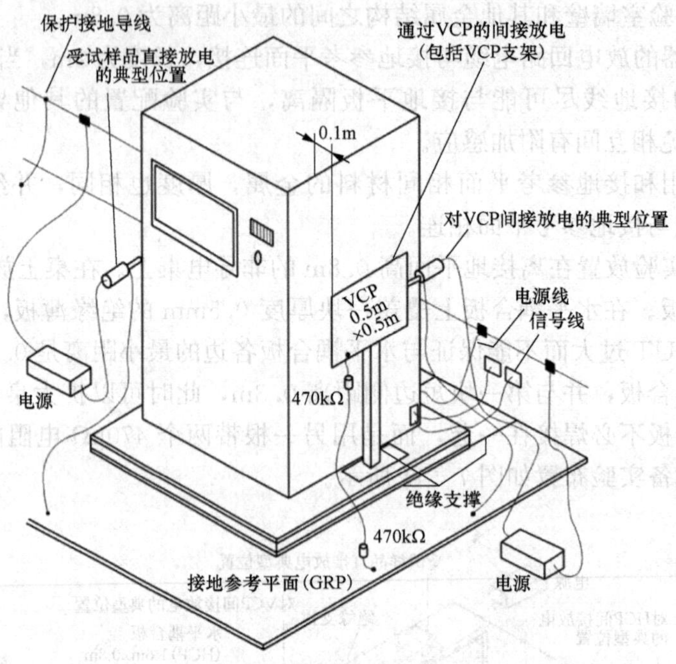

图 7 - 42　落地式设备实验布置

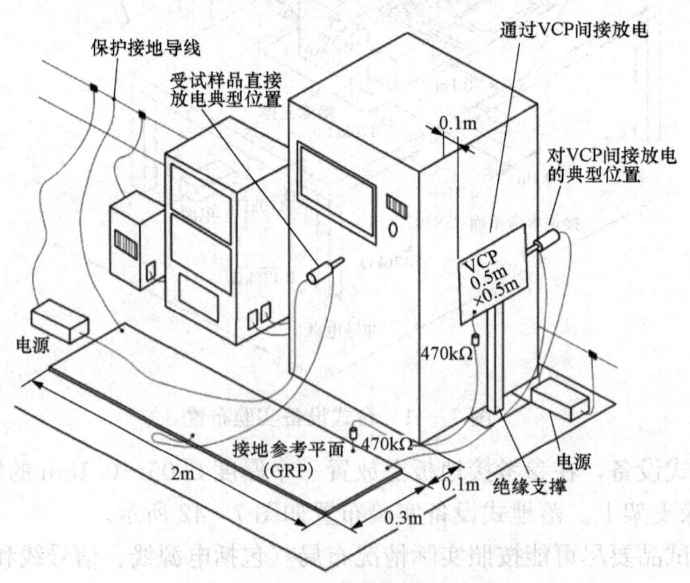

图 7 - 43　现场测试实验布置

4. 测试方法

(1) 确定被试设备的标准工作条件。

(2) 确定被试设备为台式或落地式设备。

(3) 确定施加的电压等级和放电次数。等级的选择取决于环境等因素，但对于具体产品来说，往往已在相应的产品或产品族标准中加以规定。静电放电抗扰度实验等级见表 7－1。

表 7－1　静电放电抗扰度实验等级

接触放电		空气放电	
等级	实验电压（kV）	等级	实验电压（kV）
1	2	1	2
2	4	2	4
3	6	3	8
4	8	4	15
×	特定	×	特定

注　“×”可以是高于、低于或在其他等级之间的任何等级。该等级应在专用设备的规范中加以规定，如果规定了高于表格的电压，则可能需要专用的实验设备。

（4）直接放电。GB/T 17626.2—2018《电磁兼容试验和测量技术　静电放电抗扰度试验》规定，设备在正常工作时，人手可以触摸到的部位都是需要进行静电放电实验的部位（这样的部位，除机箱以外，其他如控制键盘、按钮、指示灯、钥匙孔、显示屏等都在测试范围内）。

1）被试设备处于正常工作状态。

2）实验正式开始前，在试品表面以 20 次/s 的放电速率快速扫视一遍，以寻找试品的敏感部位（扫视中引起受试设备数显跳动、声光报警、动作异常等迹象的部位，正式实验时在敏感部位周围多增加几个考查点）。

3）正式实验以 1 次/s 的速率进行（也有规定 1 次/5s 的设备），以便使受试设备来得及做出响应。通常对每一个选定点放电 20 次（其中 10 次正，10 次负）。

4）接触放电时使用尖形放电头，放电开关操作前，必须先将放电尖头垂直于受试设备表面，然后扳动开关实施放电。

5）对于涂漆的表面，如果制造商未说明涂膜为绝缘层，则发生器的电极头应刺破漆膜，与导电层接触进行放电。如果厂商指明涂漆作为绝缘使用，则只能进行空气放电。

6）空气放电时使用半圆形放电电极头，每次放电前，应先将放电枪从试品表面移开，然后扳动放电开关，使放电枪逐渐靠近受试设备，直到放电完成为止。

（5）间接放电。间接放电即对耦合板进行放电。用来模拟工作环境下，靠近受试设备的物体放电，以及在既不可能对受试设备施加接触放电，也不能施加空气放电情况下进行的测试。此时可通过接触与受试设备有一定距离的耦合平面来施加放电。

1）水平耦合板（HCP）放电。在距受试设备每个单元的中心点前面 0.1m 处的水平耦合板边缘，至少施加正、负各 10 次单次放电（以敏感的极性至少 10 次单次放电）。放电时，放电电极的长轴要处于水平耦合板的平面，且与其前缘垂直。放电电极应触及水平耦合板边缘，对受试设备的所有暴露面做这个实验。

2）垂直耦合板（VCP）放电。尺寸为 0.5m×0.5m 的耦合板平行于受试设备放置且保持 0.1m 的距离。放电枪垂直于耦合板一条垂直边的中心位置上进行放电。至少施加正、负各 10 次单次放电（以最敏感的极性至少 10 次放电）。试品垂直方向的 4 个面都要有垂直耦合板做间接放电实验。

5. 不接地设备实验

不接地实验适合于安装说明或设计中已规定不与任何接地系统连接的设备或者设备部件，包括便携式的、电池供电和双重绝缘的设备（Ⅱ类设备）。

不接地设备或设备中不接地的部件不像Ⅰ类由电网供电的设备那样进行放电，如果在下一个静电放电脉冲施加之前电荷未消除，设备或者部件上的电荷可能持续积累，造成实验结果不准确。因此为了模拟单次静电放电（空气放电或者接触放电），在施加每一个静电放电脉冲之前应消除 EUT 上的电荷。采用在水平和垂直耦合板上释放电荷类似的方法，即通过带有 470kΩ 泄放电阻的电缆进行放电。实验布置如图 7-44 和图 7-45 所示。

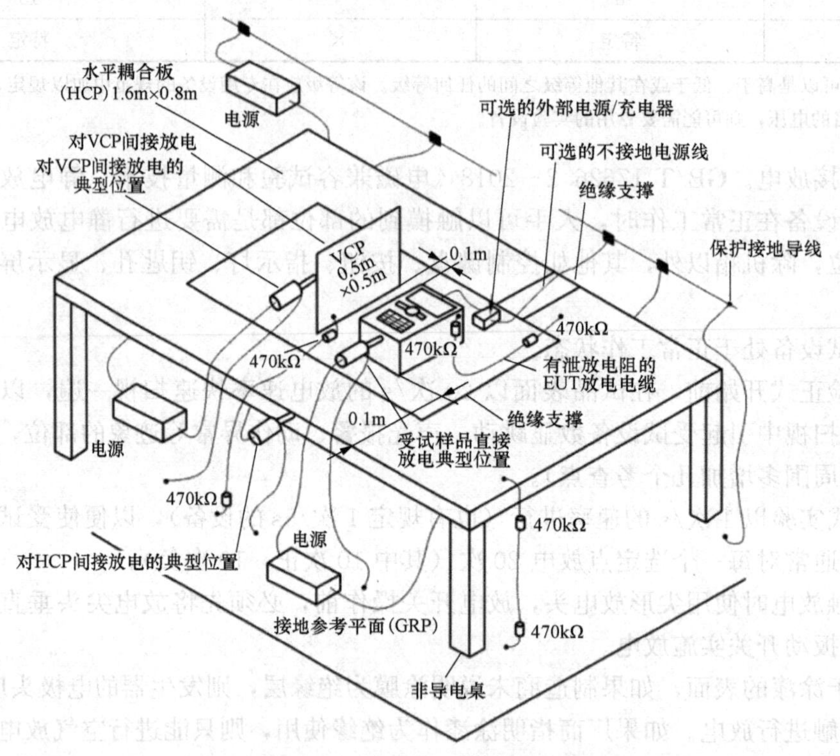

图 7-44 台式不接地设备布置

由于试品与水平耦合板（对台式设备）及试品与参考接地板（对地面设备）之间的电容取决于试品尺寸，若功能允许，静电放电实验时可保留泄放电阻的电缆安装。放电电缆的一个电阻要尽可能靠近 EUT 的试点，间距最好小于 20mm。另一个电阻靠近电缆的末端，与水平耦合板（台式设备）或参考接地板（地面设备）相连。

试验中，泄放电阻电缆的存在可能会影响某些设备的实验结果。如果存在争议，在实验期间可以先卸掉电缆，在一次放电实验结束后再把电缆装上去，以便在两次连续放电之间使电荷积累有足够的衰减。

此外，消除 EUT 上电荷的替代方法如下：

(1) 延长两次连续放电之间的时间间隔，时间间隔应长于 EUT 电荷自然衰减所需的时间。

(2) 在接地电缆上采用带泄放电阻（2×470kΩ）的碳纤维刷子。

对于最后一种替代方案，在做空气放电实验时，应当关闭离子发生器，避免放电枪电极

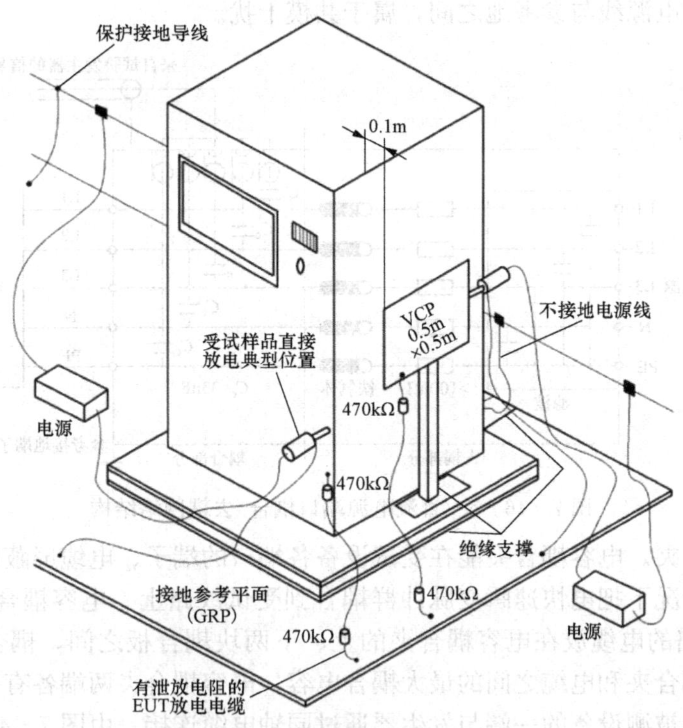

图 7-45　地面不接地设备布置

上的电荷被离子发生器上产生的电荷中和。

使用任何一种替代方案都要反映在试验报告里。对于电荷衰减的争议，受试设备上的电荷可以用一台非接触的电场计来监视。当电荷衰减到初始值的10%以下时，认为受试设备已经放电。

放电时，静电放电信号发生器的电极应当保持正常垂直于受试设备的表面位置。

7.5.2　电快速瞬变脉冲群抗扰度测量

1. 测试目的

电子线路中机械开关对感性负载进行切换、继电器触点的弹跳等，通常会产生干扰信号。该干扰信号通常以脉冲方式出现，且重复频率较高，脉冲波形上升时间短暂。此类干扰信号经常导致设备误动作，由于单个脉冲的能量较小，一般不会造成设备的硬性故障。电快速瞬变脉冲群抗扰度测量用于模拟电网中切换瞬态过程，从而完成对电气和电子设备的电快速瞬变脉冲群抗扰度性能方面的考核。

2. 测试设备

(1) 电快速瞬变脉冲群信号发生器。电快速瞬变脉冲群信号发生器等效电路及其输出波形如图7-23、图7-24所示。

(2) 耦合/去耦网络。交/直流电源端口的耦合/去耦网络（couple and decouple networks，CDN）提供了在不对称条件下把测试电压施加到被测试设备的电源端口的能力。不对称干扰，是指电源线与大地之间的干扰。电源端口耦合/去耦网络结构如图7-46所示。测试发生器的输出信号电缆芯线通过可供选择的耦合电容加到相应的电源线上（L1、L2、L3、N和PE），信号电缆的屏蔽层与CDN的外壳相连，该机壳连接到参考接地端子上。脉冲干扰群实际加在电源线与参考地之间，属于共模干扰。

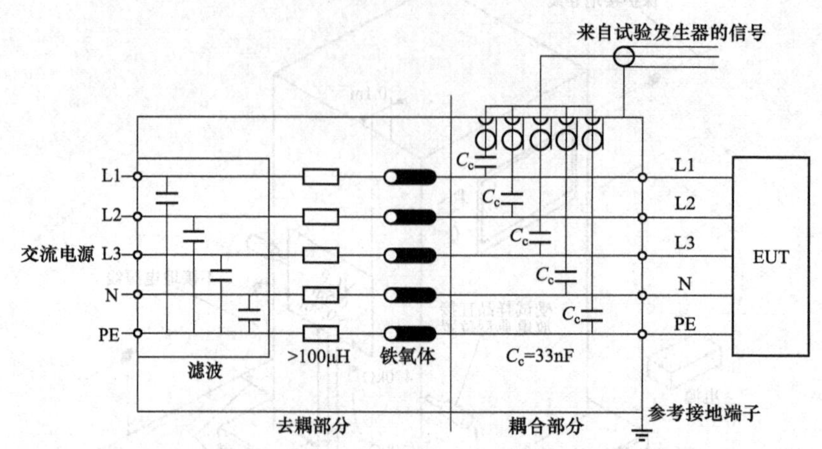

图 7－46 交/直流电源端口耦合/去耦网络结构

(3) 电容耦合夹。电容耦合夹能在受试设备各端口的端子、电缆屏蔽层或任何其他部分无任何电连接的情况下把电快速瞬变脉冲群耦合到受试线路上。电容耦合夹的结构如图 7－47 所示。受试线路的电缆放在电容耦合夹的上、下两块耦合板之间，耦合夹本身尽可能合拢，以提供电容耦合夹和电缆之间的最大耦合电容。电容耦合夹两端各有一个高压同轴连接端子，其中最靠近被测设备的一端与发生器通过同轴电缆连接。由图 7－47 可以看出，高压同轴电缆芯线与下层耦合板连接，同轴电缆的外壳与耦合夹的底板相通，电容耦合夹放置在参考接地板上，受试电缆受到的脉冲仍然是相对于参考接地板来说的。因此，通过耦合电容夹对受试电缆所施加的干扰仍然是共模干扰。

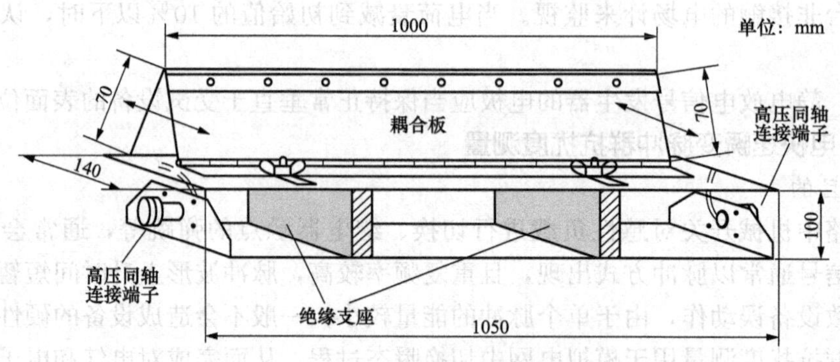

图 7－47 电容耦合夹的结构

3. 测试场地与布局

(1) 参考接地板用厚度为 0.25mm 以上的铜板或铝板（易氧化，慎用），用其他金属材料时厚度要大于 0.65mm。接地参考面最小尺寸为 0.8m×1m，每边至少超出 EUT 边沿 0.1m，并与保护接地系统相连。

(2) 测试仪器（实验发生器和耦合/去耦网络）直接放置在参考接地板上，实验仪器用尽可能粗且短的接地电缆与参考接地板连接，并要求接地阻抗尽可能小。

(3) 试品用 0.1m 厚的绝缘支座隔离开后放置在参考接地板上，如果是台式设备，则应放置在离参考接地板高度为 0.8m 的木桌上。除了参考接地板，受试设备和其他导电性结构

(如屏蔽室的墙壁）之间的最小距离应大于 0.5m。

(4) 与受试设备相连的所有电缆应放置在参考接地板上方 0.1m 的绝缘支座上。不接受电快速瞬变脉冲的电缆布线应尽量远离受试电缆，以使电缆间的耦合最小化。

(5) 受试设备应按照制造商的安装规范，将接地电缆以尽可能小的接地阻抗连接到参考接地板上，不允许有额外接地情况的出现。当被测设备只有两根电源进线（单相，一根 L，一根 N)，而且不设专门接地线时，被测设备就不能在测试时单独再拉一根接地线。同样，如果是三芯电源进线（单相，一根 L，一根 N 和一根电气接地线），未设专门接地线时，被测设备也不允许另外再设接地线来接地，而且被测设备的这根电气接地线还必须经受抗扰度测试。

(6) GB/T 17626.4—2018《电磁兼容　试验和测量技术　电快速瞬变脉冲群抗扰度试验》规定受试设备与测试仪器之间的相对距离，以及电源连线的长度都控制在 0.5m。当受试设备的电源线不可拆卸，且长度超过 0.5m 时，那么超长部分折叠成线束，并平行地放置在离参考接地板上方 0.1m 处。被测设备与仪器之间的距离仍然控制为 0.5m。

(7) 使用耦合夹时，除耦合夹下方的参考接地板外，耦合夹和其他导电性结构之间的最小距离为 0.5m。如果针对一台设备（如 EUT1）进行抗扰度实验，则耦合夹与 EUT1 的距离关系保持不变，而将耦合夹相对于 EUT2 的距离增至 5m 以上或者 5 倍于 EUT1 的距离，以使脉冲群信号损耗殆尽，反之，接线要求也反过来。实验室配置如图 7-48 所示。

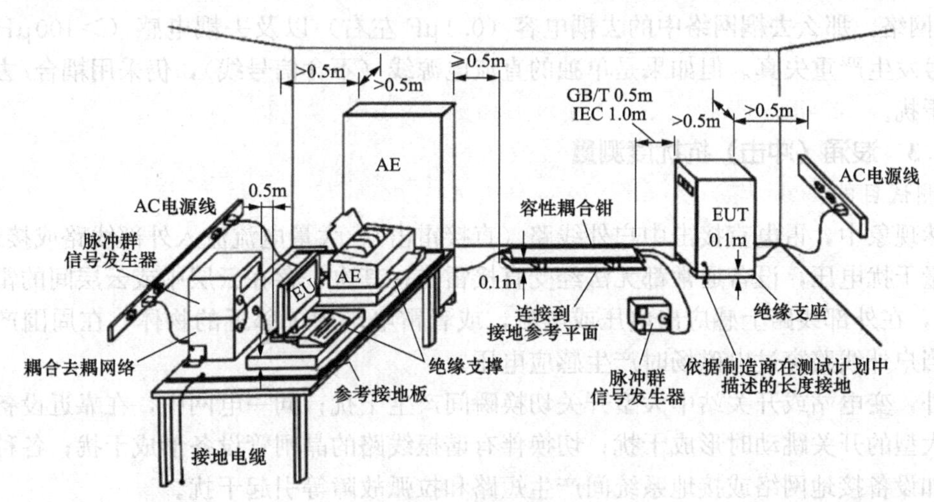

图 7-48　实验室配置

4. 测试方法

进行电源线实验时，通过耦合/去耦网络来施加实验电压。

进行信号线实验时，控制线通过电容耦合夹来施加实验电压，如图 7-49 所示。

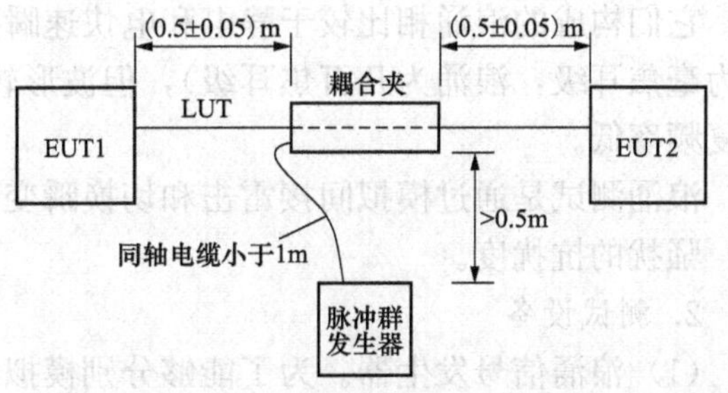

图 7-49　电容耦合夹实验布置要求

脉冲群实验的实质是利用干扰对线路结电容充电，当能量积累到一定程度时才会引起线路出错。因此一些产品要求电源线上实验时，每一根线在一种实验电压极性下进行三次实验，每次1min，中间间隔1min。一种极性做完后，要换另一种极性。一根做完后再换另一根。也可以把脉冲同时注入两根甚至几根线。测试的严酷等级见表7-2。

表7-2　电快速瞬变脉冲群抗扰度实验等级

电源端口			I/O、信号、数据、控制端口		
等级	实验电压峰值（kV）	脉冲重复频率（kHz）	等级	实验电压峰值（kV）	脉冲重复频率（kHz）
1	0.5	5	1	0.25	5
2	1	5	2	0.5	5
3	2	5	3	1	5
4	4	5	4	2	5
×	特定	特定	×	特定	特定

注　电压，是指脉冲群信号发生器信号储能电容上的电压；频率，是指脉冲群内脉冲的重复频率；×级由厂家和客户协商决定。

信号线和电源线在一起的直流设备的测试。例如：带USB数据线并通过USB线供电的一类信号线和电源在一起的设备，一般要采用电容耦合夹的干扰注入方式。因为如果采用耦合/去耦网络，那么去耦网络中的去耦电容（0.1μF左右）以及去耦电感（>100μH）会使工作信号发生严重失真。但如果是单独的直流电源线（不含信号线），仍采用耦合/去耦网络来施加干扰。

7.5.3　浪涌（冲击）抗扰度测量

1. 测试目的

自然现象中，雷电直接击中户外线路（直接雷击），大量电流流入外部线路或接地电阻，产生大量干扰电压，设备通常都无法经受直接雷击；其次，存在云层中或云层间的雷击（间接雷击），在外部线路上感应出电压或电流，或者雷电击中了邻近的物体，在周围产生了电磁场，当户外线路穿过电磁场时产生感应电压。

另外，变电站或开关站中大型开关切换瞬间产生干扰；同一电网中，在靠近设备附近的一些较大型的开关跳动时形成干扰；切换伴有谐振线路的晶闸管设备形成干扰；各种系统性干扰，如设备接地网络或接地系统间产生短路和拉弧故障等引起干扰。

间接雷击以及大型开关切换引起的切换瞬变会在供电电路上感应出大量浪涌电压和电流。它们构成的浪涌相比较于静电和电快速瞬变脉冲群能量级别大（静电为皮焦耳级，脉冲群为毫焦耳级，浪涌为几百焦耳级），但波形较缓（静电和脉冲群纳秒级，浪涌为毫秒级），重复频率低。

浪涌测试是通过模拟间接雷击和切换瞬变两种现象，来评估受试设备对大能量浪涌（冲击）骚扰的抗扰度。

2. 测试设备

（1）浪涌信号发生器。为了能够分别模拟电源线和通信线的浪涌情况，标准提出了针对两种线路不同阻抗情况下的波形发生器。由于波形发生器能够产生输出端开路时电压浪涌波形和输出端短路时电流浪涌波形，所以也称为组合波发生器。

1）用于电源线上实验的 1.2/50μs—8/20μs 的组合波发生器。发生器电路结构与输出波形如图 7－25～图 7－27 所示。电压波形的前沿为 1.2(1±30%)μs，半峰值时间（半宽时间或脉冲持续时间）为 50(1±20%)μs；电流波的前沿为 8(1±20%)μs，半峰值时间为 20(1±20%)μs。

2）用于通信线路实验的 10/700μs—5/320μs 的组合波发生器。发生器电路结构与输出波形如图 7－50～图 7－52 所示。

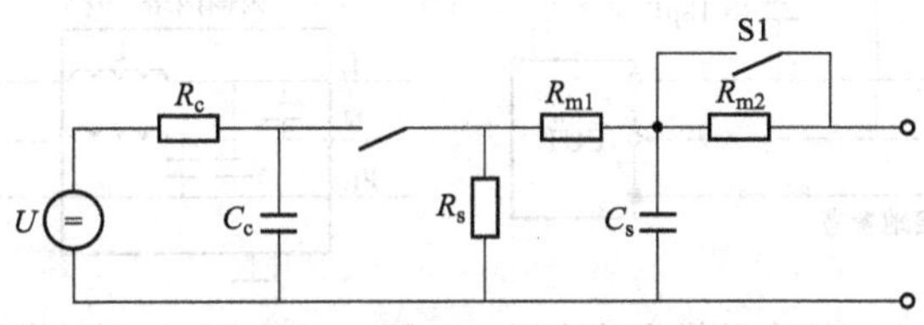

图 7－50　浪涌信号发生器

U—高压源；R_C—充电电阻；C_C—储能电容；R_m—阻抗匹配电阻；C_s—上升时间形成电容；R_s—脉冲持续时间形成电阻；S1—当使用外部匹配电阻时此开关闭合

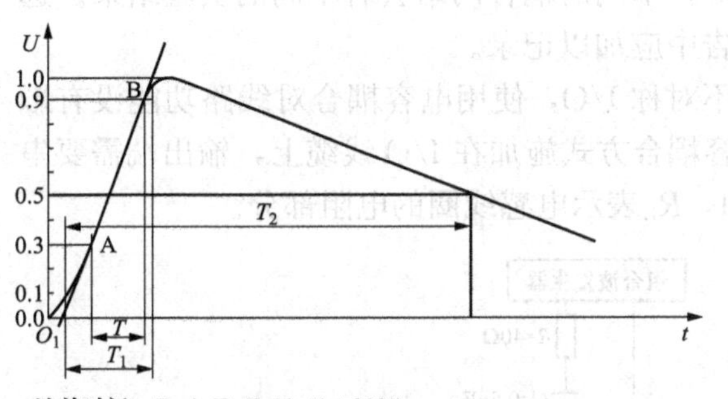

波前时间：T_1=1.67×T=10×(1±30%)μs
半峰值时间：T_2=700×(1±20%)μs

图 7－51　10/700μs 开路电压波形

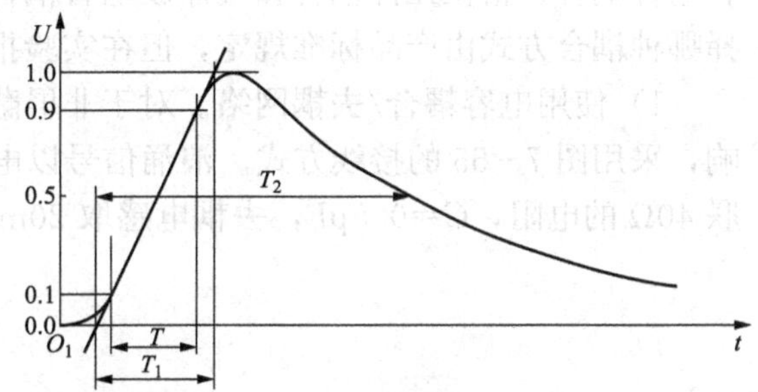

波前时间：T_1=1.25×T=10×(1±20%)μs
半峰值时间：T_2=320×(1±20%)μs

图 7－52　5/320μs 短路电流波形

（2）耦合/去耦网络。电源线浪涌是通过耦合/去耦网络施加到电源端口的，这样滤波器就可以保护连接到同一供电电源的其他设备不受浪涌信号的有害影响，并提供足够的阻抗保证对浪涌信号没有任何影响。

3. 测试配置与布局

浪涌测试的电压和电流波形相对较缓，干扰波形所包含的频谱较低，这样导致寄生参数影响较小，因此 GB/T 17626.5—2019《电磁兼容　实验和测试技术浪涌（冲击）抗扰度试验》对于测试时的配置要求也比较简单。

实验配置：

（1）参考接地板。当可能出现频率较高的情况（如通过气体放电管耦合）及对屏蔽电缆测试时，需要用金属平板作为参考地，只有当 EUT 的典型安装有连接到参考地的要求时，才需要连接到参考地。

（2）对 EUT 电源端进行实验时，1.2/50μs 浪涌经电容耦合网络施加到 EUT 上。线对线差模实验的耦合电容是 18μF，如图 7－53 所示。线对地共模实验的耦合电路由电容和电阻串联组成，如图 7－54 所示，其中电容为 9μF，电阻为 10Ω。为避免对同一电源供电的非受试设备产生不利影响，并为浪涌提供足够的去耦阻抗，便于将规定的浪涌施加到受试设备上，需使用去耦网络。去耦网络中去耦电感取 1.5mH。如果没有其他规定，EUT 和耦合/去耦网络之间的电缆长度应不超过 2m。

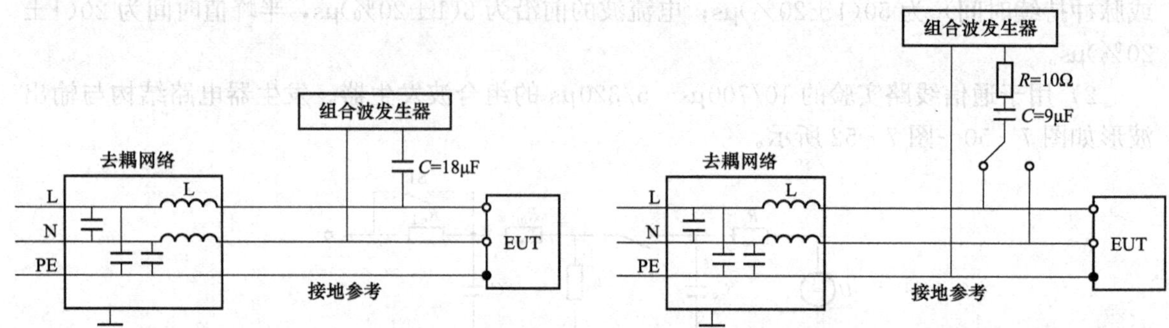

图 7－53　交/直流电源线上电容耦合差模实验配置　图 7－54　交/直流电源线上电容耦合共模实验配置

（3）对信号线进行浪涌实验时，耦合方式应依据被试电路的功能和运行情况进行选择，有电容耦合、箝位元件耦合和气体放电管耦合等，不同的耦合网络会有不同的实验结果。选择哪种耦合方式由产品标准规定，但在实验报告中应加以记录。

1）使用电容耦合/去耦网络。对于非屏蔽不对称 I/O，使用电容耦合对线路功能没有影响，采用图 7－55 的接线方式。浪涌信号以电容耦合方式施加在 I/O 线缆上，输出端需要串联 40Ω 的电阻，C＝0.5μF，去耦电感取 20mH，R_L表示电感线圈的电阻部分。

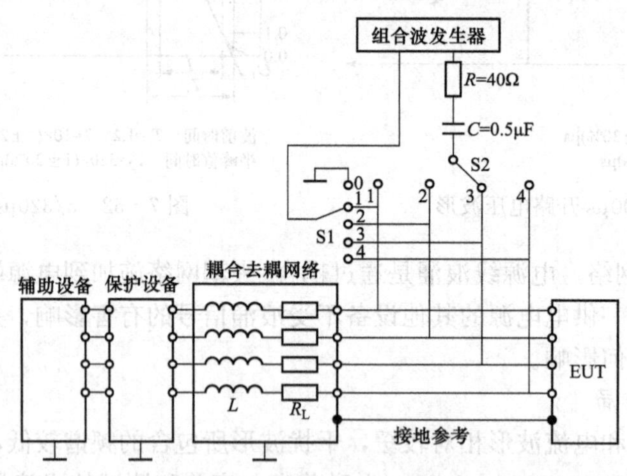

图 7－55　非屏蔽不对称连线实验配置—电容耦合

2）使用气体放电管耦合/去耦网络。当使用电容耦合会对电路的功能产生影响时选用，如图 7－56 所示。由于气体放电管的点火电压很高，因此该耦合方式应用在要求耦合的浪涌为极强的场合下。气体放电管的工作电压应尽量低，但要大于被试线路的最大工作电压。耦合/去耦网络参数：耦合电路阻抗 R＝40Ω，再加气体放电管的阻抗；去耦电感L＝20mH。

3）使用箝位元件耦合/去耦网络。当耦合电容对电路的功能产生影响，电容耦合不能使用时选用，如图 7－57 所示。图 7－57 中的箝位元件寄生电容很小，且箝位电压非常低（刚刚大于被试线路的最大工作电压）。耦合/去耦网络参数：耦合电路阻抗 R＝40Ω，再加上箝位元件本身的阻抗；去耦电感 L＝20mH。

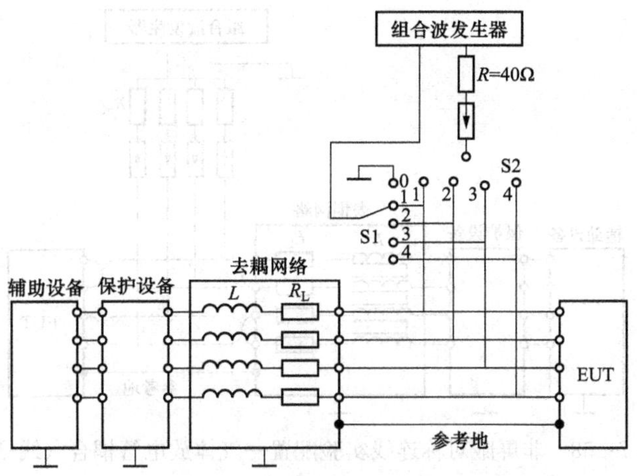

图 7-56 非屏蔽不对称连线实验配置—气体放电管耦合

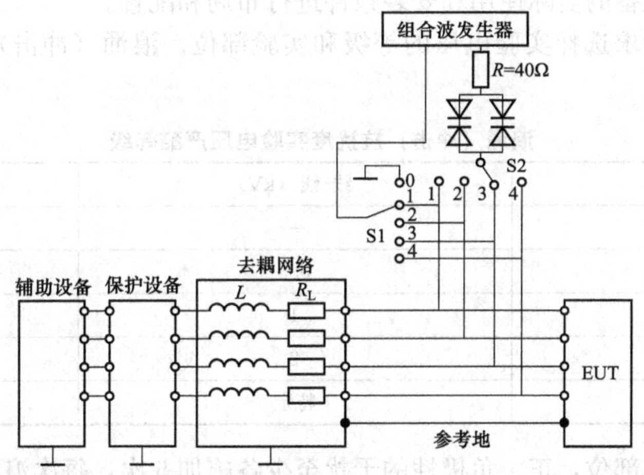

图 7-57 非屏蔽不对称连线实验配置—箝位元件耦合

对于非屏蔽不对称 I/O 线路，采用图 7-55～图 7-57 的方式。接入网络以后不影响线路的功能传输，线-线及线-地都要进行实验。图 7-55～图 7-57 中开关 S1 置于“0”时进行线-地测试，当置于 1～4 时进行线-线测试。实验时，开关 S2 置于 1～4，但与 S1 不在相同位置。

对于非屏蔽对称线路，采用气体放电管是一种较好的耦合方式，如图 7-58 所示。耦合网络同时担负有将浪涌电流分配到多对多芯电缆上的任务，需要进行线-地耦合测试。耦合/去耦网络参数：耦合电路阻抗 R_{m2} 再加上所选放电管的阻抗；去耦电感 $L=20\text{mH}$。输入 1.2/50μs 浪涌波形时，对于 n 芯的导线来说，$n=4$，$R_{m2}=4\times40\Omega$（R_{m2} 不超过 250Ω），加上发生器的内阻 2Ω，耦合电路阻抗约为 42Ω；输入 10/700μs 浪涌波形时，$n=4$，$R_{m2}=4\times25\Omega$（R_{m2} 不超过 250Ω），加上发生器的内阻 $R_{m1}=15\Omega$，当闭合发生器的开关 S1 时，耦合电路的阻抗约为 40Ω。

对于非对称线路，优先采用电容耦合，仅在电路无法正常工作时采用其他两种耦合方式；对于对称线路，优先采用气体放电管耦合。

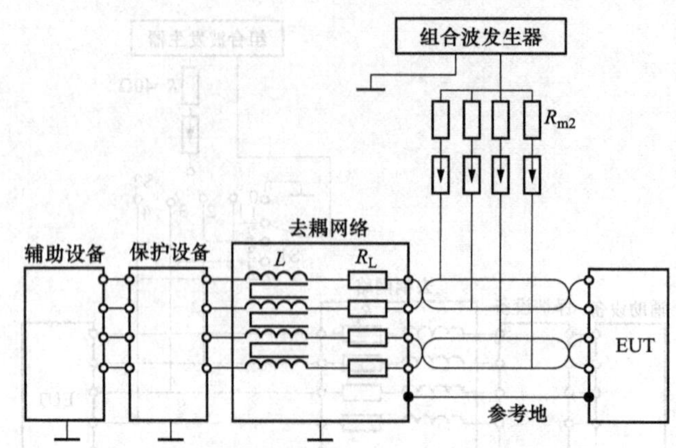

图 7-58　非屏蔽对称连线实验配置—气体放电管耦合（线-地）

4. 测试方法

（1）依据受试设备的实际使用和安装条件进行布局和配置。

（2）依据产品要求选择实验电压的等级和实验部位。浪涌（冲击）抗扰度实验等级见表 7-3。

表 7-3　　浪涌（冲击）抗扰度实验电压严酷等级

等级	线-线（kV）	线-地（kV）
1	—	0.5
2	0.5	1
3	1	2
4	2	4
×	特定	特定

（3）在每个测试部位，正、负极性的干扰至少各施加 5 次，每次浪涌的最大重复率为每分钟 1 次，以便给保护器件提供恢复过程。

（4）对于交流供电设备，要考虑浪涌波的注入是否要与电源电压相位同步的问题。如无特殊规定，应分别在过零点，正、负峰值的位置上各叠加 5 次正和 5 次负的浪涌脉冲。

（5）测试电压要由低到高逐渐升高，避免由于设备电压—电流转化特性的非线性所造成的实验假象（高电压测试时，被测设备中可能有某薄弱环节被击穿，旁路了实验电压，从而有可能使测试通过。然而在低电压实验时，薄弱环节未被击穿，因此实验电压全部施加在被测设备上，反而使实验无法通过）。

（6）浪涌要加在线-线或线-地之间。线-地实验若无特殊规定，则测试电压要依次加在每一根线与地之间。

（7）由于实验可能的破坏性，实验电压不要超出产品标准的要求。

7.5.4　射频感应的传导骚扰抗扰度测量

1. 测试目的

在射频干扰电磁场环境下，当频率较低（80MHz 以下）时，波长大于被干扰设备的尺寸，而设备引线（电源线、通信线和接口电缆线等）的长度则可能与干扰波的几个波长相当，此时这些引线就可能成为被动天线，接收空间电磁波，感应出骚扰电压或电流，并以传导方式作用到设备内部。

射频感应传导骚扰抗扰度实验用来评估被测设备对自由空间，频率为150kHz～80MHz范围的电磁场的抗扰度。它与80～1000MHz射频辐射抗扰度实验相互补充，形成150kHz～1000MHz全频段抗扰度实验。

2. 测试设备

由射频感应场所引起的传导干扰抗扰度实验所需的实验发生器组成如图7-59所示。

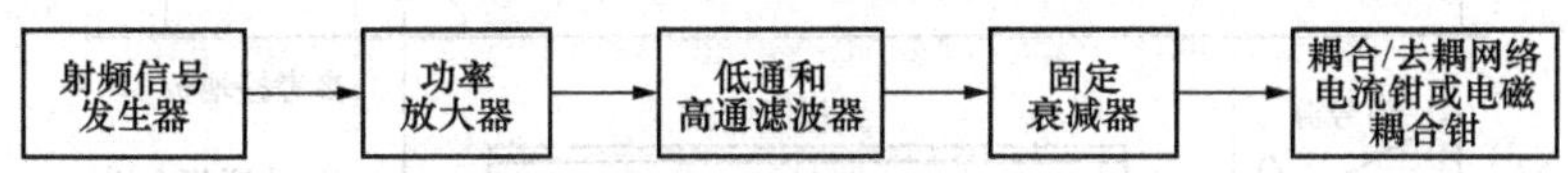

图7-59 实验发生器的组成

(1) 射频信号发生器。带宽为150kHz～230MHz，有调幅功能，能手动或自动扫描，扫描点上的驻留时间可设定，输出信号的幅度可自动控制。

(2) 功率放大器。

(3) 低通和高通滤波器。用于避免信号谐波对试品产生干扰。

(4) 固定衰减器。衰减量固定为6dB，输出阻抗为50Ω，用以减小功率放大器至耦合网络间的不匹配程度，在安装时要尽量靠近耦合网络。

(5) 耦合/去耦装置。用以将骚扰信号耦合到受试设备的各种电缆上，包括耦合/去耦网络（CDN）、电流钳和电磁耦合钳。

对于电源线，通常推荐使用耦合/去耦网络；但对于大功率（电流大于或等于16A）和复杂的供电线路，可以考虑选用其他注入法，如电流钳或电磁耦合夹来进行测试。非屏蔽线电源端口耦合/去耦网络传导抗扰度测试原理如图7-60所示。

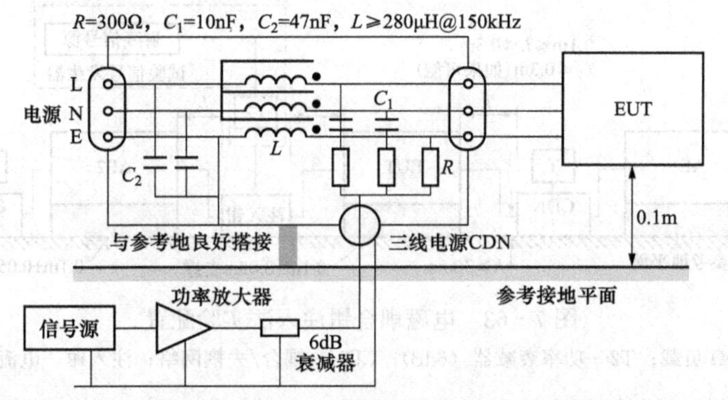

图7-60 非屏蔽线电源端口耦合/去耦网络传导抗扰度测试原理

电流钳和电磁耦合钳特别适合于对多芯电缆的测试。电流钳对连接到设备的电缆建立感性耦合。电磁耦合钳对连接设备的电缆建立感性和容性耦合，如图7-61所示。电磁耦合钳在1.5MHz以上频率时对测试结果有良好的再现性，当频率高于10MHz时，电磁耦合钳比常规的电流钳有较好的方向性，并且在辅助设备信号参考点与参考接地板之间不再要求有专门的阻抗，使用方便。

3. 测试配置与布局

GB/T 17626.6—2017《电磁兼容　试验和测量技术　射频场感应的传导骚扰抗扰度》中给出了测试配置与布局要求。其中耦合/去耦网络注入法实验配置如图7-62所示，电磁耦合钳注入法实验配置如图 7 - 63 所示。

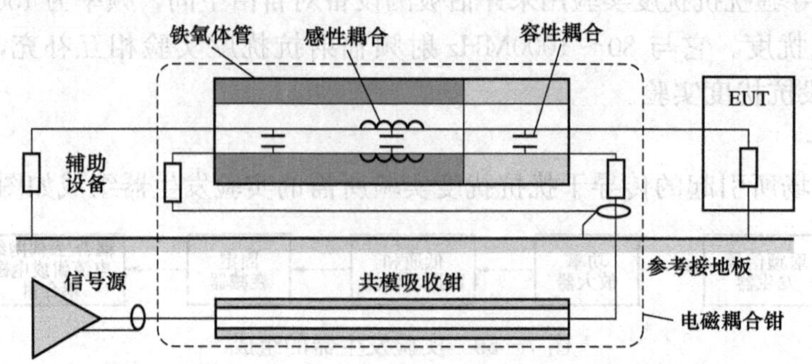

图 7 - 61　信号端口电磁钳传导抗扰度测试原理

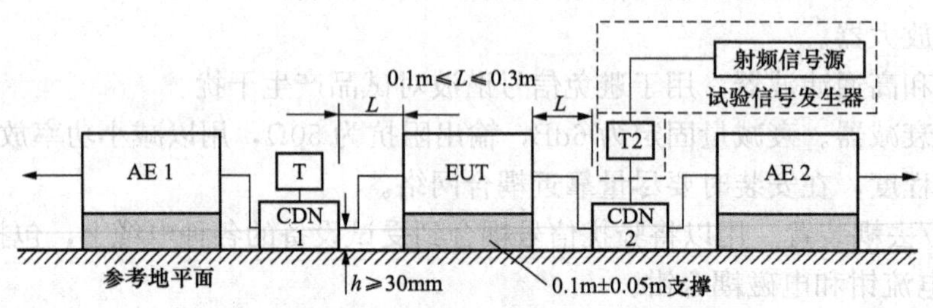

图 7 - 62　耦合/去耦网络注入法实验配置

T—端接 50Ω 负载；T2—功率衰减器（6dB）；CDN—耦合/去耦网络；注入钳—电流钳或电磁钳

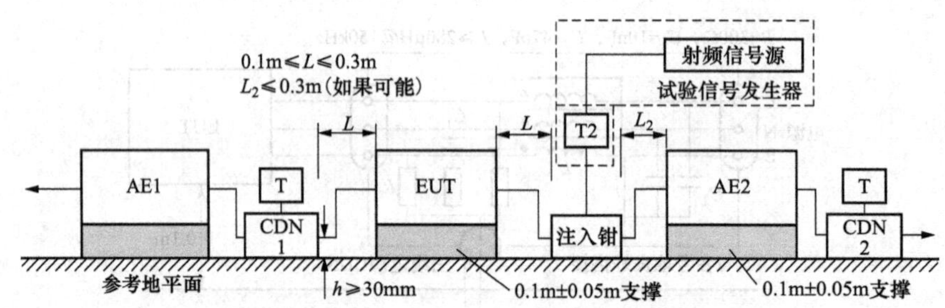

图 7 - 63　电磁耦合钳注入法实验配置

T—端接 50Ω 负载；T2—功率衰减器（6dB）；CDN—耦合/去耦网络；注入钳—电流钳或电磁钳

受试设备放置在高出参考接地板 0.1m 的绝缘支撑上。受试设备距任何金属体（包括屏蔽室的墙壁等）至少 0.5m 以上。要为所有受试电缆提供耦合/去耦网络。耦合/去耦网络要放置在距离受试设备 0.1～0.3m 远的参考接地板上，并与参考接地板连接。耦合/去耦网络与受试设备间的电缆应尽可能短，要尽量避免捆扎或盘成圈，电缆的离地高度为 30～50mm。如果受试设备装有其他接地端子，当允许时，它们应通过耦合/去耦网络连接到参考接地平面上。

4. 测试方法

（1）确定受试设备在实验期间的工作条件。

（2）确定实验等级，见表 7 - 4。

表 7-4　实　验　等　级

频率范围 150kHz～80MHz		
实验等级	电压（e.m.f）	
	V_0（dBμV）	U_0（V）
1	120	1
2	130	3
3	140	10
×	特定	

注　×是一个开放等级。

1 级为低辐射环境，如离无线电电台、电视台 1km 以上，附近只有低功率便携式发射/接收机在使用；2 级为中等辐射环境，如在不近于 1m 处使用低功率便携式发射/接收机，为典型的商业环境；3 级为较严酷的辐射环境，如在 1m 范围内使用移动电话，或附近有大功率发射机（≥2W）或工、科、医射频设备在工作，为典型的工业环境；×级为特定级，可由制造商在产品的规范中加以规定。

表 7-4 中以有效值表示调制骚扰信号的开路实验电平（e.m.f）。

(3) 实验系统的校准。为了避免实验测量错误，实验前必须进行实验电平的设定和校准。实验电平的设置与校正电路如图 7-64 所示。实验信号发射器连接到耦合装置的射频输入端口，耦合装置的 EUT 端口以共模方式通过 150～50Ω 适配器连接到输入阻抗为 50Ω 的测量仪器上。实验信号发射器应调到使测量仪器获得以下读数：

$$U_{mr}=U_0/6\quad(1\pm25\%)\quad\text{（线性表示）}\tag{7-24}$$

或

$$U_{mr}=U_0-15.6\text{dB}\pm2\text{dB}\quad\text{（对数值表示）}\tag{7-25}$$

式中　U_0——实验标准规定的实验电压；

U_{mr}——确定的测量电压。

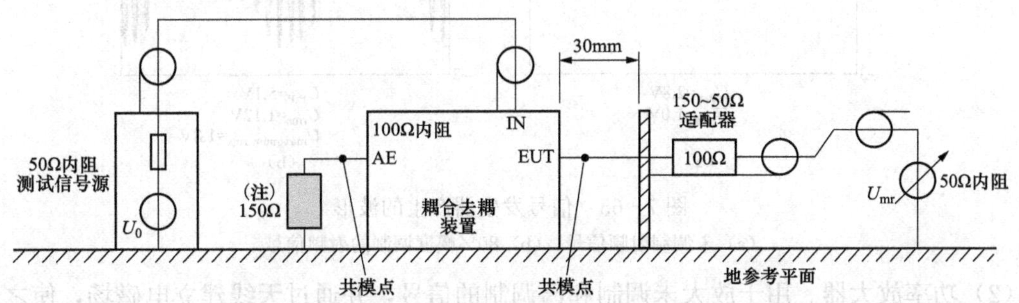

图 7-64　采用耦合/去耦网络时的实验电平设置与校正

(4) 实验尽可能接近实际安装条件来连接电缆。依次将实验发生器与每个耦合/去耦网络相连，而在其他未注入信号的耦合/去耦网络射频输入端接入 50Ω 的电阻。

(5) 实验时，先将实验电平（指未加调制时的实验电平）调到规定值，然后由 1kHz 正弦波进行幅度调制，调制深度为 80%。扫频范围为 150kHz～80MHz，步进不应超过先前频率值的 1%。在每个频率，幅值调制载波的停留时间应不低于 EUT 运行和响应的必要时间，但是最低应不低于 0.5s，敏感的频率（如时钟频率和最具有影响的谐波频率点）应单独进行分析。

7.5.5 射频辐射电磁场抗扰度测量

1. 测试目的

电磁辐射对大多数电子、电气设备将产生性能、功能暂时降低或丧失，严重时可能会造成永久性损坏。噪声源包含了小型手持无线电收发机、固定的无线电广播、电视台的发射机等有意发射源，也包含汽车点火装置、电焊机、晶闸管整流器、荧光灯等无意发射源。

电磁辐射电磁场抗扰度实验的目的是为了建立一个共同的标准来评价电气和电子产品或系统的抗射频辐射电磁场干扰的能力。

2. 测试设备

(1) 信号发生器。用以生成实验所需的波形。GB/T 17626.3—2016《电磁兼容　实验和测试技术　射频电磁场辐射抗扰度》规定，实验频率范围为 80～1000MHz，同时要求用 1kHz 的正弦波对载波频率进行调幅，调幅深度为 80%，为模拟语音信号对载波频率的幅度调制情况。实验波形如图 7-65 所示。另外，信号发生器具有以 1.5×10^{-3} 十倍频程/s 或更低的速率自动扫描的能力，同时具备手动设置功能。

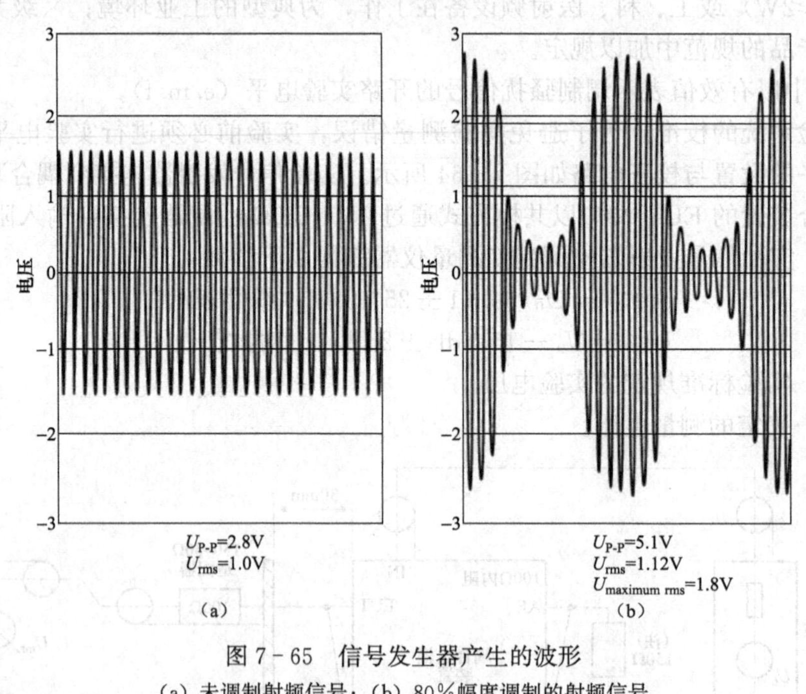

图 7-65　信号发生器产生的波形

(a) 未调制射频信号；(b) 80%幅度调制的射频信号

(2) 功率放大器。用于放大未调制和已调制的信号，并通过天线建立电磁场，使之达到所需的等级。

(3) 天线。用以产生所需的电磁场。在不同的频段下使用对数周期天线和双锥天线等，以及在 80～1000MHz 全频段的复合天线等。

(4) 场强探头。能够监视水平和垂直极化的场强探头，或各向同性的监视天线，用以监视被试设备一侧的射频辐射电磁场强度。

(5) 场强测试与记录设备。在基本机器的基础上再增加一些辅助设备（如计算机、功率计、场强探头的自动行走机构等），可构成一个完整的自动测试系统。

(6) 电波暗室。为了保证测试结果的可比性和重复性，要对测试场地的均匀性进行校准。

3. 测试配置与布局

(1) 场地校准。实验在电波暗室进行时，在受试设备周围空间还要有均匀场的特性。均匀场是一个假想垂直平面，在该平面中场的变化足够小。该区域面积为 1.5m×1.5m。由于靠近参考地平面不可能建立一个均匀场，校准的区域应设在离参考地平面上方不低于 0.8m 处，实验布置时，应使 EUT 受照射的面与均匀区域的垂直平面重合。

均匀场校准布置如图 7-66 所示。校准中采用各向同性场强监视天线（探头）。在 1.5m 见方的虚拟平面上每隔 0.5m 作为一个检验点，总共 16 个点，要求其中 12 个点的场强变化（注意，要在整个频率范围内的各检验频点上）在 0～6dB。校验中采用的场强即为今后做实验的场强。校验时，每次频率的递增幅度为前一校验频率的 10%，要测试水平和垂直两个极化方向的场地均匀性。电波暗室的均匀性要每年校准一次。另外，每当暗室内的布置发生变化时（如更换吸波材料、实验位置的移动或实验设备的改变等），也要重新校准。

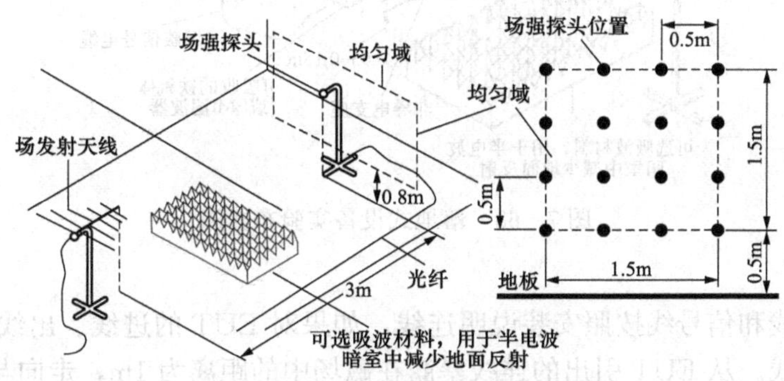

图 7-66　均匀场校准布置图

(2) 实验布置。受试设备应尽可能在实际工作状态下进行实验，并按照制造商推荐的方式进行布线布局，除非有特别说明。台式设备应放在 0.8m 高的非金属工作台上，防止试品的偶尔接地和产生场失真。台式设备的实验布置如图 7-67 所示。对于地面落地式设备要放

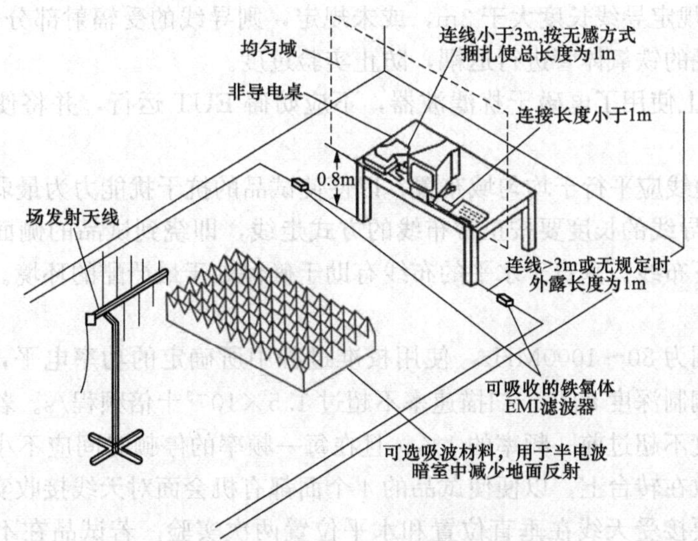

图 7-67　台式设备实验布置图

置在 0.05～0.15m 高的非金属支架上，地面落地式设备的实验布置如图 7-68 所示。当受试设备由台式和落地式部件组成时，要注意保持它们之间的相对位置。

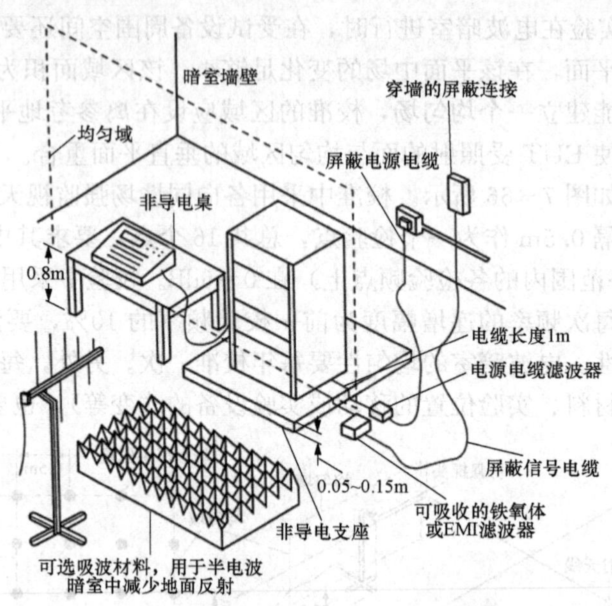

图 7-68 落地式设备实验布置图

布线要求：

试品的电源线和信号线按照安装说明连线，如果对 EUT 的进线、出线没有规定，则使用非屏蔽平行导线。从 EUT 引出的连线暴露在磁场中的距离为 1m，走向与均匀场平行。

试品壳体之间的布线要求：

1）使用制造厂商规定的导线类型和连接器。

2）若制造商规定导线长度不大于 3m，则按厂家规定长度用线，导线捆扎成 1m 长的感应较小的线束。

3）若生产厂规定导线长度大于 3m，或未规定，则导线的受辐射部分长度为 1m，其余部分套上射频损耗的铁氧体管进行退耦，防止实验过度。

4）如果在线上使用了电磁干扰滤波器，不应妨碍 EUT 运行，并将使用的方法在实验报告中记录。

5）EUT 的边线应平行于均匀域布置，以便使试品的抗干扰能力为最弱。

6）外露捆绑导线的长度要按正常布线的方式走线，即绕到试品的侧面，然后按安装说明规定向上或向下布线。垂直于水平的布线有助于确保处于最严酷的环境。

4. 实验方法

实验扫频范围为 80～1000MHz，使用校准过程中所确定的功率电平，并以 1kHz 的正弦波进行调幅，调制深度 80%。扫描速率不超过 1.5×10^{-3} 十倍频程/s。若扫描以步进方式进行，则步进幅度不超过前一频率的 1%，且在每一频率的停顿时间应不小于试品对干扰的响应时间。试品放在转台上，以便使试品的 4 个面都有机会面对天线接收实验。试品的每一个受试平面分别要接受天线在垂直位置和水平位置两次实验。若试品在不同位置上都能使用，则试品的 6 个面都要进行测试。80～1000MHz 范围内优选实验等级见表 7-5。

表 7-5　80～1000MHz 范围内优选实验等级

等级	实验场强（V/m）	等级	实验场强（V/m）
1	1	4	30
2	3	×	特定
3	10		

注　×是一个开放等级，可在产品规范中规定。

1. 电子设备的电磁兼容性测试都有哪些分类？
2. 电磁兼容性实验场地有哪些？各自的特点如何？

参 考 文 献

[1] 刘培国，覃宇建，周东明，等．电磁兼容基础［M］．北京：电子工业出版社，2015.

[2] Clayton R Paul. 电磁兼容导论［M］．2 版．闻映红，译．北京：人民邮电出版社，2007.

[3] 钱振宇，史建华．电气、电子产品的电磁兼容技术及设计实例［M］．北京：电子工业出版社，2008.

[4] 郑军奇．EMC 电磁兼容设计与测试案例分析［M］．2 版．北京：电子工业出版社，2010.

[5] Tim Williams. 电磁兼容设计与测试［M］．2 版．李迪，译．北京：电子工业出版社，2008.

[6] Karl - Heinz Gonschorek，Ralf Vick. 电磁兼容原理与应用［M］．杨自佑，崔强，译．北京：机械工业出版社，2014.

[7] 周志敏，纪爱华．电磁兼容技术屏蔽、滤波、接地、浪涌、工程应用［M］．北京：电子工业出版社，2007.

[8] 区健昌，林守霖，吕英华．电子设备的电磁兼容性设计理论与实践［M］．北京：电子工业出版社，2010.

[9] 张君，钱枫．电磁兼容标准解析与产品整改实用手册［M］．北京：电子工业出版社，2015.

[10] 周新，文继军，李建利．电磁兼容原理、设计与应用一本通［M］．北京：化学工业出版社，2105.

[11] 大卫 A. 韦斯顿．电磁兼容原理与应用［M］．杨自佑，王守三，译．北京：机械工业出版社，2015.

[12] 王兆安，杨君，刘进军．谐波抑制和无功功率补偿［M］．北京：机械工业出版社，1998.

[13] 王守三．电磁兼容测试的技术和技巧［M］．北京：机械工业出版社，2009.

[14] 郑军奇．电子产品设计 EMC 风险评估［M］．北京：电子工业出版社，2008.

[15] George J. Wakileh. 电力系统谐波——基本原理、分析方法和滤波器设计［M］．徐政，译．北京：机械工业出版社，2007.

[16] 姜齐荣，赵东元，陈建业．有源电力滤波器——结构、原理、控制［M］．北京：科学出版社，2005.

[17] 马永健．EMC 设计工程实务［M］．北京：国防工业出版社，2008.

[18] 周开基，赵刚．电磁兼容性原理［M］．哈尔滨：哈尔滨工程大学出版社，2003.

[19] Mark I. Montrose. 电磁兼容和印刷电路板［M］．北京：人民邮电出版社，2002.

[20] 马伟明．电力电子系统中的电磁兼容［M］．武汉：武汉水利电力大学出版社，2000.

[21] 钱照明，程肇基．电力电子系统电磁兼容设计基础及干扰抑制技术［M］．杭州：浙江大学出版社，2000.

[22] 路宏敏．工程电磁兼容［M］．西安：西安电子科技大学出版社，2003.

[23] 杨继深．电磁兼容技术之产品研发与认证［M］．北京：电子工业出版社，2004.

[24] 虞昊．现代防雷技术基础［M］．北京：气象出版社，1995.